Einführung in das Recht

Technik und Methoden der Rechtsfindung

von

Prof. Dr. Eleonora Kohler-Gehrig

2., überarbeitete Auflage

Verlag W. Kohlhammer

2. Auflage 2017

Alle Rechte vorbehalten
© W. Kohlhammer GmbH, Stuttgart
Gesamtherstellung: W. Kohlhammer GmbH, Stuttgart

Print:
ISBN 978-3-17-032878-5

E-Book-Formate:
pdf: ISBN 978-3-17-032879-2
epub: ISBN 978-3-17-032880-8
mobi: ISBN 978-3-17-032881-5

Für den Inhalt abgedruckter oder verlinkter Websites ist ausschließlich der jeweilige Betreiber verantwortlich. Die W. Kohlhammer GmbH hat keinen Einfluss auf die verknüpften Seiten und übernimmt hierfür keinerlei Haftung.

Inhaltsverzeichnis

I.	Einführung	1
II.	Rechtswissenschaften	3
	1. Rechtswissenschaft	3
	2. Rechtsphilosophie	5
	3. Rechtstheorie	6
	4. Rechtspolitik	6
	5. Rechtssoziologie	7
	6. Rechtsgeschichte	8
	7. Rechtsvergleichung	9
III.	Aufgaben und Ziele des Rechts	10
	1. Ordnungsfunktion des Rechts	10
	2. Friedensfunktion des Rechts	13
	3. Ziele des Rechts	14
IV.	Rechtsquellen	17
	1. Geschriebenes Recht	17
	2. Gewohnheitsrecht	20
	3. Richterrecht	21
	4. Naturrecht	22
	5. Verträge	25
	6. Verwaltungsakte	26
	7. Verwaltungsvorschriften	27
V.	Einteilung der Rechtsnormen	29
	1. Objektives und subjektives Recht	29
	2. Öffentliches Recht und Zivilrecht	30
	3. Formelles und materielles Recht	34
VI.	Techniken der Rechtssetzung	39
	1. Formulierung der Rechtsnorm	39
	2. Struktur des Rechtssatzes	40
	2.1 Anspruchs- und Ermächtigungsgrundlagen	41
	2.2 Gegennormen	42

Inhaltsverzeichnis

		2.3	Hilfsnormen	43
			2.3.1 Legaldefinitionen	44
			2.3.2 Regelbeispiele	44
			2.3.3 Ausfüllende Rechtssätze	45
			2.3.4 Einschränkende Rechtssätze	45
			2.3.5 Verweisungen	45
			2.3.6 Fiktionen	46
			2.3.7 Vermutungen	47
	3.	Entscheidungsprogramm		48
	4.	Allgemeine und spezielle Vorschriften		50
VII.	Die Rechtsfindung			52
	1.	Subsumtion		53
	2.	Auslegung		56
		2.1	Grammatische Auslegung	58
		2.2	Systematische Auslegung	61
		2.3	Historische Auslegung	65
		2.4	Teleologische Auslegung	67
		2.5	Ergebnis der Auslegung	70
		2.6	Restriktive und extensive Auslegung	76
		2.7	Gesetzeserhaltende Auslegung	77
		2.8	Interessen- und Güterabwägung	79
		2.9	Unbestimmte Rechtsbegriffe und Generalklauseln	81
		2.10	Beurteilungsspielraum und Ermessen	83
	3.	Rechtsfortbildung		87
		3.1	Rechtsfortbildung zur Lückenschließung	90
			3.1.1 Analogieschluss	91
			3.1.1.1 Arten der Analogie	93
			3.1.1.2 Analogie von Ausnahmevorschriften	94
			3.1.2 Umkehrschluss	95
			3.1.3 Teleologische Reduktion	99
			3.1.4 Rechtsergänzung	101
		3.2	Rechtsfortbildung contra legem	102
		3.3	Grenzen der Rechtsfortbildung	106
			3.3.1 Grenzen der Rechtsfortbildung im Strafrecht	107
			3.3.2 Grenzen der Rechtsfortbildung für die Exekutive und Judikative	109
	4.	Zusammenfassung Rechtsfindung		113

Inhaltsverzeichnis

VIII. Europarecht 117
    1. Auslegung des Europarechts 119
    2. Rechtsfortbildung im Europarecht 121
    3. Gemeinschaftskonforme Auslegung und Rechtsfortbildung des nationalen Rechts. 124

IX. Konkurrenzen 128

X. Logische Prioritäten 133

XI. Argumentation im Recht 137
    1. Argumente und Argumentationsfiguren 139
    2. Auseinandersetzung mit Meinungen 140
    3. Verstoß gegen Denkgesetze 141

XII. Zusammenfassung 149

Abkürzungsverzeichnis 151
Definitionen 154
Literaturverzeichnis 157
Stichwortverzeichnis 161

I. Einführung

Wer sich mit Rechtsfragen befasst, Rechtsfälle zu lösen hat, ist versucht, die Antwort in Gesetzen zu suchen. Dabei stößt er auf eine Vielzahl von Rechtsvorschriften, die nur selten in leicht verständlicher Weise formuliert sind, scheinbar zusammenhanglos aneinandergefügt stehen und sich mitunter zu widersprechen scheinen. Bei genauerem Hinsehen lässt sich jedoch ein System erkennen, das der Ausgestaltung von Rechtsvorschriften und Gesetzeswerken zugrunde liegt. Es lässt sich eine Technik erkennen, deren sich der Gesetzgeber bedient, um Antworten auf Rechtsfragen zu geben und bestimmte Rechtsfolgen herbeizuführen. Nicht nur bei der Ausgestaltung von Gesetzen ist ein System anzutreffen, sondern auch der Rechtsfindung liegt ein systematisches Vorgehen inne, das es zu erkennen gilt.

Das vorliegende Buch verfolgt das Ziel, den Studenten und Studentinnen Anleitungen und Hilfen im Umgang mit Rechtsvorschriften zu geben. Diese Anleitungen und Hilfen sind sowohl im öffentlichen Recht wie im Zivilrecht gleichermaßen von Bedeutung. Sie bilden die Grundlage für die Rechtsanwendung in allen Rechtsgebieten. Sie liefern das Handwerkszeug für die Rechtssetzung und Rechtsfindung.

Bei der Rechtssetzung wurden Techniken entwickelt, um die Fülle der Rechtsanwendungsfälle straff und übersichtlich anzuordnen und Techniken, um das Recht flexibel und für die Zukunft offen zu gestalten. Die Kenntnis dieser Techniken ist erforderlich, um selbst Rechtssätze zu schaffen und um Rechtssätze verstehen und anwenden zu können. Es erleichtert den Umgang mit Rechtssätzen, wenn der Rechtssuchende das Strickmuster erkennen kann, das Gesetzeswerken zugrunde liegt und die einzelnen Normen zusammenhält. Diese Kenntnis vom Strickmuster des Rechts erlaubt es, die Vielzahl oftmals nichtssagender Rechtssätze zu einem sinnvollen Ganzen zusammenzufügen.

Wie alle Wissenschaften verwendet auch die Rechtswissenschaft bestimmte Methoden, um sich mit auftretenden Problemen auseinanderzusetzen. Der Psychologe bedient sich der „Couch", des Fragebogens, des Tests. In allen Wissenschaften wurden Methoden entwickelt, um in nachvollziehbarer Weise zu Erkenntnissen zu gelangen. Methoden dienen der Erkenntnisgewinnung und Wahrheitsfindung in nachvollziehbaren, transparenten Verfahren in den jeweiligen Wissenschaften. Genauso haben sich in der Rechtswissenschaft Methoden herausgebildet, die Anhaltspunkte liefern, in welchen Schritten sich die Anwendung des Gesetzes auf einen Fall vollzieht, welcher Hilfsmittel sich der Rechtsanwender zu bedienen hat. Hierzu zählen Methoden, um einzelne Rechtsnormen

I. Einführung

verstehen zu lernen, ihnen ihren Platz in der Gesamtrechtsordnung zuweisen zu können und das Zusammenspiel der Rechtsnormen zu begreifen. Die Methodenlehre ist keine Anleitung zur Falllösung. Doch Falllösung setzt Methodenwissen voraus.

Diese Grundkenntnisse sind Voraussetzung dafür, dass die Studierenden das Handwerkszeug für einen selbständigen Umgang mit Rechtsfragen erwerben und in die Lage versetzt werden, sich später in Spezialbereichen des Rechts zurechtzufinden, mit denen sie sich bislang nicht befasst haben. Gerade in Anbetracht der Flut ständig neuer Rechtsnormen, der zunehmenden Kurzlebigkeit von Rechtsvorschriften bedarf es des Wissens um deren Struktur und Funktionsweise.

Die Methodenlehre ist das Eingangstor zur Rechtsanwendung. Sie ist Anleitung zur Rechtssuche und Rechtsgewinnung. Sie trägt dazu bei, die Rechtsanwendung und Rechtsfindung möglichst rational, kontrollierbar und transparent zu gestalten, ihr den Ruf der Willkür und Beliebigkeit zu nehmen. Sie zeigt auf, inwieweit sich Rechtsfindung zwischen Logik und Wertung bewegt. Juristische Methodenlehre ist das Grundlagenfach für die Rechtsanwender.

Die Einführung in das Recht beschränkt sich nicht auf eine Darstellung der Juristischen Methodenlehre im Rahmen der Rechtsanwendung. Wer sich mit Recht befasst, muss sich zum einen die Frage stellen, welchen Platz Rechtswissenschaft zwischen benachbarten Wissenschaften einnimmt und welchen Beitrag diese für die Rechtswissenschaft zu leisten vermögen. Zum anderen schließt sich die Frage an, welche Aufgaben sich einer Rechtsordnung stellen und welche Ziele diese verfolgt. Diese Fragestellungen sind für das Verständnis des Rechts und damit für die Rechtsanwendung von grundlegender Bedeutung. Recht steht im gesellschaftlichen Kontext, steht als Mittler zwischen Menschen und ihren oft gegensätzlichen Interessen. Deshalb wird am Ende des Bandes das Augenmerk auf die Argumentation im Recht und bei der Rechtsfindung gerichtet. Argumentation ist Überzeugungsarbeit.

Der vorliegende Band versteht sich als eine Einführung in das Recht. Es geht darum, Grundzüge und eine Übersicht über die vielfältigen Zusammenhänge und Arbeitsweisen im Recht in einprägsamer Form zu vermitteln. Deshalb kann auf viele Besonderheiten, Ausnahmen und Differenzierungen nicht eingegangen werden. Zu viele Details versperren den Blick auf das Gesamte. Erst wenn die Eckpunkte und Zusammenhänge im Recht erkannt sind, können diese sinnvoll durch Details, Ausnahmen und die Ausnahmen zur Ausnahme ergänzt werden. Weniger ist manchmal mehr. Die Details sind den einschlägigen Werken zu den einzelnen Rechtsgebieten zu entnehmen.

II. Rechtswissenschaften

Das menschliche Zusammenleben und die Gesellschaft werden auf allen Ebenen von Recht und Rechtsnormen erfasst und durchdrungen. Rechtsnormen erfassen den Menschen von der Geburt – dem Erwerb der Rechtsfähigkeit – bis zum Tode – dem Verlust der Rechtsfähigkeit. Es darf deshalb nicht verwundern, dass sich eine Vielzahl von Wissenschaften mit dem Phänomen Recht befassen. Dies sind die
- Rechtswissenschaft i. e. S.
- Rechtsphilosophie
- Rechtstheorie
- Rechtspolitik
- Rechtssoziologie
- Rechtsgeschichte und
- Rechtsvergleichung.

Sie untersuchen das Recht unter verschiedenen, den ihrer Disziplin eigenen Gesichtspunkten und sind eng miteinander verknüpft. Dieser wissenschaftliche Diskurs hinterfragt die Ausgestaltung des geltenden Rechts und trägt zu seiner Fortentwicklung bei. Es soll aufgezeigt werden, welchen Beitrag sie leisten.

1. Rechtswissenschaft

Die Rechtswissenschaft i. e. S. befasst sich mit dem geltenden Recht, seiner konkreten Ausgestaltung, Wirkungsweise und Anwendung auf dem Weg zur Rechtsfindung. Sie wird auch Dogmatik oder Jurisprudenz genannt. Sie diskutiert offene Rechtsfragen, übt Kritik am geltenden Recht, seiner Wirksamkeit und Überzeugungskraft in Theorie und Praxis. Sie liefert dem Gesetzgeber Kritik und Anregungen zur Fortentwicklung des geltenden Rechts. Sie sorgt dafür, dass die vom Gesetzgeber gestern geschaffenen Gesetze heute ihre Aufgabe zu erfüllen vermögen. Gleichzeitig zeigt sie Politik und Gesetzgebung die Wirkungsweise des Rechts auf und liefert damit Anhaltspunkte für die Schaffung neuer, zukünftiger Gesetze, denen eine zuverlässige Wirkungskraft zukommt und sie öffnet den Blick für Gesetze, denen allenfalls eine Alibifunktion eigen ist ohne echten Gestaltungswillen.

Zur Rechtswissenschaft zählt die Vermittlung von Fachwissen an Hochschulen und in Lehrbüchern. Hier bedarf es der anschaulichen Darstellung und Systematisierung des Rechtsstoffes. Der Rechtswissenschaft kommt hier eine Ordnungsfunktion zu. Die Ordnung durch Systematisierung trägt zur Überschaubarkeit

II. Rechtswissenschaften

des Rechtsstoffs bei, zum Verständnis für Zusammenhänge. Zur Rechtswissenschaft zählt die Auseinandersetzung mit der Praxis der Gerichte und Behörden in Rechtssachen, deren wegweisende Entscheidungen veröffentlicht und kritisch beleuchtet werden. Damit trägt sie zur Transparenz und Kontrolle der Rechtsfindung und zur kritischen Diskussion bei.

Die Rechtswissenschaft bedient sich gewisser Methoden, um das Verständnis und den Umgang mit dem Recht zu fördern und um Kriterien und Techniken für die Rechtsfindung aufzuzeigen. Die Lehre von den Methoden im Recht versucht, den Vorgang der Rechtsfindung kalkulierbar zu machen und dem Vorwurf der Willkür entgegen zu treten. Der Vorgang der Rechtsfindung soll zu einem rationalen Prozess gemacht werden. Damit trägt sie zur Rechtssicherheit bei. Die Methodenlehre zeigt auf, dass Rechtswissenschaft mehr ist als die Kenntnis von Gesetzen und Urteilen.

> Die Methodenlehre ist Teil der Rechtswissenschaft.
> Die Methodenlehre ist Rechtsanwendungslehre.

Sie stellt eine Anleitung zur Rechtsgewinnung für den Rechtsanwender bei der Bearbeitung konkreter Rechtsfragen dar. Sie wird bereits an den Hochschulen gelehrt als unabdingbares Handwerkszeug für die Arbeit mit Rechtsnormen zur Rechtsfindung. Sie ist ein Instrument auf der Suche nach der richtigen Entscheidung, die es im Recht nicht immer gibt. Der Rechtsanwender benötigt die Methodenlehre zur systematischen Lösung von Rechtsfällen in der Praxis. Sie bietet ihm die Möglichkeit der Selbstkontrolle. Ihr Ziel ist es, dass Gerichte nach einheitlichen Maßstäben bei der Rechtssuche vorgehen, um gleichgelagerte Fälle gleich zu behandeln. Die Rechtsgewinnung darf nicht dem Zufall und dem Belieben des Gerichts oder der Behörde überlassen bleiben, bei denen die Entscheidung zu fällen ist. Die Rechtswissenschaft kommentiert und kritisiert diese Rechtspraxis, seien es Entscheidungen der Gerichte, der Verwaltung oder der Regierung. Sie durchleuchtet, welche Konsequenzen diese Entscheidungen haben können und zeigt Alternativen zu dieser Entscheidungspraxis auf und erforscht deren Konsequenzen. Sie eröffnet einen ständigen Diskurs im Spannungsfeld zwischen Wissenschaft und Praxis. Die Rechtspraxis liefert ständig neue Fragen- und Aufgabenstellungen. Die Rechtswissenschaft muss unter Beweis stellen, ob sie diese neuen Herausforderungen mit ihrem Handwerkszeug zu bewältigen vermag und wie sich diese mit den bislang gefundenen Lösungsansätzen vereinbaren lassen. Diese Auseinandersetzung mit der Rechtspraxis ist der Spiegel für die Leistungsfähigkeit der Rechtswissenschaft.

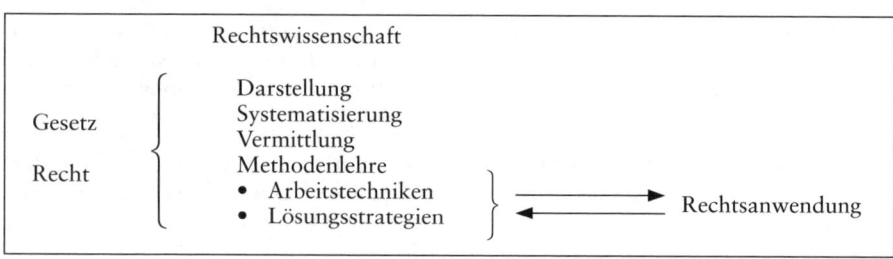

2. Rechtsphilosophie

Die Rechtswissenschaft i. e. S. wird ergänzt durch eine Reihe von Grundlagenfächern. Diese befassen sich mit der Einbettung des Rechts in Politik und Gesellschaft. Sie leisten einen Beitrag zur Entwicklung des Rechts und tragen zu dessen Verständnis bei.

2. Rechtsphilosophie

Die Rechtsphilosophie ist ein Zweig der Philosophie, der sich mit juristischen Grundsatzfragen befasst. Sie fragt nach dem Sinn des Rechts und den Maßstäben richtigen Handelns. Sie sieht im Recht das Gefüge der Beziehungen der Menschen untereinander und zu den Dingen. Sie erforscht sinngebende Prinzipien wie Gerechtigkeit und Freiheit und sucht nach zeitlosen idealen Werten des Rechts. Ihr Ziel ist Gerechtigkeit, die sie über das Streben nach richtigem Recht zu finden trachtet. Sucht die Rechtsphilosophie auf der einen Seite nach absoluten, zeitlosen Werten, so forscht sie auf der anderen Seite nach Kriterien für die Richtigkeit des Rechts in konkreten gesellschaftlichen Zusammenhängen. In der Rechtsphilosophie finden sich zahllose Strömungen, die mal in extremen Positionen, mal in vermittelnden Lehren anzutreffen sind. Auf der einen Seite steht die Naturrechtslehre, die von einem vorgegebenen zeitlosen göttlichen Recht ausgeht, das über allen Gesetzen steht. Auf der anderen Seite steht der Gesetzespositivismus, wonach der Staat als Souverän die Gesetze erlässt, die so unfehlbar und unumstößlich wie der Souverän selbst sind.[1] Der Gesetzespositivismus fand sein Extrem im Unrechtsstaat des Nationalsozialismus. Das Naturrecht führt einerseits zur Erstarrung in einem überkommenen Wertesystem und in der Variante des Vernunftrechts zu einem Glauben an die Vernunftbegabung des Menschen und damit des Richters als Quelle des Rechts. All diese extremen Positionen öffnen der Willkür Tür und Tor. Gleichwohl hat die Naturrechtslehre im Glauben an unverrückbare Menschenrechte breite Zustimmung gefunden.

Die Rechtsphilosophie brachte unterschiedliche und konkurrierende Strömungen im Recht hervor. Sie entwickelte die Begriffsjurisprudenz. Diese will Rechtssätze und Erkenntnisse aus Begriffen durch logische Ableitung entwickeln. Da die juristische Person eine Person ist, ist sie beleidigungsfähig.[2] Hingegen fragt die Interessenjurisprudenz nach den Interessen und Zielen, die hinter dem Recht stehen und die gegeneinander abzuwägen sind. Die teleologische Auslegung und die Rechtsfortbildung bedienen sich der Interessenjurisprudenz.

- Sie hinterfragt Sinn und Zweck des Strafens, der Befugnis einer menschlichen Gesellschaft und des Staates zum Richten über den Täter. Die hieraus entwickelten Strafzwecktheorien haben Eingang in das geltende Strafrecht gefunden.
- Die Rechtsphilosophie geht von der Grundannahme aus, der Mensch verfüge über ein gewisses Maß an Willensfreiheit. Diese Willensfreiheit ist im Zivilrecht nach §§ 104 ff. BGB und im Strafrecht nach §§ 19 ff. StGB zum Ausgangspunkt für die Verantwortlichkeit im Recht geworden.

Wie die Rechtsphilosophie fragt die Methodenlehre nach Sinn und Zweck des Rechts, den durch das Recht zu bewältigenden Aufgaben. Hat die Rechtsphiloso-

---
1 Horn Rdn. 57; Kaufmann/von der Pfordten S. 66.
2 Beispiel nach Kaufmann/von der Pfordten S. 116.

II. Rechtswissenschaften

phie das Recht als Ganzes im Blick, so geht es der Methodenlehre um die Rechtsanwendung im Einzelnen. Die Methodenlehre strebt nach Lösungsstrategien, die die Grundwerte menschlicher Gesellschaft wie Gerechtigkeit und Freiheit im konkreten Fall wahren, sie hinterfragt gefundene Lösungen anhand dieser Grundwerte. Die Lösung von Rechtsfragen lässt sich jedoch nicht schlechthin auf solche Grundwerte reduzieren.

3. Rechtstheorie

Die Rechtstheorie bewegt sich zwischen Rechtsphilosophie und Rechtswissenschaft. Sie hat sich aus der Rechtsphilosophie entwickelt. Im Gegensatz zur Rechtsphilosophie grenzt sie die Frage nach allgemeinen Grundwerten wie der Gerechtigkeit, einem allgemeinen sinngebenden Prinzip weitgehend aus, da solche keiner allgemeinen wissenschaftlichen Erforschung zugänglich seien. Sie will das Recht theoretisch beschreiben und geht dabei weitestgehend ohne Rücksicht auf die konkrete Rechtslage und ohne Bezug zum geltenden Recht vor. Sie sucht nach Grundstrukturen von Rechtssätzen und Grundbegriffen, die allen Rechtsgebieten gemeinsam sind wie Rechtspersönlichkeit, Handlung als positives Tun und Unterlassen, subjektives Recht.[3]

- So beschreibt sie das Eigentum als ein Recht. Mit dieser abstrakten Kategorie kann dessen Wirkweise jederzeit dargestellt werden, unabhängig davon wie der Gesetzgeber Erwerb, Inhalt und Umfang des Eigentums aktuell ausgestaltet hat.

Sie entwickelt generelle Aussagen, was Recht ist und wie Recht wirkt, wobei die inhaltliche Richtigkeit, Fragen der Gerechtigkeit zurückgestellt werden. Sie fragt danach, welche Auswirkungen Recht auf die Gesellschaft hat. Sie entwickelt Arbeitsanweisungen auf hohem Abstraktionsniveau, wie die Rechtswissenschaft bei der Erfassung und Strukturierung des Rechts vorgehen kann und soll. Damit trägt sie zur Einheit der Rechtsordnung bei.

Sie befasst sich mit logischen Strukturen im Recht wie die Rechtsnormstruktur „Wenn – Dann" (wenn jemand einen anderen schuldhaft verletzt, dann wird er bestraft). Diese Rechtsnormstruktur kann überall im Recht verwendet werden. Sie wird auf allen Gebieten des geltenden Rechts angewandt und führt zu sachlich nachvollziehbaren Ergebnissen.

Die Methodenlehre greift auf solche von der Rechtstheorie entwickelten Erkenntnisse und Arbeitsanweisungen zurück, soweit sie bei der Arbeit mit dem geltenden Recht dienlich sind. Sie erlangt hierdurch ein Instrumentarium, das unabhängig vom jeweiligen Rechtsstoff und trotz Wandel der Norminhalte eingesetzt werden kann.

4. Rechtspolitik

Die Rechtspolitik fragt nach den politischen Akteuren, deren Absichten, Streben und Entscheidungen. Sie befasst sich mit dem Einfluss und dem Wirken politi-

---

3 Röhl/Röhl S. 9; Rüthers/Fischer/Birk Rdn. 24 f.

scher Parteien und gesellschaftlicher Interessengruppen bei der Entwicklung des Rechts. Die Rechtspolitik hinterfragt, welche politischen Ziele mit dem Recht verfolgt werden sollen, ob das Recht in den Dienst wirtschaftlicher oder sozialer Interessen gestellt werden soll.

Regierungen bedienen sich Rechtsnormen zur Durchsetzung ihrer politischen Programme, zur Gestaltung von Wirtschaft und Gesellschaft.[4] Mit Rechtsnormen wird versucht, politische und gesellschaftliche Entwicklungen zu steuern. Die Politik, ob nun Regierung, Parlamente, Parteien und Verbände tragen zur Gestaltung des Rechts bei und das Recht, insbesondere das Verfassungsrecht setzt diesen Akteuren Grenzen. Die Entscheidungsträger in Staat und Gesellschaft verfolgen politische Interessen und Ziele. Für deren Durchsetzung und Gestaltung bietet ihnen das Rechtssystem verschiedene Möglichkeiten, wie diese umzusetzen sind.

- Das GG schränkt mit der Vertragsfreiheit in Art. 2 Abs. 1 GG und der Koalitionsfreiheit in Art. 9 Abs. 3 GG die Eingriffsmöglichkeiten der Exekutive ins Wirtschaftsleben ein.
- Das konstruktive Misstrauensvotum nach Art. 67 GG und die Vertrauensfrage nach Art. 68 GG zeigen Möglichkeiten auf, wie Parlament und Regierung auf veränderte Machtverhältnisse reagieren können.

Gegenstand der Rechtspolitik ist obendrein die Frage, mit welchen rechtlichen Instrumenten auf gesellschaftliche und politische Herausforderungen reagiert werden soll und kann. Sie fragt nach Steuerungsinstrumenten und Steuerungswirkungen im Recht. Den politischen Akteuren steht eine gewisse Entscheidungs- und Gestaltungsfreiheit zur Seite, welche Ziele erstrebenswert sind und welche Mittel zur Zielerreichung eingesetzt werden sollen. Umweltschutz kann auf verschiedenen Wegen angestrebt werden. Schädliches Verhalten kann durch Verbote oder Abgaben sanktioniert werden. Förderliches Verhalten kann belohnt werden durch Zuschüsse oder Minderung von Steuern und Abgaben. Schließlich können all diese Instrumente gekoppelt werden. Umgekehrt ist juristische Argumentation von rechtspolitischen Erwägungen geleitet.

5. Rechtssoziologie

Die Rechtssoziologie untersucht den Wirkungszusammenhang und die Abhängigkeit von Recht und Gesellschaft, die Macht und Ohnmacht des Rechts in der Gesellschaft. Sie versteht Normen als Instrument sozialer Kontrolle und zeigt deren Wirkungsweise und Effizienz auf. Sie untersucht den sozialen Hintergrund des geltenden Rechts im Zuge seiner Normierung und Umsetzung und fragt nach der Rolle des Rechts im Ablauf sozialer Prozesse. Sie erforscht Veränderungen in der Gesellschaft und deren Akzeptanz. Sie untersucht, inwieweit das Recht soziale Ungleichheiten und Diskriminierungen zu mildern oder zu verstärken vermag. Die empirischen Sozialwissenschaften durchleuchten die Realität des Rechts, die Rechtspraxis und die Funktionsweise des Rechts. Sie befassen sich mit der Frage, unter welchen Bedingungen und inwieweit das Recht in der Realität beachtet wird und

---

[4] Starck (2015) S. 28 ff.; Rüthers/Fischer/Birk Rdn. 78 f.; Schwintowki (2014) S. 99 ff. mit Beispielen zur Fehlsteuerung.

II. Rechtswissenschaften

ob die Organisation von Institutionen wie Parlamenten und Gerichten sich auf die Entstehung von Recht und seine Umsetzung auswirken.
- Die Rechtssoziologie untersucht die Ursachen und Wirkungen abweichenden Verhaltens und leistet damit einen Beitrag zum materiellen Strafrecht, dem Strafvollzug und der Kriminologie. Sie liefert Erkenntnisse zur Wirkungsweise von Strafen, zur Vorbeugung und der Wirkungsweise sozialer Kontrolle.
- Sie leistet Rechtstatsachenforschung, indem sie bei Entscheidungen nach § 1671 BGB zum Sorgerecht bei Getrenntleben der Eltern, den Gerichten Anhaltspunkte zu den sozialen Beziehungen innerhalb einer Familie, zu Eltern und Geschwistern liefert. Rechtstatsachenforschung wird bei den Organisationsformen in Handel, Wirtschaft und bei der Abwicklung von Masseverkehren betrieben.
- Sie erforscht die sozial-familiären Beziehungen bei offener oder anonymer Samenspende, die Motivation der Beteiligten, die Konsequenzen für das Kind.
- Sie untersucht Gewohnheiten, Überzeugungen und Wertvorstellungen, wenn das Recht wie in §§ 346 HGB, 826 BGB, 44 Abs. 2 Nr. 6 VwVfG auf Gewohnheiten und Sitten abstellt.
- Sie untersucht, welche Bedeutung die soziale Herkunft des Rechtsanwenders für sein Rechtsverständnis hat. Hieraus leitet sich die Aufgabenstellung an die Methodenlehre ab, einen Beitrag zu einer verobjektivierten, nachvollziehbaren Bindung des Rechtsanwenders an Gesetz und Recht zu leisten, als Gegengewicht zur subjektiven Prägung.[5]

Sollen Rechtswissenschaften die Gesellschaft und ihre Mitglieder lenken und überzeugen kommt ihnen die Aufgabe anwendungsorientierter Sozialwissenschaften zu.

6. Rechtsgeschichte

Die Rechtsgeschichte beleuchtet rückblickend die Wurzeln des Rechts und den historischen Werdegang des Rechts. Das geltende Recht ist geprägt von seiner Entstehungsgeschichte, den Herausforderungen und Denkweisen, die die Gesellschaft zum Zeitpunkt seiner Entstehung bewegten. Sie befasst sich mit den sozialen, ökonomischen und geistesgeschichtlichen Hintergründen des Rechts. Die Gegenwartsprobleme des Rechts haben oftmals ihre Ursache in der Vergangenheit. Die Kenntnis der Rechtsgeschichte schärft das Verständnis für das geltende Recht.
- Die Selbstverwaltungsgarantie der Gemeinden in Art. 28 Abs. 2 GG ist durch die geschichtliche Entwicklung und die verschiedenen Erscheinungsformen der Selbstverwaltung geprägt.[6]

Die Methodenlehre schöpft aus der Rechtsgeschichte wichtige Anhaltspunkte bei der historischen Auslegung von Rechtsnormen und bei der Rechtsfortbildung. Bei der Suche nach der Bedeutung von Rechtsnormen ist die Kenntnis der historischen Rahmenbedingungen, ihre Entstehung und Ausformulierung hilfreich.

---
5 Schneider S. 329 f.
6 BVerwG NJW 1976 S. 2175 f.; BVerfGE 119 S. 247, 261 f.

7. Rechtsvergleichung

Rechtsnormen stehen in einem sozialen und gesellschaftspolitischen Kontext. Der Blick auf diese historischen Rahmenbedingungen eröffnet das Verständnis darauf, welche Vorstellungen den Gesetzgeber damals geleitet haben, welcher Wandel sich seither in der Gesellschaft vollzogen hat und wie das Recht sich diesem Wandel stellt. Rechtsgeschichte zeigt die Entwicklungslinie von Gesetzen auf.

7. Rechtsvergleichung

Die Rechtsvergleichung befasst sich mit dem Recht anderer Staaten, Rechtskreise und Kulturen. Der Vergleich kann Anregungen für die Gestaltung und Fortentwicklung des nationalen Rechts liefern. Die Rechtsgeschichte liefert zahllose Beispiele für die Entlehnung fremden Rechts und die Übertragung von Rechtsstoff anderer Staaten und Kulturen in das deutsche Recht. Hierzu zählt die Rezeption römischen Rechts. Aus dem Vergleich können Problemlösungsstrategien entwickelt werden. In Zeiten der Globalisierung, zunehmender Mobilität der Menschen und grenzüberschreitendem Verkehr darf der Blick auf die Rechtslage und die Rechtsentwicklung anderer Staaten nicht verschlossen werden. Deshalb spielt die Rechtsvergleichung im Europarecht eine besondere Rolle.

- Das im Jahr 2002 erlassene Gewaltschutzgesetz profitierte von Erfahrungen und Regelungen in Österreich.
- Im Kartellrecht wird auf das amerikanische Recht zurückgegriffen, das Vorbild- und Vorläuferfunktion für zahlreiche andere Staaten hatte.[7]

Es liegt für die Methodenlehre nahe, bei der Auslegung und Anwendung von Normen, die Parallelen in anderen Rechtsordnungen haben, ebenfalls Vergleiche anzustellen. Zeigen sich Lücken im geltenden Recht, kann die Rechtsvergleichung Anhaltspunkte liefern, wie diese sachgerecht und systemkonform zu schließen sind. Die Existenz und Tragweite allgemeiner Regeln des Völkerrechts nach Art. 25 GG werden vom BVerfG aus der Praxis der Regierungen, der Gesetzgeber und der Gerichte anderer Staaten entwickelt. Der Europäische Gerichtshof leitet allgemeine Rechtsgrundsätze des Europarechts aus der Rechtspraxis der Mitgliedsstaaten her.[8] Zunehmende Verschränkungen im Raum der Europäischen Union fördern den Ruf nach einer Angleichung der Verwaltungsverfahren in den Mitgliedstaaten. Rechtsvergleichende Erkenntnisse können zur Optimierung beitragen.[9]

Rechtsphilosophie	→ Sinnfrage	
Rechtstheorie	→ Wirkung	
Rechtspolitik	→ Herausforderungen	
Rechtssoziologie	→ Wirksamkeit	→ Rechtswissenschaft
Rechtsgeschichte	→ Anregungen	
Rechtsvergleichung	→ Anregungen	

---

7 Bleckmann S. 226.
8 EuGH Slg. 1964 S. 1251, 1269 ff.; BVerfGE 75 S. 223, 244; BVerfGE 109 S. 38, 54; BVerfGE NJW 2009 S. 2267, 2284 f. – Lissabon; Pechstein/Drechsler S. 105 f., 110 f.
9 Hoffmann-Riem/Schmidt-Aßmann/Voßkuhle S. 162 f.

III. Aufgaben und Ziele des Rechts

Das Recht verfolgt verschiedene Aufgaben. Zum einen kommt ihm eine Ordnungsfunktion zu. Menschliches Verhalten soll mittels Geboten und Verboten gesteuert werden.[10] Es begründet Rechte und Pflichten des einzelnen Rechtssubjekts. Die Effektivität des Rechts hängt entscheidend davon ab, dass seine Durchsetzung und Einhaltung sichergestellt werden können, staatliche Organe über seine Einhaltung wachen und dem Recht zur Durchsetzung verhelfen. Aber auch die staatlichen Organe sind an das Recht gebunden. Das Recht beschränkt ihre Autorität und Willkür. Indem die Durchsetzung des Rechts staatlichen Organen und nicht Privaten anheimgestellt ist, verfolgt das Recht eine Friedensfunktion. Das staatliche Gewaltmonopol verdrängt Faustrecht und Fehde.

1. Ordnungsfunktion des Rechts

Das Recht regelt ebenso wie Sitte und Moral menschliches Verhalten. Wer gegen die Sitten als äußerer Verhaltenskodex verstößt wird mit sozialer Verachtung bestraft. Wer gegen die Moral als inneres Leitprinzip für Verhalten verstößt, den bestraft sein Gewissen. Recht setzt wie die Sitten an äußeren Gegebenheiten und Verhaltensweisen an. Diese werden mit Rechtsfolgen verknüpft, die mit staatlichem Zwang und nicht alleine mit sozialen Mechanismen durchgesetzt werden können. Das Recht funktioniert am besten, wenn es sich mit den Geboten von Sitte und Moral deckt. Es wird sodann von inneren und äußeren Leitbildern gestützt und bedarf im Alltag nur geringer Überwachung und Kontrolle. In der vielgestaltigen, pluralistischen und dynamischen Gesellschaft des 21. Jahrhunderts können Sitte und Moral nur wenige Bereiche des menschlichen Verhaltens und Zusammenlebens erfassen und zur **Verhaltenssteuerung** durch Recht hinzutreten. Es hat weithin eine Trennung zwischen Recht auf der einen Seite, Sitte und Moral auf der anderen Seite stattgefunden.[11] *Moralapostel* wurde zum Schimpfwort erhoben. *Jemand moralisiere* wird zum Vorwurf.

Diese Verhaltenssteuerung unterscheidet sich von Regelungsprozessen, mit denen sich Naturwissenschaften und Technik befassen. Diese bedienen sich natürlicher Kausalketten, um gewünschte Erfolge herbeizuführen: Drückt man auf den Lichtschalter, geht das Licht an.

---

10 Schwintowski (2005) S. 13; Rüthers/Fischer/Birk Rdn. 76 ff.
11 Horn Rdn. 14 ff.

1. Ordnungsfunktion des Rechts

	Moral (Sittlichkeit)	Sitte	Recht
Adressat	Der einzelne Mensch	Allgemeinheit oder allgemein bestimmter Personenkreis	Allgemeinheit oder allgemein bestimmter Personenkreis
Appell an	Die innere Gesinnung, die sich in einem äußeren Verhalten bewähren soll	Das äußere Verhalten	Das äußere Verhalten; „Fürs Denken wird keiner gehenkt."
Forderung	Nächstenliebe, Demut, Bereitschaft, Böses mit Gutem zu vergelten; „Du sollst nicht hassen"; „Du sollst Deinen Nächsten lieben wie Dich selbst".	Einhaltung der Anstandsregeln und Umgangsformen (Gruß, Anrede, Tischsitten, Weihnachtsgeschenke, Gastfreundschaft etc.)	Einhaltung der Rechtsnormen; „Du sollst nicht töten, stehlen, betrügen."
Quelle	Ethik, Religion, Philosophie und abendländische Kultur	Tradition, Kultur, gesellschaftlicher Brauch	Vor allem das geschriebene Recht und das Gewohnheitsrecht
Maßgebend für die Beurteilung des einzelnen Verhaltens	Allein die Gesinnung und Absicht des Handelnden; „Innerlichkeit der Moral"	Gesellschaftliche Anschauung, die ständigem Wechsel unterliegt; „Äußerlichkeit der Sitte"	Die Rechtsnorm; „Äußerlichkeit des Rechts"
Sanktion bei Verstößen	Gewissen; Furcht vor Gottes Strafe; Hoffnung auf Vergebung	Gesellschaftliche Missachtung, gesellschaftliche Nachteile	Macht zur Durchsetzung und Erzwingung

Menschliches Verhalten gehorcht keinen vergleichbaren Kausalketten. Menschlichem Handeln liegt kein strenger Kausalprozess zugrunde. Die Menschen haben die Fähigkeit, sich nach ihrer Willensentscheidung in die eine oder andere Richtung zu wenden. Diese Entscheidungen können durch Gebote oder Verbote beeinflusst werden. Rechtssätze enthalten solche Gebote und Verbote. Sie wollen Willensentscheidungen und Verhalten steuern. Deshalb ist vielen Rechtssätzen das Konditionalprogramm „Wenn" (Tatbestand) – „Dann" (Rechtsfolge) eigen. § 223 Abs. 1 StGB bestimmt: *Wer eine andere Person körperlich misshandelt oder an der Gesundheit beschädigt, wird mit Freiheitsstrafe bis zu fünf Jahren oder mit Geldstrafe bestraft.*

Wer nicht bestraft werden will, sollte tunlichst keinen Straftatbestand erfüllen. Motivation erfolgt im Strafrecht durch die Angst vor Strafen. Motivation kann andererseits durch Wohltaten erfolgen, die für ein erwünschtes Verhalten gewährt werden, wie Steuervorteile für die Schaffung neuen Wohnraums in Zeiten von Wohnraumknappheit. Dahinter steht nicht nur der Gedanke einer Ordnung der Gesellschaft durch Recht, dahinter tritt gar der Versuch der Steuerung der Gesellschaft hervor. Diese Rechtsgestaltung wird begleitet von der Vorstellung, der Mensch als vernunftbegabtes Wesen füge sich den Geboten des Rechts und der Rechtsordnung, um seine Lebensbedingungen in der Gesellschaft zu steuern und fortzuentwickeln. Die technischen und sozialen Veränderungen der letzten Jahrzehnte haben die Komplexität der Gesellschaft gesteigert. Die Meinungs- und Interessenvielfalt steigt beständig. Die Grenzen für menschliches Handeln und Wollen rücken in immer weitere Ferne. Dem Recht kommt hierbei eine

III. Aufgaben und Ziele des Rechts

Integrationsfunktion zu, um nicht dem *laissez-faire* und dem Kampf aller gegen alle Tür und Tor zu öffnen. Es setzt rechtliche Grenzen für das Dürfen und bietet Verfahren für die Schlichtung von Streitigkeiten.

Neben der Verhaltenssteuerung des Einzelnen beinhaltet das Recht eine **Entscheidungssteuerung** für die mit der Rechtsfindung, Rechtsentscheidung befassten Instanzen wie Behörden und Gerichte. Auch diese Instanzen sind an die Rechtssätze gebunden. Diese Bindung bedeutet für den einzelnen Kalkulierbarkeit und Vorhersehbarkeit der Behörden- und Gerichtsentscheidungen. Sie bedeutet Freiheit vor staatlicher Willkür. Die Entscheidungssteuerung bewirkt Rechtssicherheit für die Betroffenen. Der Einzelne kann sein Verhalten zu dem Zweck steuern, bestimmte Entscheidungen herbeizuführen oder um Entscheidungen zu vermeiden. Dem kommt gerade im Strafrecht eine große Bedeutung zu. Die Normadressaten müssen vorhersehen können, welches Verhalten verboten und mit Strafe bedroht ist und welches Verhalten nicht.[12] Diese Vorhersehbarkeit ist zugleich eine Garantie für die persönliche Freiheit und Rechtssicherheit. Gerade weitreichende wirtschaftliche Entscheidungen können nur sinnvoll getroffen werden, wenn die hieraus erwachsenden Rechtsfolgen eindeutig ablesbar sind, wenn vorhersehbar ist, welche Behördenentscheidungen eingeholt werden müssen und welchen Inhalt diese haben werden. Verhaltenssteuerung und Entscheidungssteuerung stehen in einer engen Wechselwirkung. Die Entscheidungssteuerung tritt auch bei den Normen hervor, die nicht als Konditionalprogramm, sondern als Zweckprogramm gestaltet sind: Art. 20 Abs. 1 GG erhebt das Sozialstaatsprinzip zum Zweckprogramm für Gesetzgeber und Verwaltung. § 1 Abs. 5 BauGB bestimmt die Ziele der Bauleitplanung. Diese Zweckprogramme bestimmen gleichermaßen staatliche Entscheidungen. Sie legen fest, welche Ziele und Zwecke bei der Entscheidung zu beachten sind.

Ein wirksames Recht setzt voraus, dass seine Normen von den Rechtssubjekten befolgt werden und widrigenfalls auch gegen deren Willen durchgesetzt werden können. Dieser staatliche Zwang motiviert entscheidend das menschliche Verhalten. Rechtstechnisch funktioniert diese **Normgarantie** dadurch, dass zu den Rechtssätzen – die Gebote und Verbote, Rechte und Pflichten beinhalten (materielles Recht) – Verfahrensvorschriften hinzutreten (formelles Recht), die die Durchsetzung in einem staatlich organisierten Erzwingungsverfahren garantieren. Wer einen anderen körperlich misshandelt wird gemäß §§ 223, 229 StGB in einem Strafverfahren mit einer Strafe belegt, damit er in Zukunft ein solches nicht wieder tut und damit auch andere davon abgehalten werden, ein solches zu tun. Ist der Schädiger nicht bereit, dem Misshandelten Ersatz des entstandenen Schadens zu leisten, kann der Misshandelte vor den Zivilgerichten Klage auf Schadensersatz erheben. Im Urteil wird der zu zahlende Schadensersatzbetrag festgestellt. Leistet der Schädiger noch immer nicht freiwillig, kann der Misshandelte die Zwangsvollstreckung aus dem Urteil einleiten. Wird ein Bauantrag von der Verwaltung abgelehnt, kann der Antragsteller im Widerspruchs- und Klageverfahren, die Entscheidung der Verwaltung überprüfen lassen. Deshalb wird die Verwaltung bei ihrer Entscheidung deren Rechtmäßigkeit bedenken. Die Kontrollerwartung beeinflusst das Verwaltungshandeln.[13]

---

12 BVerfGE 95 S. 96, 131; BVerfG NJW 2011 S. 3778.
13 Hoffmann-Riem/Schmidt-Aßmann/Voßkuhle S. 148.

2. Friedensfunktion des Rechts

Die Einführung des formellen Rechts zum Zwecke der Durchsetzung des materiellen Rechts führte zur Abschaffung der Selbsthilfe in der Geschichte des Rechts. Die Selbsthilfe wurde durch die Rechtssetzung der Gerichte und Behörden und die Zwangsvollstreckung abgelöst. Selbsthilfe ist nur noch ausnahmsweise nach §§ 227 ff., 859 BGB, §§ 32 ff. StGB erlaubt.

> Die Ordnungsfunktion des Rechts strebt nach
> - Verhaltenssteuerung
> - Entscheidungssteuerung
> - Normgarantie.

2. Friedensfunktion des Rechts

Soweit die Durchsetzung des Rechts einem staatlich organisierten Erzwingungsverfahren anvertraut ist, beinhaltet es eine Absage an Selbstjustiz und Faustrecht. Diese Friedensfunktion liegt dem Zivilrecht und dem Strafrecht zugrunde. Nur ausnahmsweise darf jemand in Notwehr- und Selbsthilfesituationen nach §§ 227 ff., 859 BGB, 32 ff. StGB Gewalt gegen Dritte ausüben. Ansonsten wird er darauf verwiesen, seine Rechte unter Einschaltung staatlicher Stellen geltend zu machen und durchzusetzen. Diese Normgarantie, die die Einhaltung der Rechtsvorschriften durch ein staatliches Erzwingungsverfahren gewährleistet, ist eine elementare Voraussetzung für die Friedensfunktion des Rechts.

- Hat der Vermieter dem Mieter wegen Mietrückständen gekündigt, darf er den Mieter nicht eigenmächtig aus der Wohnung räumen oder ihm den Zugang verwehren. Der Vermieter muss den kosten- und zeitaufwändigen Weg der Räumungsklage und Zwangsräumung durch den Gerichtsvollzieher beschreiten.

Das Recht dient dem Rechtsfrieden und der Rechtssicherheit. Diese Friedensfunktion des Rechts hängt aber nicht alleine von der **Effektivität des staatlichen Gewaltmonopols** ab, d. h. von der Durchsetzung in einem staatlich organisierten Erzwingungsverfahren.

Das Recht funktioniert am besten, wenn es von einer allgemeinen Rechtsüberzeugung getragen wird, es als gerecht empfunden wird.[14] Nur als gerecht empfundene Normen finden **Akzeptanz** und werden verinnerlicht. Gerechtigkeit, was auch immer das zu bedeuten vermag, ist ein Grundanliegen menschlichen Strebens und staatlicher Ordnung. Die erforderliche Kontrolldichte durch den Staat kann sich auf ein Minimum beschränken. Verkörpert das Recht eine allgemein akzeptierte Wertordnung, wird auch das Recht von einer breiten Überzeugung getragen und seine Einhaltung als Selbstverständlichkeit empfunden.

Von einer breiten Rechtsüberzeugung getragen sind Rechtsnormen, die mit Sitte und Moral in Einklang stehen. Das Moralgebot „Du sollst nicht töten" hat Eingang in die §§ 211 ff. StGB gefunden. Der Aufwand zur Verhütung von Tötungsdelikten und zur Ahndung von Zuwiderhandlungen ist weitaus geringer als der Einsatz zur Reglementierung und Ahndung verbotswidrigen Parkens und Hal-

---
14 Zur Dimension des Begriffs der Gerechtigkeit Rüthers/Fischer/Birk Rdn. 347 ff.

III. Aufgaben und Ziele des Rechts

tens im Straßenverkehr. Geht es doch im letzteren Fall um eine weit verbreitete Unsitte, bei der den einzelnen Autofahrer kein Unrechtsbewusstsein plagt.

Es darf nicht verwundern, dass der Gesetzgeber in zahlreichen Vorschriften an die von Sitte und Moral getragene Rechtsüberzeugung anknüpft.[15]

- So erteilen § 138 BGB und §§ 44, 59 VwVfG Willenserklärungen, Verwaltungsakten und öffentlich-rechtlichen Verträgen eine Absage, die gegen die guten Sitten verstoßen. Diese sind allesamt nichtig.
- § 346 HGB knüpft an Handelsbräuchen – den Sitten unter Kaufleuten – an.[16]

Zahlreiche Rechtsvorschriften haben sich gewohnheitsrechtlich aus Sitte und Moral entwickelt. Recht, Sitte und Moral bilden die Sozialordnung einer Gesellschaft.

- Das Verbot der Bigamie im Ehe- und Strafrecht ist von einer jahrhundertealten Rechtsüberzeugung getragen.
- Dasselbe gilt für die Strafbarkeit von Mord und Totschlag.[17]

Die Rechtsüberzeugung als Fundament einer funktionierenden Rechtsordnung findet ihre Entsprechung im Demokratieprinzip. Das Demokratieprinzip legitimiert die gewählte Mehrheit zur Schaffung von Rechtsnormen. Dies geschieht in der Erwartung, dass die Rechtsüberzeugung dieser Mehrheit die Rechtsüberzeugung der Rechtsunterworfenen wiederspiegelt.

Ein funktionierendes Recht setzt obendrein voraus, dass es zweckmäßig und praktikabel ist. **Zweckmäßigkeit und Praktikabilität** stellen eine Garantie für die Befolgung des Rechts dar. Dies wird besonders deutlich bei Vorschriften mit einer simpel einleuchtenden Ordnungsfunktion, die keine Gerechtigkeitsentscheidung enthalten. Das Rechtsfahrgebot des § 2 Abs. 1 StVO ist solch eine reine Ordnungsvorschrift. Ihre Befolgung ist schon weithin ins Unterbewusstsein übergegangen. Sie verfolgt die Aufgabe, Begegnungszusammenstöße zu verhindern. Derselbe Erfolg ließe sich auch erreichen, wenn an manchen Tagen rechts und anderen Tagen links gefahren werden müsste. Eine solche Regelung wäre jedoch höchst unzweckmäßig, da sie nicht über das Unterbewusstsein steuerbar wäre.

Die Friedensfunktion des Rechts hängt ab von
- der Effektivität des staatlichen Gewaltmonopols
- seiner Akzeptanz
- seiner Zweckmäßigkeit und Praktikabilität.

3. Ziele des Rechts

Zu den Aufgaben des Rechts zählt primär die Ordnungs- und Friedensfunktion. Um diese Aufgaben erfüllen zu können, zielt das Recht auf

- Rechtssicherheit
- Gerechtigkeit
- Zweckmäßigkeit.

---

15 Zum Verhältnis von Recht, Sitte und Moral Rüthers/Fischer/Birk Rdn. 401 ff.
16 LG Hamburg NJW-RR 2004 S. 699 ff. zur Frage kostenloser Stornos.
17 BVerfGE 45 S. 187, 229 ff.

3. Ziele des Rechts

Gerechtigkeit ist ein objektiv kaum fassbarer, subjektiv idealisierter Begriff. Die Vorstellung von Gerechtigkeit wandelt sich von Zeit zu Zeit und von Ort zu Ort. Sie umreißt eine gesellschaftlich und kulturell geprägte Idealvorstellung, die bei näherer Betrachtung eine höchst emotional geladene Vielseitigkeit und Vielschichtigkeit aufweist.[18] Gerechtigkeit tritt vielgestaltig auf als

- ausgleichende Gerechtigkeit, d. h. Strafe als Vergeltung, Schadensersatz zum Ausgleich von Schäden,
- verteilende Gerechtigkeit, die sich nach dem Gleichheitsprinzip, dem Beitragsprinzip und dem der Bedürftigkeit richten kann,
- verpflichtende Gerechtigkeit, wie Art. 14 Abs. 2 GG *Eigentum verpflichtet* und
- Gerechtigkeit durch Verfahren.

Diese verschiedenen Ausprägungen der Gerechtigkeit können in Widerspruch zueinander treten. Die Gerechtigkeit durch Verfahren ist ein schwacher Trost für diejenigen, die ihre Ziele und Interessen im Verfahren nicht realisieren konnten. Nicht umsonst sagt mancher Richter: *Bei mir bekommen Sie keine Gerechtigkeit, sondern ein Urteil.* Im Idealfall konkurrieren diese drei Ziele miteinander. Die Vorfahrtsregel „Rechts vor Links" des § 8 Abs. 1 Satz 1 StVO erfüllt – durch ihre Eindeutigkeit und Klarheit – das Gebot der **Rechtssicherheit**. Gerade weil diese Regel eindeutig und einprägsam ist, nur ein Minimum an Orientierung verlangt, ist sie zweckmäßig. Zwar ist es keine Frage der Gerechtigkeit, ob nun „Rechts vor Links" gilt oder „Links vor Rechts". Jedoch wird es weithin als gerecht empfunden, dass bei Unfällen als Folge von Vorfahrtsverletzungen dem Geschädigten ein Schadensersatzanspruch zusteht.

Diese drei Ziele können in ein Spannungsverhältnis treten. Die klaren Altersgrenzen der §§ 19, 176 StGB, 104 Nr. 1, 828 Abs. 1 und 2 BGB stehen im Dienste der Rechtssicherheit und **Zweckmäßigkeit**. Der Rechtsanwender muss nicht in jedem Einzelfall die Reife des Kindes erforschen. Um die Reife eines betroffenen Kindes zu erforschen, müsste der Rechtsanwender zumeist sachkundige Dritte heranziehen. Zur Vermeidung dieser Zweifelsfragen griff der Gesetzgeber zu starren Altersgrenzen ohne Rücksicht darauf, ob diese im Einzelfall als gerecht empfunden werden. Zur Rechtssicherheit zählen die Vorschriften über die Verjährung. Der Gläubiger einer verjährten Forderung und das Opfer einer verjährten Straftat zweifeln an der Gerechtigkeit. Nicht umsonst heißt es *Wer Normen sät, kann keine Gerechtigkeit ernten.*

- Wurde ein Autofahrer nach einem Verkehrsunfall zu Schadensersatzleistungen an den Unfallgegner verurteilt und kommen keine Rechtsmittel mehr in Betracht, gilt der Urteilsspruch. Das Urteil ist rechtskräftig. Der Autofahrer hat Schadensersatz zu leisten und dieser kann im Wege der Zwangsvollstreckung beigetrieben werden. Die Rechtskraft des Urteils gilt selbst bei offenkundiger Unrichtigkeit, selbst wenn es eklatant dem Gerechtigkeitsgefühl widerspricht. Hinter der Rechtskraft von Urteilen, als Ausdruck der Rechtssicherheit, steht das Streben, dass jeder Rechtsstreit zu einem Abschluss kommen muss, damit nicht endlos prozessiert wird und damit die Beteiligten wieder zur Tagesordnung zurückkehren können und müssen. Das

---

18 Gast Rdn. 714; Horn Rdn. 401 ff.; Honsell/Mayer-Mali S. 179 ff.; Schwacke S. 7; Kaufmann/von der Pfordten S. 33 f.

III. Aufgaben und Ziele des Rechts

Gerechtigkeitsstreben kann nur bei Vorliegen eines Wiederaufnahmegrundes nach §§ 578 ff. ZPO zum Zuge kommen und die Rechtskraft des Urteils durchbrechen. Die Wiederaufnahmegründe beschränken sich fast ausnahmslos darauf, dass der Urteilsspruch durch eine Straftat bewirkt wurde. Die bloße, nicht durch eine Straftat bewirkte Unrichtigkeit des Urteils vermag die Rechtskraft des Urteils und damit das Postulat der Rechtssicherheit nicht zu verdrängen. Die Unrichtigkeit eines Urteils beruht aber nur in seltenen Ausnahmefällen auf einer strafbaren Bewirkung des Urteils, in der Regel eher auf einer komplizierten Beweissituation, unzureichenden Beweisantritten und der Unerfahrenheit der Prozessbeteiligten. Der Gesetzgeber hat in diesen Fällen der Rechtssicherheit den Vorrang vor der Gerechtigkeit gegeben. Entscheidet sich der Gesetzgeber im Spannungsverhältnis zwischen Rechtssicherheit und Gerechtigkeit für eine Seite und geschieht dies ohne Willkür, ist diese Entscheidung legitim.[19]

- Auf dem Hintergrund des Grundgesetzes erscheint es geboten, dass ein bedürftiges Kind für eine Erstausbildung von seinen Eltern oder der staatlichen Gemeinschaft die finanziellen Leistungen bekommt, die es braucht. Trotzdem erfolgt die Berechnung des Bedarfs im Unterhaltsrecht und den Leistungen des Staates wie dem BAföG in erster Linie nach Sätzen. Die Berechnung nach Sätzen geht rascher und ist einfacher, weniger zeit- und kostenaufwändig. Weniger Papierkram und die Zeitersparnis bei der Berechnung stellen einen Vorteil für das Kind dar. Es kann mehr oder weniger bekommen als bei exakter spitzer Berechnung. Wegen des geringen Verwaltungsaufwands bei der Berechnung bleibt letztlich mehr im Topf zum Verteilen.

Aufgaben des Rechts	
Ordnungsfunktion • Verhaltenssteuerung • Entscheidungssteuerung • Normgarantie	Friedensfunktion • Rechtssicherheit • Rechtsfrieden • Akzeptanz

Ziele des Rechts		
Rechtssicherheit	Zweckmäßigkeit	Gerechtigkeit
• Legaldefinitionen • Verjährungsfristen • Ausschlussfristen • Rechtskraft von Urteilen • Bestandskraft von Verwaltungsakten	• Ermessensnormen • Beweisregeln • Pauschalen / Sätze	• Generalklauseln • Strafrahmen • Wiederaufnahmeverfahren • Rücknahme und Widerruf von Verwaltungsakten

---

19 BVerfGE 3 S. 225, 238; BAG NJW 2009 S. 2841, 2843 f.

IV. Rechtsquellen

Wer sich mit Recht und Rechtsfindung befasst, muss sich zuallererst mit den Rechtsquellen befassen. Die Rechtsquellen i. e. S. liefern die Erkenntnis, was als Recht unmittelbar gilt und von jedermann zu achten, zu wahren und einzuhalten ist.

1. Geschriebenes Recht

Der Rechtsanwender orientiert sich in erster Linie an den positiv gesetzten Rechtsnormen, dem geschriebenen Recht. Rechtsnormen sind abstrakt-generelle Anordnungen für menschliches Verhalten, die mit dem Anspruch auf Verbindlichkeit auftreten. Sie gelten für jedermann – generell – und nicht nur für einen einzelnen – individuell. Sie gelten nicht nur für eine – konkrete – Situation, sondern für alle in der Rechtsnorm – abstrakt – umschriebenen Situationen.

> Rechtsnormen sind verbindliche, abstrakt-generelle Anordnungen mit Außenwirkung

Rechtsnormen ohne Außenwirkung gibt es ausnahmsweise bei Haushaltsgesetzen wie Art. 110 GG. Rechtsnormen sind zu unterscheiden von individuellen Maßnahmen, die in einer bestimmten Situation erforderlich sind und einen bestimmten Sachverhalt für Einzelne regeln wie Urteile, Verträge und Verwaltungsakte. Diese binden nur ganz bestimmte Personen und wenden sich nicht an die Allgemeinheit. Sie unterscheiden sich weiter von Verwaltungsvorschriften, die nur von interner Bedeutung für die Verwaltung sind.

Rechtsnormen werden auch Rechtssätze genannt. Hierzu zählen folgende klassische Normen:
- Verfassungsrecht,
  wie z. B. das Grundgesetz für die Bundesrepublik Deutschland
- formelle Gesetze,
  das sind Rechtsvorschriften, die ein von Verfassungs wegen vorgesehenes Gesetzgebungsorgan in einem verfassungsrechtlich vorgesehenen Gesetzgebungsverfahren erlassen hat wie nach Art. 76 ff. GG bei Bundesgesetzen

IV. Rechtsquellen

- Rechtsverordnungen,
  das sind Rechtsvorschriften, die die Exekutive – Regierung oder Verwaltung – aufgrund einer formellen Gesetzesermächtigung erlassen hat, wie es Art. 80 GG vorsieht,
- Satzungen,
  das sind Rechtsvorschriften, die ein Selbstverwaltungsträger aufgrund gesetzlich verliehener Satzungsautonomie im Bereich seiner eigenen Angelegenheiten erlassen hat, wie es Art. 28 Abs. 2 GG und insbesondere die Gemeindeordnungen der Länder vorsehen.

Diese Rechtsvorschriften sind allesamt **materielle Gesetze**. Nach ihrem Inhalt enthalten sie Regelungen, die sich an die Allgemeinheit wenden. Werden sie in einem förmlichen Gesetzgebungsverfahren von einem Parlament erlassen, sind sie zugleich **formelle Gesetze**. Rechtsverordnungen und Satzungen sind keine formellen Gesetze, da sie nicht von einem Parlament in einem förmlichen Gesetzgebungsverfahren erlassen wurden. Gleichwohl zählen sie zu den materiellen Gesetzen.

formelle Gesetze	{	Verfassungsrecht Gesetze eines Parlaments Rechtsverordnungen Satzungen	}	materielle Gesetze

Diese Rechtsnormen stehen nicht beliebig nebeneinander, sondern in einem bestimmten Rangverhältnis:

- Nach Art. 79 GG kann das Grundgesetz nur durch spezielle verfassungsändernde Gesetze geändert werden und nicht durch beliebige andere Gesetze. Die Grundrechte dürfen durch einfaches Gesetz nicht in ihrem Wesensgehalt eingeschränkt werden. Art. 19 Abs. 2 GG gewährt den Grundrechten eine Wesensgehaltsgarantie. Das Verfassungsrecht geht deshalb allen anderen oben genannten Rechtsvorschriften vor.
- Der Bund hat nach Art. 71 ff. GG einen verfassungsrechtlich abgesteckten Kreis von Gesetzgebungsbefugnissen. Die hieraus abgeleitete Gesetzgebungsbefugnis des Bundes hat die Vorschriften des Gesetzgebungsverfahrens nach Art. 76 ff. GG einzuhalten unter Beteiligung verschiedener Bundesorgane und insbesondere dem Bundestag als Parlament. Deshalb werden diese Gesetze formelle Bundesgesetze genannt.
- Rechtsverordnungen leiten nach Art. 80 GG ihre Legitimation von formellen (Ermächtigungs-) Gesetzen her. Deshalb müssen sie sowohl mit dem formellen Gesetzesrecht wie auch dem übergeordneten Verfassungsrecht in Einklang stehen. Sie sind diesen nachrangig.
- Die Satzungsautonomie der Selbstverwaltungsträger besteht *im Rahmen der Gesetze*, wie es Art. 28 Abs. 2 GG beispielhaft für die Gemeinden zum Ausdruck bringt. Satzungen müssen deshalb den Einklang mit Verfassungsrecht, formellen Gesetzen und Rechtsverordnungen wahren.

Die Vorschriften des nationalen Rechts stehen damit in einem Rangverhältnis, das als Normenpyramide bezeichnet wird. Der Rechtsordnung liegt ein Stufenbau zugrunde, eine innere Rangordnung und Systematik:

1. Geschriebenes Recht

Die Normenpyramide wird bei der systematischen Auslegung von Bedeutung sein, wenn es um die Einbindung einer einzelnen Rechtsnorm in die Gesamtrechtsordnung geht. Aus der Normenpyramide lässt sich eine Rechtsregel entnehmen:[20]

Höherrangiges Recht geht niederrangigem Recht vor

Steht niederrangiges Recht in Widerspruch zu höherrangigem Recht, ist es nichtig. Eine weitere Rangordnung legt Art. 31 GG fest. Bundesrecht geht Landesrecht vor. Landesrecht muss sich deshalb an dem ranghöheren Bundesrecht ausrichten. Hieraus folgt eine weitere Rechtsregel:

Bundesrecht bricht Landesrecht.

Innerhalb des Landesrechts gilt dann wiederum die Rangfolge Verfassungsrecht – formelles Gesetz – Rechtsverordnung – Satzung.

Die oben genannten Rechtsvorschriften wurden von nationalen Gesetzgebern erlassen. Daneben gibt es noch internationales und zwischenstaatliches Recht. Art. 25 GG anerkennt die allgemeinen Regeln des Völkerrechts, welches das Völkergewohnheitsrecht umfasst. Diese universell geltenden und von der überwiegenden Mehrheit der Staaten und einer allgemeinen Rechtsüberzeugung getragenen Regeln sind Bestandteil des Bundesrechts und von Behörden und Gerichten zu beachten. Sie stehen im Rang unter der Verfassung.[21]

Nach Art. 23 GG wirkt die Bundesrepublik an der Europäischen Union mit und kann Hoheitsrechte auf diese übertragen. Dem Europarecht kommt ein Anwendungsvorrang vor dem nationalen Recht zu.[22] Verstößt nationales Recht gegen Europarecht, verdrängt das Europarecht die Anwendung des nationalen Rechts. Es tritt keine Nichtigkeit ein.

Verstoß gegen höherrangiges nationales Recht → Nichtigkeit
Verstoß gegen Europarecht → Anwendungsvorrang des Europarechts

---

20 Rüthers/Fischer/Birk Rdn. 217 ff., 272 f.
21 BVerfGE 109 S. 38, 52 ff. – Lockspitzel II; BVerfGE 111 S. 307, 318; Dreier/Wollenschläger Art. 25 GG Rdn. 29.
22 EuGH Slg. 1964 S. 1251, 1269 ff.; BVerfGE 75 S. 223, 244; BVerfG NJW 2016 S. 2473 f. – OMT; Schwacke S. 13 f.

IV. Rechtsquellen

2. Gewohnheitsrecht

Neben diese geschriebenen Rechtsnormen tritt als älteste Rechtsquelle Gewohnheitsrecht. Seine Qualität als Rechtsquelle wird nicht angezweifelt.[23] Zweifelhaft kann nur sein, was zum Gewohnheitsrecht gezählt werden kann. Gewohnheitsrecht liegt vor, wenn

- eine langandauernde und allgemeine Übung festgestellt werden kann,
- eine rechtssatzmäßige Formulierbarkeit und damit Bestimmtheit gegeben ist und
- sich Akzeptanz hinsichtlich dieser Übung gebildet hat.[24]

Gewohnheitsrecht kann sich auf allen Ebenen der Normpyramide bilden. Es kann sich als Bundes- oder Landesrecht, im Europarecht und im Völkerrecht entwickeln. So findet sich auf der Ebene der Verfassung das gewohnheitsrechtliche Gebot des bundesfreundlichen Verhaltens der Länder. Bis in die 2. Hälfte des 19. Jahrhunderts war Gewohnheitsrecht weit verbreitet. Im Zuge der Kodifikationen des Rechts wurde Gewohnheitsrecht weithin durch geschriebenes Recht ersetzt. Es findet sich noch im Recht der Totenfürsorge.[25] Im Straßen-, Wege- und Wasserrecht gibt es die unvordenkliche Verjährung.[26]

- Die unvordenkliche Verjährung im Wasserrecht setzt voraus, dass der als Recht beanspruchte Zustand in einem Zeitraum von 40 Jahren ausgeübt worden ist und weitere 40 Jahre vorher keine Erinnerung an einen anderen Zustand gegeben ist.[27]
- Die Bedeutung des Gewohnheitsrechts im Arbeitsrecht ist noch immer sehr groß. Der Gesetzgeber hat in manchen Bereichen des Arbeitsrechts wie dem Arbeitskampfrecht große Zurückhaltung bei der Schaffung von Gesetzen walten lassen. Das Arbeitsrecht ist weithin den Vereinbarungen zwischen Arbeitgebern und Arbeitgeberverbänden auf der einen Seite und Arbeitnehmern, Betriebsräten und Gewerkschaften auf der anderen Seite überlassen geblieben. Bei fehlenden Regelungen und Vereinbarungen entscheidet die Rechtsprechung. Diese kann durch ständige gleichlautende Entscheidungspraxis zu Richtergewohnheitsrecht erstarken.

Viele gewohnheitsrechtliche Rechtssätze haben sich aus Richterrecht entwickelt. Zu Gewohnheitsrecht erstarktes Richterrecht wird den Rechtsquellen zugerechnet, das **Richtergewohnheitsrecht.**[28] Entgegen dem klassischen Gewohnheitsrecht sind diese Rechtssätze nicht aus der Mitte der Betroffenen, im Bewusstsein der beteiligten Kreise in ständiger Übung und Überzeugung entstanden. Auch das Richtergewohnheitsrecht muss neben einer langdauernden Übung von einer allgemeinen Rechtsüberzeugung der Richtigkeit und Verbindlichkeit getragen werden. Die Anerkennung von Gewohnheitsrecht und zu Gewohnheitsrecht erstarktem Richterrecht bedeutet eine Abkehr von einem strikten Gesetzespositivismus, wonach nur geschriebenes Recht Rechtsbindungen erzeugen kann.

---

23 Rüthers/Fischer/Birk Rdn. 252 ff.; § 2 EGBGB impliziert die Existenz von Gewohnheitsrecht.
24 BVerfGE 22 S. 114, 121; Krebs/Becker JuS 2013 S. 98 f.
25 AG Brandenburg FamRZ 2009 S. 1518 f.
26 BVerfG NVwZ 2009 S. 1158, 1160.
27 BGHZ 16 S. 234, 238 f.
28 Rüthers/Fischer/Birk Rdn. 238; Krebs/Becker JuS 2013 S. 97; a. A. Honsell/Mayer-Maly S. 54.

3. Richterrecht

Die Entstehung von Richterrecht zu bestimmten Rechtsfragen, bei der Auslegung von Gesetzen und der Rechtsfortbildung, die Entwicklung von Richterrecht zu Gewohnheitsrecht ist ein langwieriger Vorgang, eine Rechtsschöpfung im Wege der Induktion von vielen Einzelfällen zur verallgemeinerten Rechtsregel. Dieser Vorgang ist kritisch zu begleiten aufgrund

- des Einflusses subjektiver Anschauungen der Richterschaft,
- der unzureichenden Problemanalyse und Folgenabschätzung durch die befassten Richter,
- der auf den Einzelfall ausgerichteten Betrachtung sowie
- der mangelnden demokratischen Legitimation der Gerichte anstelle des Gesetzgebers.[29]

Vom Richtergewohnheitsrecht abgesehen zählt Richterrecht nicht zu den Rechtsquellen, da selbst eine höchstrichterliche Entscheidung immer nur den entschiedenen einzelnen Rechtsfall, die Parteien dieses Rechtsfalls[30] und die nachgeordneten Instanzgerichte binden kann und damit nicht abstrakt-genereller Natur ist. Nur ausnahmsweise haben nach § 31 BVerfGG bestimmte Entscheidungen des BVerfG eine umfassende Bindungswirkung. Gleichwohl darf nicht verkannt werden, dass den Entscheidungen der obersten Gerichte eine materielle Autorität sui generis zukommt und dies umso mehr gilt, wenn es sich um eine ständige Rechtsprechung der obersten Gerichte handelt. Die Instanzgerichte und der Rechtsverkehr nehmen diese zur Kenntnis und richten sich danach zur Vermeidung von Rechtsstreitigkeiten, der Einlegung von Rechtsmitteln und zu guter Letzt von Kosten.[31] Dem Richterrecht kommt insofern eine Leitbildfunktion zu. Es kann den Rang einer faktischen Rechtsquelle einnehmen.

Die Entscheidungen der Gerichte sind Rechtsanwendung, keine Gesetzgebung. Sie sind keine abstrakt-generellen Rechtsquellen. Rechtsquellen wie Gesetze und Gewohnheitsrecht sind grundsätzlich allgemeiner Art. Sie wenden sich an die Allgemeinheit und wollen eine Vielzahl zukünftiger Fälle regeln, die ihrem abstrakt-generellen Regelungsbereich unterfallen. Gerichtsentscheidungen sind individuell-konkreter Natur. Sie entscheiden in der Vergangenheit entstandene Sachverhalte und Rechtsfragen. Solange Richterrecht nicht zu Gewohnheitsrecht erstarkt ist, kann die Rechtsprechung jederzeit davon abweichen.[32] Einschränkungen gegen die jederzeitige Abänderbarkeit können sich allenfalls aus dem Rechtsstaatsprinzip und dem aus dem Gedanken der Rechtssicherheit entwickelten Vertrauensgrundsatz für in der Vergangenheit liegende abgeschlossene Sachverhalte ergeben.

Rechtsanwälte und Verbandsvertreter orientieren sich bei der Beratung und der Entscheidungsfindung an den Gesetzen und an einer ständigen Rechtsprechung, dabei insbesondere an der Rechtsprechung der Obergerichte. Stellen sie fest, dass ihre Partei in Anbetracht einer gefestigten Rechtsprechung keine Erfolgsaussichten in einem Rechtsstreit hat, werden sie ihrer Partei eher raten, von einem aus-

---

29 Rehbinder S. 206.
30 Rechtskraft inter partes.
31 Haase/Keller Rdn. 35; Rüthers/Fischer/Birk Rdn. 235 ff.
32 BVerfGE 78 S. 123, 126; BGHSt 37 S. 89, 93 – absolute Fahruntüchtigkeit.

IV. Rechtsquellen

sichtlosen Rechtsstreit Abstand zu nehmen. Dem Richterrecht kommt insofern eine Orientierungsfunktion zu und es dient der Vermeidung von Kosten und aussichtslosem Aufwand für die Parteien, der Wahrung des Gesichts und der Entlastung der Gerichte. Doch die Orientierungsfunktion hat ihre Grenzen.

Kein Richter ist gezwungen, sich den Entscheidungsgründen anderer Gerichte anzuschließen. Art. 97 GG Abs. 1 bestimmt: *Die Richter sind unabhängig und nur dem Gesetz unterworfen.* Selbst die obersten Gerichte rücken von einer ständigen Rechtsprechung wieder ab, wenn sie die Überzeugung an seine Richtigkeit verloren haben, wenn bessere Argumente für eine andere Entscheidung sprechen. Ein Wandel der Anschauungen und Einsichten vermag zur Abweichung von Richterrecht, zu seiner Änderung führen. Richterrecht steht und fällt mit seiner Überzeugung. Das BVerfG führt hierzu aus: *Höchstrichterliche Urteile sind kein Gesetzesrecht und erzeugen keine damit vergleichbaren Rechtswirkungen ... Von ihnen abzuweichen verstößt grundsätzlich nicht gegen Art. 20 Abs. 3 GG. Ihr Geltungsanspruch über den Einzelfall hinaus beruht alleine auf der Überzeugungskraft ihrer Gründe sowie der Autorität und den Kompetenzen des Gerichts. Es bedarf deswegen nicht des Nachweises wesentlicher Änderungen der Verhältnisse oder der allgemeinen Anschauungen, damit ein Gericht ohne Verstoß gegen Art. 20 Abs. 3 GG von seiner früheren Rechtsprechung abweichen kann.*[33] Die Rechtsprechung befindet sich in einem kontinuierlichen Diskussionsprozess. Selbst zwischen den Senaten des BVerfG kann Uneinigkeit in einzelnen Rechtsfragen auftreten.[34]

Richterrecht liefert oftmals wichtige Vorarbeiten zu Gesetzeskodifikationen. Die von der Rechtsprechung der Zivilgerichte entwickelte Lehre von den Geschäftsgrundlagen fand Eingang in § 60 VwVfG und § 313 BGB. So wurde bei den Arbeiten zum Gesetz zur Regelung des Rechts der Allgemeinen Geschäftsbedingungen aus dem Jahr 1976 weithin auf Rechtsgrundsätze zurückgegriffen, die die Rechtsprechung in ihrer Entscheidungspraxis geformt hatte. Diese Rechtsgrundsätze hatte die Rechtsprechung in jahrzehntelanger Kleinarbeit aus den Vorgaben des BGB und allgemeinen Rechtsgrundsätzen entwickelt. Eine entsprechende Entwicklung nahm das Verwaltungsverfahrensgesetz (VwVfG), das ebenfalls aus dem Jahr 1976 stammt oder die culpa in contrahendo, die erst im Zuge der Schuldrechtsmodernisierung im Jahr 2002 in § 311 Abs. 2 BGB Eingang fand. Der Vertrag mit Schutzwirkung zugunsten Dritter wurde von Einzelfall zu Einzelfall von der Rechtsprechung entwickelt und hat Anklang in § 311 Abs. 3 BGB gefunden, ohne dort eine nähere Ausgestaltung erfahren zu haben.[35]

4. Naturrecht

Die Naturrechtslehre geht davon aus, dass es einen unantastbaren Kernbereich von Rechtsregeln und Rechtsgütern gibt, über die sich keine Staatsmacht und kein Gesetzgeber hinwegsetzen darf. Die Anhänger der Naturrechtslehre postulieren, dass es in jeder Rechts- und Staatengemeinschaft einen Bestand unver-

---

33 BVerfGE 84 S. 212, 227.
34 Maciejewski/Theilen DÖV 2015 S. 271, 274 f. zur Spruchpraxis bei Gesetzen mit Rückwirkung.
35 BGHZ 145 S. 187, 197; BGHZ 127 S. 378, 380 f.; Rüthers/Fischer/Birk Rdn. 417 ff.

4. Naturrecht

rückbarer Rechtsgrundsätze gibt, die vom Staat und jedermann zu gewährleisten sind. Das Naturrecht beherrschte lange Zeit die Rechtsphilosophie.[36] Diese Naturrechtssätze, auch überpositive Rechtsgrundsätze genannt, bilden den unantastbaren Kernbereich des Rechts und beanspruchen den Vorrang vor dem gesetzten, dem positiven Recht. Selbst das BVerfG geht davon aus, dass das Grundgesetz an diesem überpositiven Recht zu messen ist.[37] Ansonsten wäre eine Verfassung, der es nur darum geht, durch geschriebene Normen eine Willkür- und Gewaltherrschaft zu legalisieren, rechtmäßig und für jedermann, Gerichte und Verwaltung verbindlich.

Dem Grundgesetz ist die Auffassung immanent, selbst der Verfassungsgeber sei an die unabdingbaren Gebote der Gerechtigkeit gebunden. Das Grundgesetz bekennt sich in Art. 1 Abs. 2 und 3, Art. 19 Abs. 2 sowie in Art. 79 Abs. 3 GG zu unverletzlichen, unveräußerlichen Grundrechten als Grundlage jeder menschlichen Gemeinschaft, des Friedens und der Gerechtigkeit. Diese Grundrechte binden den Gesetzgeber, die Rechtsprechung und die Verwaltung als unmittelbar geltendes Recht. Sie dürfen in ihrem Wesensgehalt nach Art. 19 Abs. 2 GG nicht durch einfache Gesetze angetastet werden. Art. 1 GG und Art. 20 GG genießen nach Art. 79 Abs. 3 GG die Ewigkeitsgarantie, wonach sie selbst durch den Verfassungsgeber nicht abänderbar sind. Art. 20 Abs. 3 GG bindet Verwaltung und Rechtsprechung an Gesetz und Recht. Dahinter ist die Anschauung zu erkennen, dass es neben Gesetzen noch weitere Rechtsprinzipien für Staat und Gesellschaft gibt. Diese verfassungsrechtlichen Aussagen gehen offensichtlich davon aus, das Grundgesetz enthalte Bestandteile, die nicht erst durch den Verfassungsgeber gewährt wurden, sondern schon zuvor bestanden und nun Ausdruck im geschriebenen Recht gefunden haben.[38] Das Verfassungsrecht verpflichtet Gesetzgeber, Rechtsprechung und Verwaltung den übergesetzlichen Rang dieser Bestandteile des Grundgesetzes anzuerkennen und unabänderbar beizubehalten. Der Gesetzgeber kann Naturrechtssätze positivieren und in geschriebenes Recht kleiden. Das Naturrecht bindet den Gesetzgeber, entkleidet ihn selbstherrlicher oder gar unbeschränkter Gesetzgebungskompetenz.

Das Naturrecht gibt die Grenzen einer rechtsstaatlichen Grundordnung an, die eine Rechtsordnung nicht überschreiten darf. Es geht von einer vorgegebenen Werteordnung aus, die schlechthin verbindlich ist. Dem Naturrecht zugehörig gelten auf der Ebene des Verfassungsrechts

- der allgemeine Gleichheitssatz und das Willkürverbot, das in Art. 3 GG Ausdruck gefunden hat,[39]
- das Schuldprinzip als Voraussetzung jeden Strafens,[40]
- die elementaren Grund- und Freiheitsrechte, die sich auf die menschliche Personenhaftigkeit beziehen,[41]
- das Widerstandsrecht des Art. 20 Abs. 4 GG.[42]

---

36 Kritisch Hilgendorf JuS 2008 S. 761, 764 f.
37 BVerfGE 3 S. 225, 232; ebenso BGHZ 11 Anhang S. 34, 40 f.
38 Haase/Keller Rdn. 47.
39 BVerfGE 23 S. 98, 106.
40 BVerfGE 95 S. 96, 140; BGHSt 2 S. 194, 200 ff.
41 BGHZ 24 S. 200, 208.
42 Ellscheid S. 149 f.

IV. Rechtsquellen

Hingegen wird dem Recht auf freie Berufswahl und Gewerbefreiheit, wie es von Art. 12 GG postuliert wird, kein naturrechtlicher Rang zuerkannt. Dies ergibt sich daraus, dass es sich um eine von mehreren möglichen Ordnungen der Wirtschaftsverfassung handelt, die nur der Verfassungsgeber selbst unter den Schutz der Verfassung gestellt hat.

Dem Naturrecht ist eine spezielle Funktion eigen: Es soll staatliche Macht beschränken. Nicht jeder, der die Macht zum Erlass von Gesetzen hat, kann Recht setzen. Gesetze können Unrecht sein. In dieser jeder Rechtsordnung immanenten Kontrolle und Beschränkung liegt die besondere Funktion des naturrechtlichen Denkansatzes, sein besonderer Geltungsgrund.

> Es ist nicht alles Recht, was Gesetz ist.

Nach der Radbruch'schen Formel sind ungerechte Gesetze nicht schlechthin unwirksam. Inhaltlich ungerechte und unzweckmäßige Gesetze verstoßen erst dann gegen das Naturrecht, wenn der Widerspruch zur Gerechtigkeit ein so unerträgliches Maß erreicht, dass dieses Gesetz der Gerechtigkeit zu weichen hat.[43]

Das Naturrecht spielte eine Rolle bei der Verfolgung nationalsozialistischen Unrechts und in den Mauerschützen-Prozessen. Hier führte der BGH aus: *Ein der Staatspraxis entsprechender Rechtfertigungsgrund, der die (bedingt oder unbedingt) vorsätzliche Tötung von Personen deckte, die nichts weiter wollten, als unbewaffnet und ohne Gefährdung allgemein anerkannter Rechtsgüter die innerdeutsche Grenze zu überschreiten, muß bei der Rechtsanwendung unbeachtet bleiben. Denn ein solcher Rechtfertigungsgrund, der bei Durchsetzung des Verbots, die Grenze unerlaubt zu überschreiten, Vorrang vor dem Lebensrecht von Menschen gibt, ist wegen offensichtlichen, unerträglichen Verstoßes gegen elementare Gebote der Gerechtigkeit und gegen völkerrechtlich geschützte Menschenrechte unwirksam ... Der Verstoß wirkt hier so schwer, daß er die allen Völkern gemeinsamen, auf Wert und Würde des Menschen bezogenen Rechtsüberzeugungen verletzt; in einem solchen Fall muß das positive Recht der Gerechtigkeit weichen.*[44] Die Problematik des Naturrechts besteht darin, festzustellen, woher es sich ableitet, was es alles beinhaltet. Leitet es sich aus göttlichem Recht ab, aus zeitlosen Werten, grundlegenden Rechtsideen, den fundamentalen Prinzipien der Gerechtigkeit, den übereinstimmenden Anschauungen der Kulturvölker?[45] Oder ergeben sich nicht doch Unterschiede nach Zeit, Ort und Kulturkreis? Nicht umsonst wird behauptet, es gäbe ebenso viele Naturrechtslehren wie Naturrechtler. Es besteht die Gefahr, dass vermeintliche Naturrechtssätze bemüht werden, um gesellschaftliche Entwicklungen aufzuhalten, die sich entgegen überkommener Strukturen vollziehen.

Gerade in Entscheidungen zu Ehe und Familie wird diese Versuchung in der Rechtsprechung des BGH deutlich: *Indem das Sittengesetz dem Menschen, die Einehe und die Familie als verbindliche Lebensform gesetzt und indem es diese Ordnung auch zur Grundlage des Lebens der Völker und Staaten gemacht hat,*

---

43 Radbruch S. 353; BVerfGE 3 S. 225, 233; BVerfGE 95 S. 96, 134 f. m. w. N.
44 BGHSt 40 S. 241, 244.
45 BVerfGE 4 S. 299, 303; BVerfGE 23 S. 98, 106.

spricht es zugleich aus, daß sich der Verkehr der Geschlechter grundsätzlich nur in der Ehe vollziehen soll und daß der Verstoß dagegen ein elementares Gebot geschlechtlicher Ordnung verletzt.[46] Auf derselben Linie liegt folgende Stellungnahme des BGH zur Sicherung des Letztentscheidungsrechts des Mannes in der Familie im Lichte des Art. 3 GG: *Der Mann sichert, vorwiegend nach außen gewandt, Bestand, Entwicklung und Zukunft der Familie; er vertritt sie nach außen; in diesem Sinne ist er ihr „Haupt". Die Frau widmet sich, vorwiegend nach innen gewandt, der inneren Ordnung und dem inneren Aufbau der Familie. An dieser fundamentalen Verschiedenheit kann das Recht nicht doktrinär vorübergehen, wenn es nach der Gleichberechtigung der Geschlechter in der Ordnung der Familie fragt ... Beide Ehegatten haben mit Ernst die gemeinsame Entscheidung in allen ehelichen Angelegenheiten zu suchen. Gelingt sie jedoch trotz redlichen Bemühungen nicht, so kommt allerdings dem Mann die letzte Entscheidung zu.*[47] Das BVerfG erteilte dieser Ansicht eine Absage.

Der Schutz der Familie, die Bewahrung der Familie vor staatlichen Eingriffen kann den Naturrechtssätzen zugerechnet werden. Keinesfalls darf das Naturrecht dazu missbraucht werden, eine zu einer bestimmten Zeit übliche Familienordnung für immer festzuschreiben. Vor solchen Übergriffen durch Gesetz und Rechtsprechung in die Familie als gelebte und gewachsene Form des gesellschaftlichen Miteinanders soll das Naturrecht gerade bewahren.

5. Verträge

Rechte und Pflichten entspringen nicht nur Rechtssätzen, sondern auch Verträgen wie privatrechtlichen Verträgen nach §§ 145 ff. BGB, öffentlich-rechtlichen Verträgen nach §§ 54 ff. VwVfG, Betriebsvereinbarungen und Tarifverträgen[48], völkerrechtlichen oder zwischenstaatlichen Verträgen. Sie zählen jedoch nicht zu den Rechtsquellen i. e. S., da sie sich nicht an die Allgemeinheit wenden.

Der Vertrag ist Ausdruck der Privatautonomie im Privatrecht gemäß Art. 2 Abs. 1 GG und hat hier seinen klassischen Anwendungsbereich. Im zwischenstaatlichen Bereich und in der Verwaltung wächst seine Bedeutung stetig. Koordinationsrechtliche Verträge zwischen Trägern der Verwaltung spielen auf kommunaler Ebene eine zunehmende Rolle. Sie bieten ein flexibles Instrumentarium, kommunale Aufgaben bedarfsgerecht und ökonomisch zu erfüllen. Verträge binden immer nur die beteiligten Vertragspartner nach Maßgabe des konkreten Vertrages. Verträge sind individuell-konkreter Natur, selbst wenn eine Vielzahl von Vertragspartnern beteiligt ist und sie eine Vielzahl von Regelungsgegenständen haben. Anders als die Rechtsquellen i. e. S., den Rechtssätzen, fehlt es ihnen am abstrakt-generellen Regelungsbereich. Sie müssen jedoch den Vorgaben der Rechtsordnung entsprechen. Gesetzwidriger Vertragsinhalt kann gemäß § 134 BGB zur Nichtigkeit führen.

---

46 BGHSt 6 S. 47, 53 f. – Kuppelei-Urteil zu §§ 180 f. StGB a. F.
47 BGHZ 11 – Anhang S. 34, 65 f.; a. A. BVerfGE 10 S. 59, 66 ff.
48 Manche Autoren zählen Betriebsvereinbarungen und Tarifverträge zu den Rechtsquellen, weil diese Regelungen enthalten können, die sich unmittelbar auf alle Tarifunterworfene und Betriebsangehörige erstrecken.

IV. Rechtsquellen

> Verträge zählen nicht zu den Rechtsquellen i. e. S.
> Verträge binden nur die Vertragspartner.

In der modernen Massengesellschaft besteht die Tendenz, anstelle individuell ausgehandelter Verträge bei Vertragsschluss Allgemeine Geschäftsbedingungen zu verwenden oder Musterverträge zugrunde zu legen. Diese sind für eine Vielzahl von Vertragsabschlüssen vorformuliert wie die Verdingungsordnung für das Baugewerbe Teil B (VOB). Trotz der Verallgemeinerungstendenzen handelt es sich ebenfalls um keine Rechtssätze.

6. Verwaltungsakte

Die Vorschriften des öffentlichen Rechts beinhalten Gebote und Verbote, Ermächtigungs- und Anspruchsgrundlagen. Diese sind aus sich heraus verbindlich. Gleichwohl bedarf es gewisser Mechanismen, um sie gegenüber dem betroffenen Bürger zur Geltung zu bringen. Es wäre beschwerlich und zeitaufwändig, müsste in jedem Fall der Rechtsweg beschritten werden, um sie zwangsweise durchsetzen zu können. Andere Vorschriften des öffentlichen Rechts sehen Leistungen wie Renten, Ausbildungsförderung vor. Selbstverständlich können Verträge über die Abwicklung mit den begünstigten Personen abgeschlossen werden. In Anbetracht der Masse der Fälle wäre dies zu zeit- und verwaltungsaufwändig. Im Verwaltungsrecht hat sich deshalb die typische Entscheidungs- und Handlungsform des Verwaltungsaktes nach § 35 VwVfG herausgebildet. Verwaltungsakte sind hoheitliche Maßnahmen zur Regelung eines Einzelfalles und damit keine Rechtssätze.

> Verwaltungsakte sind keine Rechtsquellen i. e. S.
> Verwaltungsakte äußern konkrete Rechte und Pflichten zwischen den Verwaltungsträgern und ihren Adressaten.

Der Verwaltungsakt verschafft der Verwaltung ein Instrument zur einseitigen Regelung von Sachverhalten, die von ihr selbst zwangsweise durchgesetzt werden können, ohne dass es der Einschaltung der Gerichte bedarf. Nach den Verwaltungsvollstreckungsgesetzen kann der Verwaltungsakt von der Verwaltung selbst vollstreckt werden. Die Verwaltung vermag ihre eigenen Vollstreckungstitel zu schaffen. In gesetzlich geregelten Fällen und bei Gefahr in Verzug können Verwaltungsakte sofort vollstreckt werden. Dies garantiert der Verwaltung insbesondere im Bereich der Gefahrenabwehr ein flexibles und schnelles Handeln und Eingreifen. Der Betroffene wird hierdurch nicht rechtlos gestellt. Er kann Rechtsbehelfe und Rechtsmittel einlegen. Er muss jedoch die Initiative gegen den Verwaltungsakt ergreifen, damit dieser nicht in Bestandskraft erwächst.

7. Verwaltungsvorschriften

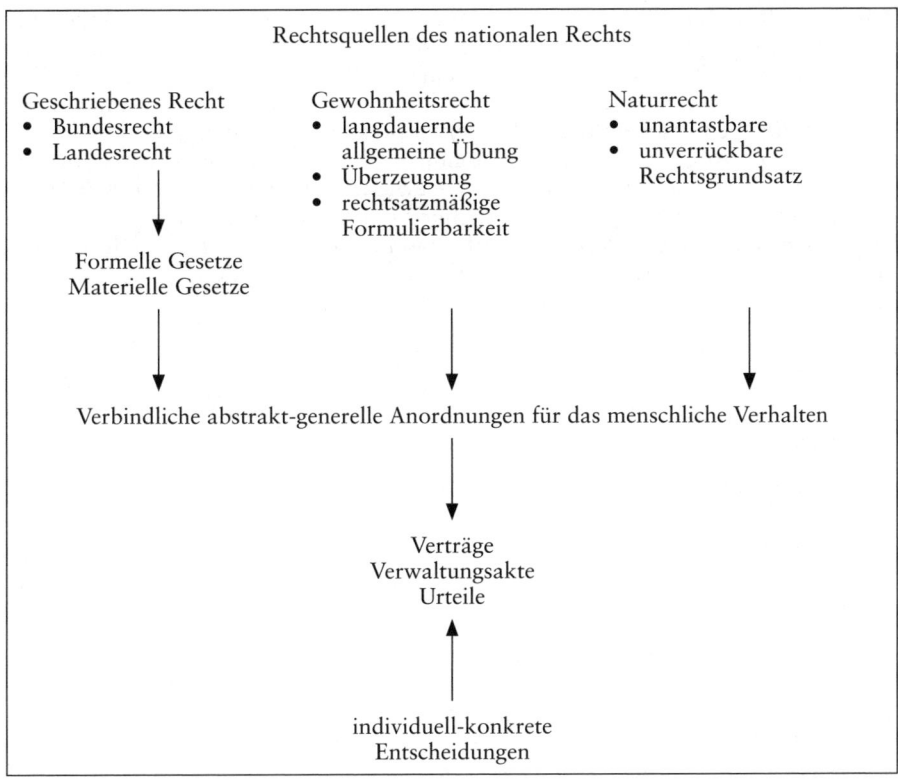

7. Verwaltungsvorschriften

Erlasse und Verwaltungsvorschriften haben innerhalb der Verwaltung die Aufgabe
- als Regelungen des internen Dienstbetriebes die Leitung von Geschäftsbereichen und die Abwicklung von Verwaltungsaufgaben zu ordnen,
- als norminterpretierende Verwaltungsvorschriften Zweifelsfragen bei der Rechtsanwendung auszuräumen, um den mit dem Gesetzesvollzug beauftragten Bediensteten Hilfestellungen zu gewähren, ohne den Regelungsgehalt der erläuterten Rechtsvorschriften zu berühren,
- als verhaltenslenkende und normkonkretisierende Verwaltungsvorschriften die Durchführung von Rechtsvorschriften durch Beurteilungs-, Bewertungs- und Ermessensrichtlinien zu konkretisieren.

Verwaltungsvorschriften wenden sich nur an die Verwaltung und sind ohne direkte Rechtswirkung gegenüber dem Bürger.

> Verwaltungsvorschriften sind keine Rechtsquellen i. e. S.
> Verwaltungsvorschriften haben keine unmittelbare Außenwirkung.

IV. Rechtsquellen

Den Verwaltungsvorschriften kommt unmittelbar nur eine Innenwirkung zu, weshalb sie nicht zu den Rechtssätzen zu zählen sind. Den verhaltenslenkenden Verwaltungsvorschriften ist mittelbar eine Außenwirkung beizumessen. Um gleichmäßige Entscheidungen der Verwaltung zu gewährleisten, enthalten sie Vorgaben für die Entscheidungen der Verwaltung. Sie bewirken über das Gleichheitsgebot des Art. 3 GG eine Selbstbindung der Verwaltung, von der nur in besonders gelagerten Ausnahmefällen abgewichen werden kann. Verwaltungsvorschriften gewährleisten die Einheitlichkeit der Verwaltungspraxis und vermögen für den Bürger einen Vertrauenstatbestand zu schaffen. Aufgrund dieser mittelbaren Außenwirkung stehen Verwaltungsvorschriften den herkömmlichen Rechtsquellen sehr nahe, ohne ihnen selbst anzugehören.

V. Einteilung der Rechtsnormen

Im Abschnitt Rechtsquellen wurden Rechtsnormen nach ihrem Entstehungstatbestand und damit nach ihrem Rang in der Normenpyramide unterschieden. Daneben gibt es noch andere für die Rechtsanwendung hilfreiche Einteilungsschemata. Diese Einteilungsschemata verfolgen Ordnungsprinzipien, die bei der Lösung von Rechtsproblemen von grundlegender Bedeutung sind und eine Orientierung in der unübersehbaren Masse an Rechtsvorschriften geben.

1. Objektives und subjektives Recht

Das **objektive Recht** ist die Summe aller geltenden Rechtssätze einer Rechtsordnung wie die der Bundesrepublik Deutschland ohne Rücksicht auf den Inhalt der einzelnen Rechtssätze. Innerhalb des objektiven Rechts nehmen die **subjektiven Rechte** eine Sonderstellung ein. Sie gewähren einer Person die Befugnis, von einer anderen Person ein Tun oder Unterlassen zu verlangen. Dem subjektiven Recht einer Person korrespondiert notwendigerweise die Pflicht einer anderen Person.

Insbesondere zählen zu den subjektiven Rechten die Anspruchsgrundlagen des Zivilrechts wie § 823 Abs. 1 BGB: *Wer vorsätzlich oder fahrlässig das Leben, den Körper, die Gesundheit, die Freiheit, das Eigentum oder ein sonstiges Recht eines anderen widerrechtlich verletzt, ist dem anderen zum Ersatz des daraus entstehenden Schadens verpflichtet.* Indem die Pflicht des Schädigers zum Schadensersatz in der Rechtsnorm ausdrücklich festgehalten wird, folgt daraus mittelbar das Recht des Geschädigten Schadensersatz zu fordern.

Subjektive Rechte enthalten auch die Grundrechtsnormen des Grundgesetzes wie Art. 12 Abs. 1 Satz 1 GG: *Alle Deutschen haben das Recht, Beruf, Arbeitsplatz und Ausbildungsstätte frei zu wählen.* Soweit das subjektive Recht des Einzelnen reicht, hat der Staat Eingriffe zu unterlassen. Subjektive Grundrechte sind insoweit primär Abwehrrechte gegen Eingriffe des Staates. Sie gewähren gleichwohl ein Recht auf Ausübung des Grundrechts, wie es beim Anspruch auf Erteilung einer Baugenehmigung aus Art. 14 Abs. 1 GG deutlich wird. Daneben gibt es subjektive Rechte, die auf staatliche Leistungen gerichtet sind wie § 136 Abs. 1 SGB III *Anspruch auf Arbeitslosengeld*.

Gesetze eröffnen aber auch Ermächtigungsgrundlagen für staatliche Eingriffe wie Art. 14 Abs. 3 Satz 1 GG: *Eine Enteignung ist nur zum Wohle der Allgemeinheit zulässig.* Diese Ermächtigungsgrundlagen geben dem Staat i. w. S. das Recht, dem Einzelnen Pflichten aufzuerlegen, Verbote auszusprechen. Insbesondere in

V. Einteilung der Rechtsnormen

Straf- und Polizeigesetzen finden sich solche Ermächtigungsgrundlagen. Sie werden auch Eingriffsgrundlagen genannt.

Subjektive Rechte und Ermächtigungsgrundlagen sind bedeutsam für die Frage, wer einen rechtlich durchsetzbaren Anspruch gegen andere hat, wer in rechtlich verbindlicher Weise gegen andere vorgehen kann. Bei der Beantwortung der Frage danach, wer Recht hat, im Recht ist, kommt es in erster Linie auf diese an.

Eine besondere Stellung unter den Normen des objektiven Rechts nehmen die **Rechtsreflexe** ein. Aus Normen des objektiven Rechts können sich faktische Begünstigungen ergeben, ohne dass der Begünstigte – wie beim subjektiven Recht – hierauf einen Anspruch hat. Der Begünstigte kommt lediglich in den Genuss einer positiven Nebenwirkung des objektiven Rechts. Rechtsreflexe sind ein Minus gegenüber den subjektiven Rechten. Hierzu zählt Art. 46 Abs. 2 GG: *Wegen einer mit Strafe bedrohten Handlung darf ein Abgeordneter nur mit Genehmigung des Bundestages zur Verantwortung gezogen oder verhaftet werden ...* Die Immunität ist ein Recht des Bundestages. Hebt der Bundestag die Immunität des Abgeordneten nicht auf, wird der Abgeordnete reflexartig begünstigt.
- § 13 Abs. 4 PBefG schützt nicht bestehende Taxiunternehmer gegen die Zulassung von Konkurrenten, sondern die öffentlichen Verkehrsinteressen.

2. Öffentliches Recht und Zivilrecht

Das geltende Recht gliedert sich in zwei große Rechtsgebiete
- das öffentliche Recht und
- das Zivilrecht.

Das Zivilrecht regelt die Rechtsbeziehungen formal gleichrangiger Rechtssubjekte. Es ist durch das Prinzip der Gleichordnung gekennzeichnet. Hierzu zählen Gesetzeswerke wie BGB, HGB. Es beschränkt sich nicht nur auf die Beziehungen privater Rechtssubjekte. Auch der Staat bedient sich als Käufer, Mieter, Vermieter und Auftraggeber in zunehmendem Maße der Gestaltungsformen des Zivilrechts. Das Zivilrecht untergliedert sich in das Privat- und das Arbeitsrecht.

Das öffentliche Recht regelt die Rechtsbeziehungen der Träger hoheitlicher Gewalt untereinander und im Verhältnis zum Bürger. Es ist weithin durch ein Über-Unterordnungs-Verhältnis gekennzeichnet bzw. es beinhaltet Regelungen, die speziell an die Aufgaben und Befugnisse des Staates anknüpfen. Es gliedert sich in das Straf- und Steuerrecht, das Sozial-, das Verwaltungs- sowie das Verfassungsrecht. Diesen Bereichen ist es eigen, dass immer ein Rechtssubjekt des öffentlichen Rechts beteiligt ist. Die Beteiligung eines Rechtssubjekts des öffentlichen Rechts ist keine Garantie für öffentliches Recht. Nicht einmal die ausschließliche Beteiligung von Rechtssubjekten des öffentlichen Rechts ist eine Garantie für öffentliches Recht, so wenn eine Gemeinde von einer anderen ein Fahrzeug erwirbt. Rechtssubjekte des öffentlichen Rechts können wie jedermann am Privatrechtsverkehr teilnehmen.

2. Öffentliches Recht und Zivilrecht

Die Unterscheidung zwischen Zivilrecht und öffentlichem Recht ist entscheidend für
- das einzuhaltende Verfahren, im öffentlichen Recht gelten spezielle Verfahrensgesetze,
- den einzuschlagenden Rechtsweg im Falle von Rechtsstreitigkeiten und
- die Haftung bei Schadensfällen.

Nach § 40 Abs. 1 VwGO ist der Verwaltungsrechtsweg einschlägig in bestimmten öffentlich-rechtlichen Streitigkeiten. Privatrechtliche Streitigkeiten gehören nach § 13 GVG vor die ordentlichen Gerichte. Die Bestimmung des richtigen Rechtsweges ist in der Praxis von großer Bedeutung. Wird eine Klage vor einem unzuständigen Gericht erhoben, darf dieses in der Sache nicht entscheiden, wie § 17a Abs. 2 GVG deutlich macht. Für den Kläger führt dies zu Kostennachteilen. Neben den Kostennachteilen können noch weitere Nachteile aus Zeitverzögerung hinzukommen.

Die VwVfG gelten für die öffentlich-rechtliche Verwaltungstätigkeit der Behörden und nicht für ihre privatrechtliche Tätigkeit. Wird ein Bauantrag gestellt, hat die Baubehörde die Verfahrensvorschriften des öffentlichen Rechts zu wahren. Wird der Antrag abgelehnt, kann der Antragsteller den Rechtsweg zu den Verwaltungsgerichten nach § 40 VwGO beschreiten. Will die Gemeinde das errichtete Bauwerk später anmieten, bestimmt sich das Vorgehen nach den Regeln des Privatrechts. Für die Vertragsanbahnung und Vertragsabschluss gilt der Grundsatz der Privatautonomie (der Vertragsfreiheit), der keine Verfahrensvorschriften wie im öffentlichen Recht kennt. Kommt es zu Streitigkeiten aus dem Mietverhältnis, ist der Rechtsweg zu den Zivilgerichten nach § 13 GVG zu beschreiten.

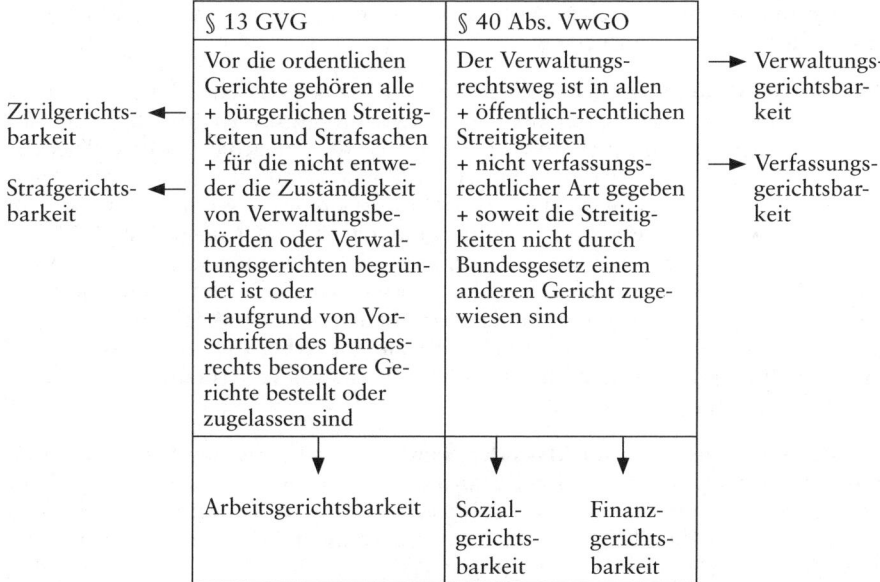

V. Einteilung der Rechtsnormen

- Wird der Bauantrag abgelehnt, kann der Antragsteller Widerspruch erheben und gegen den Widerspruchsbescheid vorm Verwaltungsgericht klagen.
- Wird das von der Gemeinde gemietete Objekt beschädigt, ergibt sich die Haftung aus allgemeinen privatrechtlichen Grundsätzen und der Vermieter kann vorm zuständigen Zivilgericht klagen.
- Sollen Grundstücke zum Bau einer Straße erworben werden, bieten die Straßengesetze wie § 19 FStrG die Möglichkeit zur Enteignung in einem rechtsstaatlich geordneten öffentlich-rechtlichen Verfahren. Viel einfacher kann ein Erwerb nach § 433 BGB erfolgen, wenn der Grundstückseigentümer zu Veräußerung bereit ist. Die Verwaltung hat zur Erreichung mancher Ziele die Wahl zwischen öffentlich-rechtlichem und privatrechtlichem Vorgehen.

Für die Abgrenzung zwischen Zivilrecht und öffentlichem Recht ist die Natur des Rechtsverhältnisses, aus dem der Anspruch hergeleitet wird, entscheidend.[49] Soweit die Abgrenzung zwischen öffentlichem Recht und Zivilrecht nicht eindeutig ist, erfolgt sie unter Heranziehung der

- Interessentheorie
- Subordinationstheorie
- modifizierten Subjektstheorie und
- der Lehre vom Zusammenhang und Zweck.

Die **Interessentheorie** fragt nach der Interessenlage der dem Rechtsverhältnis zugrundeliegenden Vorschriften und der am Rechtsverhältnis beteiligten Personen. Sie geht ins Leere, wenn gerade fraglich ist, welche Rechtsvorschriften zur Anwendung kommen. Stehen Belange der Allgemeinheit oder des Gemeinwohls im Vordergrund, spricht dies für öffentliches Recht. Geht es lediglich um private Interessen, spricht dies für privatrechtliche Rechtsbeziehungen. Sie liefert oftmals keine eindeutigen Anhaltspunkte. So können Maßnahmen im Interesse der Allgemeinheit mit privatrechtlichen Mitteln bewirkt werden wie der Erwerb von Schulbüchern mittels Kaufvertrag.

Nach der **Subordinationstheorie** liegt ein öffentlich-rechtliches Verhältnis vor, wenn zwischen den Beteiligten ein Über-Unterordnungs-Verhältnis besteht. Besteht ein Gleichordnungsverhältnis, spricht dies für Privatrecht. Diese Theorie ist bei Akten der Eingriffsverwaltung wie im Polizei- und Ordnungsrecht zutreffend, für die das Über-Unterordnungs-Verhältnis prägend ist. Sie kann für den Bereich der Leistungsverwaltung nichts besagen. Auf gleichgeordneter Ebene schließen Verwaltungsträger koordinationsrechtliche Verträge nach § 54 VwVfG zur Erfüllung ihrer gesetzlichen Aufgaben, beispielsweise wenn Gemeinden gemeinsam eine Müllverbrennungsanlage errichten und betreiben. Trotz Gleichordnung handelt es sich um öffentliches Recht. Im Arbeitsrecht und im Eltern-Kind-Verhältnis gibt es Über-Unterordnungs-Verhältnisse. Trotzdem handelt es sich um Zivilrecht.

Nach der modifizierten **Subjekts- oder Sonderrechtstheorie** handelt es sich um öffentliches Recht, wenn sich Rechtsnormen ausschließlich an einen Träger öffentlicher Gewalt wenden und um Privatecht, wenn sie sich gleichermaßen an Private wenden. Öffentliches Recht liegt vor, wenn mindestens auf einer Seite des Rechtsverhältnisses ein Verwaltungsträger, d.h. eine juristische Person des

---

49 BGH JR 2010 S. 214 f. m. w. N.

2. Öffentliches Recht und Zivilrecht

öffentlichen Rechts beteiligt ist und aufgrund eines Sonderrechts handelt, das sich nur an Verwaltungsträger richtet und nicht an jedermann. Das öffentliche Recht wird hiernach als Sonderrecht der Hoheitsträger bezeichnet. Sie hilft wie die Interessentheorie nicht weiter, wenn offen ist, welche Normen einschlägig sind.

Diese Abgrenzungstheorien schließen sich nicht gegenseitig aus. Sie ergänzen sich und kommen nebeneinander zur Anwendung. Wegen ihrer Unschärfe sollte die Interessentheorie allenfalls zu Bestätigung eines anderweitig gefundenen Ergebnisses herangezogen werden.

- Der Rechtsstreit zwischen einer politischen Partei und einer Sparkasse als rechtsfähiger Anstalt des öffentlichen Rechts auf Eröffnung eines Girokontos ist öffentlich-rechtlich, da § 5 PartG gerade Hoheitsträger zur Gleichbehandlung der Parteien verpflichtet. Das durch die Eröffnung des Girokontos begründete Leistungsverhältnis ist sodann privatrechtlicher Natur. Ein Rechtsstreit hierüber gehört vor die Zivilgerichte. Die ohne sachlichen Grund später erklärte Kündigung des Girovertrages verstößt gegen Art. 3 Abs. 1 GG, § 134 BGB, solange die Verfassungswidrigkeit der Partei nicht festgestellt wurde.[50]

Keine der Abgrenzungstheorien kann für sich Allgemeingültigkeit beanspruchen. Günstigenfalls führen alle drei Theorien zum selben Ergebnis. So ist eindeutig, dass hoheitliche Maßnahmen des Polizei- und Ordnungsrechts dem öffentlichen Recht zuzuordnen sind. Es ist aber denkbar, dass sich in anderen Konstellationen sowohl Argumente für eine Zuordnung zum öffentlichen Recht wie auch zum Privatrecht ergeben. Es ist dann durch Wertung der Theorie der Vorzug zu geben, für die die meisten Argumente sprechen.

Probleme ergeben sich für die Abgrenzungstheorien bei **faktischem Verwaltungshandeln**, das keine gesetzliche Grundlage hat wie unwahre oder ehrenrührige Behauptungen eines Amtsträgers oder der Unfall eines Amtsträgers auf einer Dienstfahrt. Hier kommt es darauf an, in welchem **Zusammenhang** die Äußerung geschah. Neben dem Zusammenhang kann auch der **Zweck** eines Handelns bedeutsam sein.

- Dienstliche Äußerungen eines Amtsvormundes zur Geeignetheit und Zuverlässigkeit von Heimbetreibern sind dem öffentlichen Recht zuzuordnen.[51]
- Erfolgte eine Äußerung im Erörterungstermin über straßenrechtliches Planfeststellungsverfahren liegt öffentlich-rechtliches Handeln vor.

---

50 BGH NJW 2003 S. 1658.
51 BVerwG NJW 1988 S. 2399.

V. Einteilung der Rechtsnormen

Privatrecht	Abgrenzung	öffentliches Recht
Private Belange Individuelle Interessen	Interessentheorie	Belange der Allgemeinheit Belange der Gemeinschaft
Gleichordnung	Subordinationslehre	Über-Unterordnungs- Verhältnis
Vorschriften wenden sich an alle Rechtssubjekte	Subjektstheorie Sonderrechtslehre	Sonderrecht ausschließlich für Verwaltung
Aufgabenkreis von jedermann	Lehre vom Zusammenhang Lehre vom Zweck	Aufgabenkreis der Exekutive
↓		↓
§ 13 GVG Rechtsweg zu den Zivilgerichten		§ 40 VwGO Rechtsweg zu den Verwaltungsgerichten
		↓
		§ 35 VwVfG

3. Formelles und materielles Recht

Die großen Rechtsgebiete öffentliches Recht und Zivilrecht haben sich im Laufe der Rechtsentwicklung nach ihrem Regelungsgegenstand weiter untergliedert in

Öffentliches Recht	Zivilrecht
• Verfassungsrecht *GG* • Verwaltungsrecht *BImSchG, BauGB* • Strafrecht *StGB* • Steuerrecht *EStG* • Sozialrecht *SGB VII*	• Privatrecht *BGB, HGB* • Arbeitsrecht *KSchG, BetrVG*

Die Unterteilung des Rechts in verschiedene Rechtsgebiete führte zu einem äußeren System des Rechts. Die Zuordnung von Rechtsfragen zu einem der Rechtsgebiete erleichtert das Auffinden einschlägiger Rechtsvorschriften zur Beantwortung der anstehenden Rechtsfragen.

Diese Rechtsgebiete umfassen jeweils Normen
- des materiellen Rechts und
- des formellen Rechts.

Das **materielle Recht** erfasst alle Rechtsnormen, die Rechtsverhältnisse und Rechtsbeziehungen unter einzelnen Rechtssubjekten, zwischen diesen und dem Staat betreffen. Es besagt, wer Recht hat, wem welche Rechte zustehen. Der in

3. Formelles und materielles Recht

seinem Eigentum Verletzte kann nach § 823 Abs. 1 BGB, einer Norm des materiellen Rechts, Schadensersatz verlangen. Dieser Schadensersatzanspruch wäre nichts als ein leerer Appell, käme nicht das **formelle Recht** hinzu, das den Weg zur Geltendmachung vor Gericht und zur Zwangsvollstreckung gegen den Willen des Schädigers eröffnet. Dieses gerichtliche Verfahren und die Zwangsvollstreckung vor Augen, einschließlich den damit verbundenen Kosten, vermag manchen Schuldner zu bewegen, seiner Schadensersatzpflicht aus freien Stücken nachzukommen, ohne dass es gerichtlicher Hilfe und damit der Hilfe des formellen Rechts erfordert. Das materielle Recht bedarf somit der Ergänzung durch das formelle Recht, das Verfahrensrecht.

Das formelle Recht regelt
- das Gesetzgebungsverfahren (Art. 76 ff. GG),
- das Verwaltungsverfahren (VwVfG) und
- das Gerichtsverfahren (GVG, ZPO, StPO, FGO).

Das formelle Recht besagt, wie Recht gesetzt und durchgesetzt wird. Das formelle Recht ist Garant für die Friedens- und Ordnungsfunktion des Rechts. Es ergänzt notwendigerweise das materielle Recht. Es steht in einer dienenden Funktion zum materiellen Recht, dient der Aufklärung der Rechtslage vor Verwaltungen und Gerichten. Es darf jedoch nicht verkannt werden, dass die Aufklärung der Rechtslage sich nicht zwingend mit der Aufklärung des Lebenssachverhaltes, um den es geht, deckt. So tragen Zeugnisverweigerungsrechte und Beweisverwertungsverbote nicht zur Wahrheitsfindung bei. Sie stehen im Dienst der Fairness des Verfahrens. Verfahrensgerechtigkeit bekommt hier den Vorrang vor Wahrheit als Voraussetzung für materiell-richtige Entscheidungen eingeräumt.

Das formelle Recht gibt zum einen die Regeln vor, die im Gesetzgebungsverfahren einzuhalten sind. Nur ordnungsgemäß zustande gekommene Gesetze sind legitimiert, Recht zu schaffen und können für sich beanspruchen eingehalten zu werden – notfalls mit staatlichem Zwang. Hier schließt sich der Kreis zwischen Gesetzgebungsverfahren auf der einen Seite und Verwaltungs- und Gerichtsverfahren auf der anderen Seite.

Kann dem materiellen Recht entnommen werden, wer welches Recht gegen wen hat, dann besagt das formelle Recht, wie er dieses Recht vor Behörden und Gerichten in einem geordneten Verfahren durchsetzen kann, welches Verfahren Gerichte und Behörden bei der Rechtsfindung und Rechtsgewährung einzuhalten haben. Das formelle Recht ist elementarer Bestandteil der Friedensfunktion des Rechts. Ohne das formelle Recht wäre das materielle Recht eine stumpfe Waffe, ohne Nachdruck. Es wäre eine Frage von Gewalt, sozialer Macht, wirtschaftlicher Überlegenheit, wer sein Recht durchsetzen kann oder sich der Durchsetzung erwehren kann.

> Das materielle Recht besagt, wer Recht hat.
> Das formelle Recht bestimmt, wie Recht gesetzt und durchgesetzt wird.

Jedes Rechtsgebiet besteht aus Regelungen des materiellen Rechts und des formellen Rechts, die regelmäßig in verschiedenen Gesetzbüchern niedergelegt sind.

V. Einteilung der Rechtsnormen

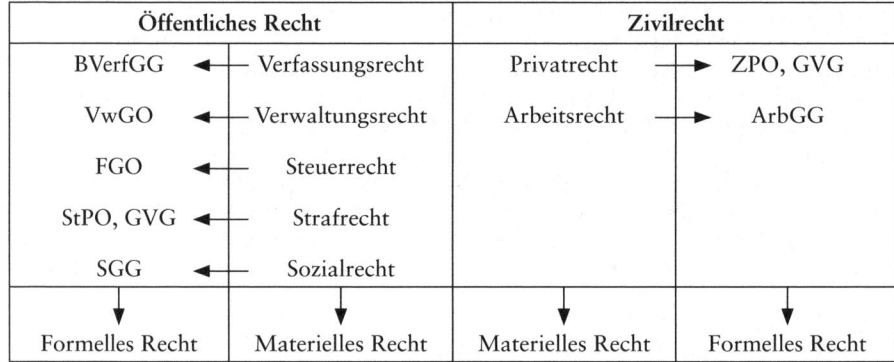

Das formelle Recht gliedert sich in zwei Teile. Der erste Teil bestimmt, wie das Recht in einem geordneten Verfahren festgestellt wird. Dieses findet regelmäßig vor den Gerichten statt und endet mit einem Urteil. Der zweite Teil umfasst die Vollstreckung.

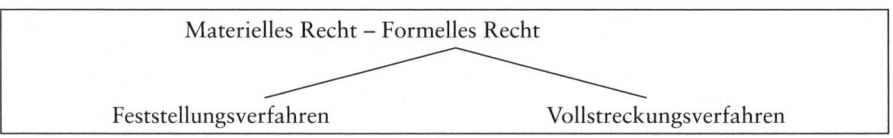

Diese Dreigliedrigkeit beruht auf der Erfahrung, dass viele Streitigkeiten ohne Inanspruchnahme der Gerichte eine Erledigung finden, sei es, weil der „Klügere" nach Maßgabe des materiellen Rechts seinen Rechtspflichten nachkommt oder zur Vermeidung von Unannehmlichkeiten sein gutes Recht nicht verfolgt. Selbst wenn es zur Einschaltung der Gerichte kommt, bedarf es in vielen Fällen keiner Vollstreckung. Der vom Gericht getroffenen Entscheidung wird freiwillig nachgekommen.

§ 823 Abs. 1 StGB Wer vorsätzlich oder fahrlässig das Leben, den Körper … eines anderen widerrechtlich verletzt, ist dem anderen zum Ersatze des daraus entstandenen Schadens verpflichtet.	§ 300 Abs. 1 ZPO Ist der Rechtsstreit zur Endentscheidung reif, so hat das Gericht sie durch Endurteil zu erlassen.	§ 704 Abs. 1 ZPO Die Zwangsvollstreckung findet statt aus Endurteilen …
Materielles Recht	Feststellung	Vollstreckung
	Formelles Recht	

§ 35 Abs. 1 GewO Die Ausübung eines Gewerbes ist von der zuständigen Behörde zu untersagen, wenn Tatsachen vorliegen, welche die Unzuverlässigkeit des Gewerbetreibenden … dartun.	§ 113 Abs. 1 VwGO Soweit der Verwaltungsakt rechtswidrig ist und der Kläger dadurch in seinen Rechten verletzt ist, hebt das Gericht den Verwaltungsakt auf …	§ 2 LVwVG-BW Verwaltungsakte können vollstreckt werden, wenn …
Materielles Recht	Feststellung	Vollstreckung
	Formelles Recht	

3. Formelles und materielles Recht

§ 223 StGB Wer eine andere Person ... an der Gesundheit beschädigt, wird mit Freiheitsstrafe bis zu fünf Jahren oder mit Geldstrafe bestraft.	§ 264 Abs. 1 StPO Gegenstand der Urteilsfindung ist die in der Anklage bezeichnete Tat, wie sie sich nach dem Ergebnis der Verhandlung darstellt.	§ 451 Abs. 1 StPO Die Strafvollstreckung erfolgt durch die Staatsanwaltschaft.
Materielles Recht	Feststellung	Vollstreckung
	Formelles Recht	

Jedes Rechtsgebiet hat eine eigene Gerichtsbarkeit mit speziellen Verfahrensvorschriften. Diese Verfahrensvorschriften zählen zum öffentlichen Recht. Sie bestimmen das vor Behörden und Gerichten einzuhaltende Verfahren. Sie tragen den Besonderheiten des jeweiligen Rechtsgebietes Rechnung. Zum Schutze des Beschuldigten gilt im Strafverfahren der Amtsermittlungsgrundsatz, wonach die Organe der Justiz die Wahrheit und damit alle den Beschuldigten belastenden und entlastenden Momente zu berücksichtigen und hierüber Beweis zu erheben haben. Hingegen ist es vor den Zivilgerichten dem Kläger freigestellt, ob und was er einklagt, was er vorbringt und welche Beweismittel er beibringt.

Dies kann dazu führen, dass ein alltäglicher Fall wie ein Verkehrsunfall zu Rechtsfragen auf allen Rechtsgebieten führen kann. Für diese Rechtsfragen gilt jeweils das einschlägige materielle Recht wie BGB, StGB, SGB VII. Der Unfallfahrer kann zu Schadensersatz nach Maßgabe des Zivilrechts verpflichtet sein und kann seinerseits Ansprüche gegen die gesetzliche Unfallversicherung geltend machen, wenn er sich um einen Wegeunfall von und zur Arbeit handelt. Die sich hieraus ergebenden Rechtsstreitigkeiten sind vor verschiedenen Gerichten nach verschiedenen Verfahrensvorschriften zu entscheiden und jedes Verfahren kann einen anderen Ausgang nehmen.

Der betrunkene Berufskraftfahrer B fährt auf dem Heimweg von der Arbeit den Fußgänger F an. B wird dabei selbst verletzt und sein Fahrzeug beschädigt.	
Zivilrecht	• Schadenersatzanspruch des vorletzten Fußgängers F • Vollkaskoversicherung des B will den Schaden an seinem Fahrzeug nicht abdecken
Strafrecht	• Strafverfolgung wegen Trunkenheitsfahrt und Körperverletzung und • Führerscheinentzug
Arbeitsrecht	• Fristlose Kündigung des Arbeitsvertrages oder • Änderungskündigung auf einen anderen Arbeitsplatz
Sozialversicherungsrecht	• Geltendmachung von Ansprüchen gegen gesetzlichen Unfallversicherer wegen Wegeunfall • Antrag auf Arbeitslosengeld
Steuerrecht	• Geltendmachung eines Steuerabzugs für den Schaden am Fahrzeug
Verwaltungsrecht	• Wiedererteilung der Fahrerlaubnis nebst Aufforderung zur medizinisch-psychologischen Untersuchung
Verfassungsrecht	• Geltendmachung eines Verstoßes gegen Art. 2 GG, bei Nichterteilung der Fahrerlaubnis

Die Kenntnis um diese Rechtsgebiete und die Unterteilung in formelles und materielles Recht leistet wertvolle Kriterien für die Verortung von Rechtsfragen. Wer sich mit einer Gewerbeuntersagung konfrontiert sieht, wird im Rechtsgebiet

V. Einteilung der Rechtsnormen

Verwaltungsrecht das einschlägige materielle Recht suchen und die Gewerbeordnung finden. Aussagen zum Rechtsschutz gegen die GewO sind in der VwGO zu finden. Damit kommt der Verortung zugleich eine Filterwirkung zu. Die anderen nicht tangierten Rechtsgebiete müssen nicht nach einschlägigen Normen durchsucht werden.[52]

---

52 Schwintowski (2005) S. 69.

VI. Techniken der Rechtssetzung

Stellt sich ein Rechtsproblem, insbesondere die Frage wie ein bestimmter Lebenssachverhalt rechtlich zu würdigen ist, müssen aus der Fülle aller Rechtsnormen, dem objektiven Recht, die einschlägigen Vorschriften herausgefunden werden. Für das Aufsuchen und Auffinden der einschlägigen Rechtsnormen gibt es kein allgemein logisches System. Hier ist Wissen gefragt. Eine erste grobe Orientierung können

- Gültigkeitsverzeichnisse,
- Inhaltsverzeichnisse von Gesetzessammlungen,
- Stichwortverzeichnisse,
- Rechtslexika,
- Kommentare und
- Lehrbücher

geben. Eine Reihe elektronischer Verzeichnisse wie *www.gesetze-im-internet.de* bietet rasche Suchmöglichkeiten.

Darüber hinaus erleichtert die Kenntnis der Rechtsetzungstechniken einschlägige Bestimmungen aufzufinden, ihren Sinn und Wirkungszusammenhang zu erkennen, die gefundenen Rechtsnormen zutreffend auszulegen und anzuwenden. Das Wissen um diese Techniken der Rechtsetzung ist nicht nur für diejenigen wichtig, die am Normsetzungsverfahren beteiligt sind, sondern auch für den Rechtsanwender.

1. Formulierung der Rechtsnorm

Um die Fälle zu erfassen, die unter eine bestimmte gesetzliche Regelung fallen sollen, bieten sich zwei gesetzgebungstechnische Methoden an

- die kasuistische Methode und
- die abstrakt-generelle Methode.

Die **kasuistische Methode** besteht darin, die denkbaren Fälle einzeln aufzuzählen. Die kasuistische Methode liegt dem Anhang zur Vierten Verordnung zur Durchführung des Bundesimmissionsschutzgesetzes – *Verordnung über genehmigungsbedürftige Anlagen* zugrunde. Nur die beschriebenen Anlagen werden erfasst. Sie klingt in den *Verbraucherverträgen und besonderen Vertriebsformen* des § 312 BGB an. Die einzelne gesetzliche Regelung wird dadurch anschaulich und leicht verständlich. Um alle denkbaren Fälle zu erfassen, bedarf es einer Vielzahl von Regelungen, die die Gesamtmaterie wiederum unübersichtlich ma-

VI. Techniken der Rechtssetzung

chen. Letztlich laufen alle Regelungen Gefahr unvollständig zu werden, da der Gesetzgeber die künftigen wirtschaftlichen, sozialen und politischen Veränderungen nicht vorhersehen kann.

Die **abstrakt-generelle Methode** erlaubt es, eine unbestimmte Anzahl von Rechtsfällen mit einer Rechtsnorm zu erfassen wie § 535 Abs. 1 Satz 1 BGB: *Durch den Mietvertrag wird der Vermieter verpflichtet, dem Mieter den Gebrauch der vermieteten Sache während der Mietzeit zu gewähren.* Praktisch jedermann kann Mieter und Vermieter sein (generelle Regelung). Der Mietvertrag bezieht sich auf Sachen schlechthin (abstrakte Regelung), ob es nun Grundstücke, Wohnungen, Autos, Fahrräder, Bücher sind.

Der Vorteil dieser Technik ist die hohe Flexibilität des Gesetzes, das wirtschaftlichen und technischen Veränderungen offensteht. Diese Gesetzgebungstechnik trägt damit sowohl zur Entlastung des Gesetzgebers wie auch zur Verschlankung der Gesetzeswerke bei. Ein Nachteil kann sich aus dem hohen Abstraktionsgrad der verwendeten Begriffe ergeben. Diese mag zu Verständnisschwierigkeiten führen und erfordert die Auslegung dieser Begriffe.

2. Struktur des Rechtssatzes

Die Mehrzahl der Rechtssätze hat eine gemeinsame Struktur. An einen Tatbestand wird eine Rechtsfolge geknüpft. Der Tatbestand umfasst die Voraussetzungen, die allesamt erfüllt sein müssen, damit die vorgesehene Rechtsfolge eintreten kann. § 823 Abs. 1 BGB: *Wer vorsätzlich oder fahrlässig das Leben, den Körper, die Gesundheit, die Freiheit, das Eigentum oder ein sonstiges Recht eines anderen widerrechtlich verletzt, ist dem anderen zum Ersatz des daraus entstehenden Schadens verpflichtet.* Nur wenn die im Tatbestand aufgeführten Voraussetzungen, die Tatbestandsmerkmale, gegeben sind, dann tritt die Rechtsfolge ein. Diese

> Wenn-Dann-Struktur der Rechtssätze

beinhaltet ein Konditionalprogramm für den Rechtsanwender. Dieses Konditionalprogramm ist nicht bei allen Normen ohne weiteres erkennbar, da der Gesetzgeber es im Zuge einer flüssigen, lesbaren Formulierung der einzelnen Norm zurückgestellt hat. Es lässt sich durch Umformulierung der Norm herausarbeiten.[53]

- § 138 Abs. 1 BGB: *Ein Rechtsgeschäft, das gegen die guten Sitten verstößt, ist nichtig.* Wenn ein Rechtsgeschäft sittenwidrig ist, dann ist es nichtig.
- § 43 Abs. 3 VwVfG: *Ein nichtiger Verwaltungsakt ist unwirksam.* Wenn ein Verwaltungsakt nichtig ist, dann ist er unwirksam.
- § 211 Abs. 1 StGB: *Der Mörder wird mit lebenslanger Freiheitsstrafe bestraft.* Wenn jemand Mörder ist, dann erhält er eine lebenslange Freiheitsstrafe.

---

53 Schwintowski (2005) S. 49.

2. Struktur des Rechtssatzes

Keine Wenn-Dann-Struktur weisen finale Rechtsnormen wie Ziel- oder Zweckbestimmungen, Programmsätze und Präambeln auf wie Art. 20 Abs. 1 GG, § 1 BImSchG, 1 TzBfG, 1 SGB IX, die Absichten und Ziele des Gesetzgebers wiedergeben. Diesen sind unmittelbar keine Rechtsfolgen eigen. Sie geben den Rahmen vor, innerhalb dem die politischen Akteure gestaltend wirken sollen und können. Sie sind bei der Auslegung von Gesetzen und insbesondere der teleologischen Auslegung bedeutsam.

2.1 Anspruchs- und Ermächtigungsgrundlagen

§ 985 BGB bestimmt: *Der Eigentümer kann vom Besitzer die Herausgabe der Sache verlangen.* Diese Vorschrift enthält Tatbestand „Wenn" und Rechtsfolge „Dann". Auf der Rechtsfolgenseite gewährt sie einen Anspruch. Man findet sie im Zivilrecht als Anspruchsgrundlagen. Es bedarf der Anspruchsgrundlagen, damit gegen eine andere Person ein Recht geltend gemacht werden und eingeklagt werden kann. Besteht keine Anspruchsgrundlage, braucht der Andere nicht zu leisten. Manche Anspruchsgrundlagen sind spiegelbildlich formuliert und nennen auf der Rechtsfolgenseite eine Pflicht wie § 535 Abs. 2 BGB: *Der Mieter ist verpflichtet, dem Vermieter die vereinbarte Miete zu entrichten.* Das Recht, der Anspruch des einen, begründet die Pflicht des anderen.

Einer Anspruchsgrundlage bedarf es ebenso im öffentlichen Recht, wenn ein Anspruch gegen die Exekutive geltend gemacht werden soll wie § 41 SGB XII *Grundsicherung für Ältere* oder § 136 SGB III *Anspruch auf Arbeitslosengeld.* Diese Anspruchsgrundlagen werden auch subjektive öffentliche Rechte genannt. Grundrechte können ebenfalls subjektive öffentliche Rechte begründen.[54] Wer bauen will, kann sich auf Art. 14 GG berufen. Soweit es einer Baugenehmigung bedarf und die formellen und materiellen Voraussetzungen vorliegen, ist diese zu erteilen und darf nicht versagt werden. Anspruchsgrundlagen gibt es im Zivilrecht wie im öffentlichen Recht. Ohne Anspruchsgrundlage ist alles Wollen und Fordern rechtlich ohne Relevanz, nicht mehr als ein bloßes Wünschen.

> Anspruchsgrundlagen gewähren auf der Rechtsfolgenseite einen Anspruch

Im öffentlichen Recht gibt es daneben Ermächtigungsgrundlagen, die es Hoheitsträgern erlauben, belastende Maßnahmen zu Lasten Dritter zu ergreifen. Hierzu zählt § 35 GewO *Gewerbeuntersagung wegen Unzuverlässigkeit.* Diese Vorschrift ermächtigt die zuständige Behörde, in den durch Art. 12 GG geschützten Bereich der Gewerbefreiheit einzugreifen. Diese Ermächtigungsgrundlagen werden auch Eingriffsgrundlagen genannt. Hierzu zählen die Straftatbestände, die das Recht zur Verhängung einer Strafe gegenüber den Bürgern gestatten. Dieser Ermächtigungsgrundlagen bedarf es nach Art. 2 Abs. 1, 20 Abs. 3, 103 Abs. 2 GG, da nur auf der Grundlage eines Gesetzes solche Rechtseingriffe zulässig sind.

Anspruchsgrundlagen und Ermächtigungsgrundlagen setzen wie alle Vorschriften voraus, dass sie wirksam erlassen wurden. Dies ist in der Regel gegeben,

---
54 Ramsauer JuS 2012 S. 769, 773; Schwerdtfeger/Schwerdtfeger Rdn. 510 ff.

VI. Techniken der Rechtssetzung

wenngleich keine Selbstverständlichkeit. Das zum 1. Januar 1982 in Kraft getretene Staatshaftungsgesetz gewährte Ansprüche bei rechtswidrigen Handlungen von Bund, Ländern und Kommunen gegen diese. Es wurde im Oktober 1982 vom BVerfG für verfassungswidrig und damit nichtig erklärt, da dem Bund die Gesetzgebungskompetenz fehlte. Damit wurden den nach dem Staatshaftungsgesetz geltend gemachten subjektiv-öffentlichen Ansprüchen die Grundlage entzogen. Rechtswidrige Gesetze sind nichtig. Wohlgemerkt gilt dasselbe in der Regel nicht für Verwaltungsakte. Rechtswidrige Verwaltungsakte – auch solche ohne gültige Ermächtigungsgrundlage – sind rechtswidrig, können jedoch in Bestandskraft erwachsen.

2.2 Gegennormen

Das Gegenstück zu Anspruchsgrundlagen und Ermächtigungsgrundlagen sind Gegennormen wie § 362 BGB: *Das Schuldverhältnis erlischt, wenn die geschuldete Leistung an den Gläubiger erbracht wird.* Gegennormen besagen, dass ein Recht nicht entstanden, erloschen oder gehindert ist. Sie haben ebenfalls eine „Wenn" – „Dann" – Struktur mit der zusätzlichen Wirkung, dass sie der Geltendmachung eines Anspruchs entgegenstehen.[55]

Gegennormen gibt es mit verschiedenem Wirkungsgrad:
- **rechtshindernde Gegennormen**: § 138 Abs. 1 BGB: *Ein Rechtsgeschäft, das gegen die guten Sitten verstößt, ist nichtig.* Rechtshindernde Gegennormen bewirken, dass ein Recht gar nicht erst entstehen kann.
- **rechtsvernichtende Gegennormen**: § 142 Abs. 1 BGB: *Wird ein anfechtbares Rechtsgeschäft angefochten, so ist es als von Anfang an nichtig anzusehen.* Das entstandene Recht geht unter.
- **rechtshemmende Gegennormen**: § 214 Abs. 1 BGB: *Nach Eintritt der Verjährung ist der Schuldner berechtigt, die Leistung zu verweigern.* Das wirksam entstandene und fortbestehende Recht kann nicht mehr durchgesetzt werden.

Gegennormen gibt es ebenfalls im öffentlichen Recht. Hervorzuheben sind die Strafverfolgungsverjährung nach §§ 78 ff. StGB, die Nichtigkeit von Verwaltungsakten nach § 44 VwVfG.

Gegennormen kann prozessual eine unterschiedliche Bedeutung zukommen.
- als **Einreden** wie § 214 Abs. 1 BGB sind sie vom Gericht nur zu berücksichtigen, wenn sich der Beklagte und Schuldner darauf beruft, wie durch die Formulierung *verweigern* kenntlich gemacht wird. Beruft sich der Schuldner vor Gericht nicht auf die Verjährung, wird er zur Leistung verurteilt werden.
- als **Einwendungen** wie §§ 138 Abs. 1 BGB, 254 BGB sind sie vom Gericht bei der Entscheidung zu berücksichtigen, wenn sich aufgrund der Aktenlage ein Anhaltspunkt ergibt, auch wenn keine der Parteien sich hierauf berufen hat.

---

55 Andere Einteilung bei Schwacke S. 33 ff.

2. Struktur des Rechtssatzes

2.3 Hilfsnormen

Neben den Anspruchs- und Eingriffsgrundlagen und den Gegennormen gibt es im Recht noch Hilfsnormen.[56] Auch diesen ist eine „Wenn"-„Dann"-Struktur eigen.[57] § 90 BGB: *Sachen im Sinne des Gesetzes sind nur körperliche Gegenstände* lässt diese „Wenn"-„Dann"-Struktur nicht auf den ersten Blick erkennen. Die Vorschrift lässt sich jedoch umformulieren in *Wenn etwas körperlich ist, dann ist es eine Sache*. Bei Hilfsnormen hat der Gesetzgeber die „Wenn"-„Dann"-Struktur zugunsten flüssiger Formulierungen und besserer Verständlichkeit zumeist nicht hervorgehoben. Sie liegt den Hilfsnormen gleichwohl zugrunde.

Manche Autoren verwenden anstelle des Begriffs der Hilfsnormen den Begriff unvollständige Rechtssätze[58], weil diese keine Gebote oder Verbote enthalten. Diese Begriffswahl ist irreführend, weil diese so bezeichneten Normen eine vollständige „Wenn"-„Dann"-Struktur aufweisen und auch sprachlich, vollständige Sätze sind. Deshalb wird hier der Begriff Hilfsnormen verwendet. Mit dem Begriff soll deutlich gemacht werden, dass diese Normen gebildet wurden, um zum Verständnis anderer Normen beizutragen, diesen zu helfen. Hilfsnormen beziehen sich auf einzelne Begriffe auf der Tatbestands- oder Rechtsfolgenseite der Anspruchs- und Ermächtigungsgrundlagen oder der Gegennormen. Anspruchs- und Ermächtigungsgrundlagen sowie Gegennormen stellen lediglich einen Grundtatbestand dar, der erst durch Heranziehung von Hilfsnormen an Kontur gewinnt.

- So wird die Anspruchsgrundlage § 823 Abs. 1 BGB ergänzt durch §§ 227 ff., 859 BGB Rechtfertigungsgründe, §§ 827 f. BGB Deliktsfähigkeit, § 276 Abs. 1 Satz 2 BGB Definition der Fahrlässigkeit, §§ 249 ff. BGB Schadensersatz.
- Ermächtigt § 35 Abs. 1 Satz 1 GewO zur Untersagung des Gewerbes wegen Unzuverlässigkeit, gelten für die Untersagungsverfügung die Regeln über den Verwaltungsakt nach §§ 35 ff. VwVfG, die Inhalt, Form und Bekanntgabe regeln.
- Die Untersagung des Gewerbes nach § 35 GewO ist der zuständigen Behörde vorbehalten, die sich nach Landesrecht bestimmt. Diese Zuständigkeitsregelungen sind im öffentlichen Recht von besonderer Bedeutung.

Dies zeigt anschaulich, dass Rechtsvorschriften nicht isoliert nebeneinanderstehen, sondern zwischen ihnen ein Zusammenhang, eine Sinneinheit besteht. Nahezu jedes Tatbestandsmerkmal der Anspruchs- bzw. Ermächtigungsgrundlagen und der Gegennormen ist durch Hilfsnormen ausgefüllt.

Hilfsnormen gibt es in höchst unterschiedlicher Ausgestaltung und in großer Zahl. Je nach Ausgestaltung kann ihnen eine sehr spezielle Funktion zukommen, die im Folgenden dargestellt werden soll. Diese Funktionen sind bei der Rechtsanwendung zu beachten.

---

[56] Wank S. 19 ff. und Zippelius S. 25 ff. nennen diese Ergänzungsnormen.
[57] Ebenso Jacobi S. 59 f.
[58] Larenz/Canaris S. 78 ff.; Beaucamp/Treder S. 58; Rüthers/Fischer/Birk Rdn. 129; Schwacke S. 31.

VI. Techniken der Rechtssetzung

2.3.1 Legaldefinitionen

Anhand von Legaldefinitionen definiert der Gesetzgeber einzelne Rechtsbegriffe. Der Begriffsinhalt soll damit eindeutig festgeschrieben, einer Auslegung entzogen werden. Legaldefinitionen dienen der Präzisierung von Begriffen.[59]

- § 121 BGB definiert den Begriff der *Unverzüglichkeit* als *ohne schuldhaftes Zögern* und schließt damit die Auslegung als *sofort* aus. Diese Definition gilt über das BGB hinaus auch für andere Rechtsgebiete wie § 23 Abs. 2 Satz 3 VwVfG.
- § 12 StGB bestimmt die Rechtsbegriffe *Verbrechen* und *Vergehen*.
- § 35 VwVfG umschreibt den Begriff des *Verwaltungsaktes*. § 35 Satz 2 VwVfG bezieht ausdrücklich die Allgemeinverfügung (z. B. Widmung einer Straße) unter den Begriff des Verwaltungsaktes mit ein. Vor Erlass der VwVfG herrschte ein jahrzehntelanger Streit darüber, ob Allgemeinverfügungen Verwaltungsakte oder Rechtsnormen sind. Mit der Legaldefinition wurde dieser Streit vom Gesetzgeber klar entschieden.

Legaldefinitionen sollen einen Beitrag zur Rechtssicherheit leisten.[60] Dies gelingt ihnen nicht immer wie § 14 BGB zeigt. Die Legaldefinition des Unternehmers erfolgt über das Begriffspaar *gewerbliche* oder *selbständige berufliche* Tätigkeit. Beide Umschreibungen entbehren der Klarheit und Eindeutigkeit und führen zu weiteren Zweifelsfragen.

Legaldefinitionen befinden sich häufig im Allgemeinen Teil eines Gesetzeswerkes wie §§ 1 BGB *Rechtsfähigkeit*, 35 VwVfG *Verwaltungsakt* oder in einem engen Zusammenhang mit dem jeweiligen Regelungsgegenstand wie § 434 BGB *Sachmangel*.

2.3.2 Regelbeispiele

Zur Erläuterung unbestimmter Rechtsbegriffe verwendet der Gesetzgeber mancherorts Regelbeispiele:

- § 243 Abs. 1 StGB nennt Regelbeispiele für einen *besonders schweren Diebstahl*.
- § 573 Abs. 2 BGB enthält Regelbeispiele für ein *berechtigtes Interesse* an der Kündigung von Wohnraum.
- § 53 Abs. 2 AufenthG enthält Regelbeispiele für die *Interessenabwägung* bei der Ausweisung von Ausländern.
- § 14 Abs. 1 TzBfG enthält Regelbeispiele für einen *sachlichen Grund* für die Befristung eines Arbeitsverhältnisses.[61]

Den Regelbeispielen ist ebenfalls wie den Legaldefinitionen eine gewisse definitorische Funktion eigen. Anders als Legaldefinitionen sind sie jedoch nicht abschließender Natur. Sie wollen aufzeigen, welche typischen Fälle der Gesetzgeber mit einem unbestimmten Rechtsbegriff erfassen wollte. Andere ähnlich gelagerte, vom Regelbeispiel aber nicht behandelte Fälle können gleichsam unter diesen Begriff fallen und gleichbehandelt werden. Die Bestimmung der Ähnlichkeit erfolgt mittels einer Wertung. Regelbeispiele stellen Wertungsmaßstäbe auf.

---

59 Rüthers/Fischer/Birk Rdn. 131a Sprachgebrauchsregelungen.
60 Puppe S. 65 ff. mit Hinweisen auf die Schwierigkeit, korrekte Definitionen zu formulieren.
61 BAG NJW 2005 S. 3595, 3598.

2. Struktur des Rechtssatzes

- So zählt § 573 Abs. 2 Nr. 2 BGB zum berechtigten Interesse an einer Wohnraumkündigung den Bedarf für Familienangehörige und zum Hausstand gehörende Personen des Vermieters. In Anlehnung an diese Regelung ist anerkannt, dass eine Gemeinde Wohnraum kündigen kann, wenn sie diesen zur Erfüllung ihrer öffentlichen Aufgaben benötigt wie der Unterbringung von Obdachlosen, Schaffung von Kindergartenplätzen.

Der Charakter als Regelbeispiel wird häufig durch Formulierungen wie *insbesondere* oder *in der Regel* zum Ausdruck gebracht.

2.3.3 Ausfüllende Rechtssätze

Ausfüllende Rechtssätze umfassen ganze Regelungspakete. Sie zeigen verschiedene Möglichkeiten des Vorgehens auf der Rechtsfolgenseite auf oder beschreiben verschiedene Möglichkeiten, wie ein Rechtserfolg herbeigeführt werden oder eintreten kann und welche Maßnahmen in Regelungsbereichen des öffentlichen Rechts zulässig sein können.

- So erläutern §§ 249 ff. BGB *Art und Umfang des Schadensersatzes* und zeigen verschiedene Möglichkeiten des Vorgehens auf.
- §§ 929 ff. BGB erläutern, welche verschiedenen Wege zum rechtsgeschäftlichen Eigentumserwerb führen können.
- §§ 78 ff. StGB *Verfolgungsverjährung* erläutern die Dauer der Verjährungsfrist bei den verschiedenen Straftatbeständen und ihren Ablauf.
- §§ 61 ff. SGB VIII regeln den Sozialdatenschutz.

2.3.4 Einschränkende Rechtssätze

Einschränkende Rechtssätze haben die Aufgabe, zu weit gefasste Tatbestände oder Rechtsfolgen einzuschränken und an weitergehende Voraussetzungen zu knüpfen.

- § 935 BGB *Kein gutgläubiger Erwerb abhanden gekommener Sachen* schränkt den gutgläubigen Erwerb nach § 932 BGB ein.
- Die Einzelmaßnahmen der §§ 26 ff. PolG-BW knüpfen an die generalklauselartige Ermächtigungsgrundlage des § 3 PolG-BW weitere Voraussetzungen an. Diese Einschränkungen finden sich in einem eigenen Abschnitt des Gesetzes.
- Einen anderen Weg ist der Gesetzgeber in § 48 VwVfG *Rücknahme eines rechtswidrigen Verwaltungsaktes* gegangen. Die Einschränkungen finden sich im Anschluss an den Grundtatbestand in ein- und derselben Norm. Das Ergebnis ist eine sehr umfassende und nicht gerade leicht verständliche Norm.

2.3.5 Verweisungen

Verweisende Rechtsnormen ordnen die entsprechende Anwendung anderer Normen oder ganzer Regelungskomplexe an:

- § 480 BGB bestimmt, dass auf den *Tausch* die Vorschriften über den Kauf – §§ 433 ff. BGB – entsprechend zur Anwendung kommen. Damit wurde das Recht des Tausches mit einer Vorschrift im Gesetz abgehandelt. Der Gesetzgeber hat damit vermieden, im Recht des Tausches Vorschriften aufführen zu müssen, die zu denen des Kaufrechts weitgehend inhaltsgleich wären.

Verweisungen tragen damit erheblich zur Straffung der Gesetzeswerke bei. Andererseits führen sie zu einer besonderen Erschwernis. Nun muss festgestellt wer-

VI. Techniken der Rechtssetzung

den, welche Vorschriften des Kaufrechts gerade nicht entsprechend herangezogen werden können, weil sie nicht den Besonderheiten des Tauschs genügen.
- Dieses Problem der entsprechenden Anwendung wird in § 173 VwGO besonders deutlich: *Soweit dieses Gesetz keine Bestimmungen über das Verfahren enthält, sind das Gerichtsverfassungsgericht und die Zivilprozessordnung ... entsprechend anzuwenden, wenn die grundsätzlichen Unterschiede der beiden Verfahrensarten dies nicht ausschließen.* Um mit dieser Verweisung sachgerecht umgehen zu können, bedarf es fundierter Vorkenntnisse der Verfahrensgrundsätze sowohl der VwGO, des GVG wie auch der ZPO.
- Einfacher zu handhaben sind punktuelle Verweisungen wie § 51 VwVfG, der für das *Wiederaufgreifen des Verfahrens* auf § 580 ZPO *Restitutionsklage* verweist. Aber auch diese Verweisungen machen die Rechtsanwendung mühsam, da verschiedene Gesetze heranzuziehen sind, das Aufsuchen der Normen umständlich ist.

Mit Verweisungen will der Gesetzgeber Wiederholungen im Gesetz vermeiden und den Umfang von Gesetzen reduzieren. Das Beispiel des § 1908 i BGB zeigt, dass diese Reduktion gänzlich auf Kosten der Verständlichkeit gehen kann.

Verweisungen bergen eine weitere Schwierigkeit, weil sie sowohl als
- Rechtsgrundverweisung wie auch als
- Rechtsfolgenverweisung vorkommen können.

Die **Rechtsgrundverweisungen** verweisen sowohl auf den Tatbestand wie auf die Rechtsfolgen der in Bezug genommenen Norm. In § 153 VwGO *Wiederaufnahme des Verfahren* wird der Charakter als Rechtsgrundverweisung deutlich, da diese Vorschriften selbst keinerlei Voraussetzungen für die Rechtsfolge Wiederaufnahme benennt. Weitere Rechtsgrundverweisungen sind §§ 254 Abs. 2 Satz 2 *Mitverschulden*, 951 Abs. 1 Satz 1 BGB *Entschädigung für Rechtsverlust*.

Die **Rechtsfolgenverweisungen** verweisen nur auf die Rechtsfolgen, der in Bezug genommenen Norm. So bestimmt § 823 Abs. 2 BGB: *Die gleiche Verpflichtung* (d. h. Pflicht zur Leistung von Schadensersatz nach § 823 Abs. 1 BGB) *trifft denjenigen, welcher gegen ein den Schutz eines anderen bezweckendes Gesetz verstößt.* Hier macht der Wortlaut deutlich, dass nur auf die Rechtsfolgen verwiesen wird. Ebenso wurde bei § 241 Abs. 2 StGB *Bedrohung* verfahren.

2.3.6 Fiktionen

Mit Fiktionen unterstellt der Gesetzgeber Tatsachen, die in Wirklichkeit gerade nicht gegeben sind und knüpft hieran eine Rechtsfolge.
- Eine Fiktion enthält § 1923 Abs. 2 BGB: *Wer zur Zeit des Erbfalls noch nicht lebte, aber bereits gezeugt war, gilt als vor dem Erbfalle geboren.*

Mit Fiktionen will sich der Gesetzgeber nicht über naturwissenschaftliche oder soziale Gegebenheiten hinwegsetzen. Die Fiktion ist ein rein gesetzestechnisches Mittel zur Erweiterung eines Regelungsbereichs. Zu welchen Kuriositäten sie führen kann, belegt die Satzung einer alten Badeanstalt des Inhalts:

§ 1: Die Badeanstalt ist in eine Männer- und eine Frauenabteilung eingeteilt.
§ 2: Das Betreten der Frauenabteilung ist nur Frauen gestattet.
§ 3: Der Bademeister gilt als Frau im Sinne des § 2.[62]

---

62 Zippelius S. 29.

2. Struktur des Rechtssatzes

Fiktionen werden häufig durch die Formulierung *gilt* kenntlich gemacht, wie in Art. 115a Abs. 4 GG geschehen.

2.3.7 Vermutungen

Mit Vermutungen schließt der Gesetzgeber aus bestimmten Tatsachen weitere Tatsachen, ohne dass das Vorliegen der weiteren Tatsachen zu prüfen ist. Das Gesetz unterscheidet zwischen unwiderlegbaren und widerlegbaren Vermutungen.

Eine **unwiderlegbare Vermutung** schafft § 1566 Abs. 2 BGB *Vermutung für das Scheitern*, der aus dem dreijährigen Getrenntleben der Ehegatten das Scheitern der Ehe unwiderleglich unterstellt. Eine unwiderlegbare Vermutung hat die gleiche Wirkung wie eine Fiktion, sollte sie nicht den Tatsachen entsprechen.

Zumeist sind **widerlegbare Vermutungen** anzutreffen wie Art. 16a Abs. 3 Satz 2 GG *Asylrecht* oder § 1006 Abs. 1 BGB *Zugunsten des Besitzers einer beweglichen Sache wird vermutet, dass er Eigentümer der Sache sei*. Aus dem Besitz entspringt die Eigentumsvermutung. Der wahre Eigentümer kann diese Vermutung widerlegen. Im Prozess trifft ihn das Risiko, ob ihm dieser Beweis gelingt. Widerlegbaren Vermutungen kommt damit gesetzestechnisch die Funktion zu, prozessuale Beweislastverteilungen zu schaffen, wie es § 292 Satz 1 ZPO umschreibt: *Stellt das Gesetz für das Vorhandensein einer Tatsache eine Vermutung auf, so ist der Beweis des Gegenteils zulässig, sofern nicht das Gesetz ein anderes vorschreibt.*

Der Gesetzgeber liefert mit Fiktionen und unwiderlegbaren Vermutungen unmittelbar Ergebnisse. Beweislastregeln schaffen unmittelbar keine Ergebnisse. Sie erlegen der einen oder anderen Partei auf, rechtlich relevante Tatsachen nachweisen zu müssen. Andernfalls unterliegt die beweisbelastete Partei im Rechtsstreit.

Im Zivilrecht gilt der Grundsatz, dass der Gläubiger, der Ansprüche gegen einen Schuldner erhebt, alle entscheidungsrelevanten bestrittenen Tatsachen nachweisen muss. Von diesem Grundsatz gibt es einzelne Ausnahmen. Eine **Beweislastumkehr** wird von § 831 BGB *Haftung für den Verrichtungsgehilfen* angeordnet. Zu Lasten des Geschäftsherrn wird sein Verschulden vermutet, solange es ihm nicht gelingt, das Gegenteil zu beweisen. § 280 Abs. 1 Satz 1 BGB gewährt dem Gläubiger einen Schadensersatzanspruch, wenn der Schuldner eine Pflichtverletzung des Schuldverhältnisses begangen hat. § 280 Abs. 1 Satz 2 BGB schließt den Anspruch aus, wenn der Schuldner die Pflichtverletzung nicht zu vertreten hat. Damit gehen Zweifel am Vertretenmüssen zu Lasten des Schuldners. Dieser trägt das Beweislastrisiko für das Nichtvertretenmüssen.[63]

Dem öffentlichen Recht ist weithin eine andere Verteilung der Beweislast eigen: § 24 VwVfG postuliert den Amtsermittlungsgrundsatz zu Lasten der Behörden im Verwaltungsrecht. § 86 Abs. 1 Satz 2 VwGO überträgt den Verwaltungsgerichten die Pflicht zur Ermittlung des Sachverhalts. Der Amtsermittlungsgrundsatz liegt auch dem Strafverfahren zugrunde wie §§ 160, 244 Abs. 2 StPO belegen.

---

63 Zippelius S. 78 Operationsregeln: Beweis- und Beweislastregel.

VI. Techniken der Rechtssetzung

Rechtssätze mit besonderer Funktion

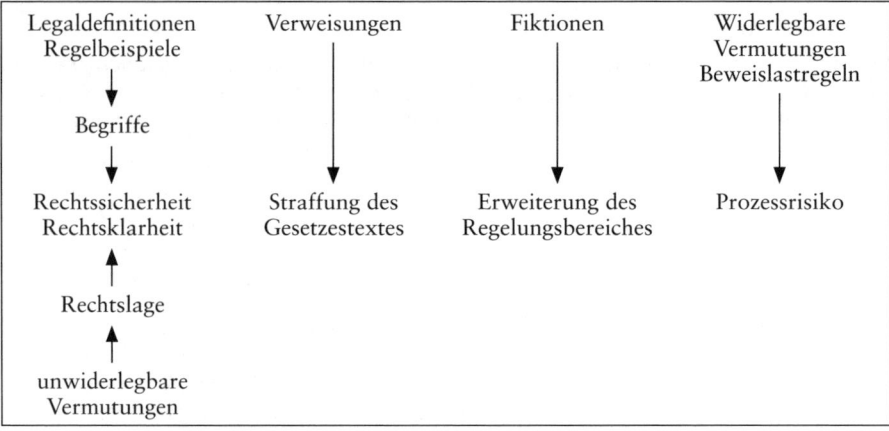

3. Entscheidungsprogramm

Anspruchsgrundlagen bzw. Ermächtigungsgrundlagen, Gegennormen und Hilfsnormen stehen nicht beliebig nebeneinander. Es besteht ein funktionales Zusammenspiel zwischen diesen Rechtsnormen. Diesen kommen spezielle Funktionen bei der Rechtsfindung zu. Nur wenn diese Funktionen beachtet werden, kann die Rechtsfindung Schritt für Schritt vorangetrieben werden.

Geht es darum, ob jemand einen Anspruch hat oder einer Behörde eine Ermächtigung zum Eingreifen zusteht, ist das Augenmerk auf eine Anspruchs- oder Ermächtigungsgrundlage zu richten. Ohne Anspruchsgrundlage kann von niemandem etwas rechtlich durchsetzbar verlangt werden. Fehlt es an einer Anspruchsgrundlage befinden wir uns im außerrechtlichen Bereich des bloßen Wünschens. Ohne Ermächtigungsgrundlage hat eine Behörde keine Befugnis, die Rechtskreise Dritter zu beschneiden. Anspruchs- und Ermächtigungsgrundlagen beinhalten ein Konditionalprogramm. Fehlt eine der Tatbestandsvoraussetzungen, können sie nicht zur Anwendung kommen.

> Wenn eine Anspruchsgrundlage greift → Dann kann ein Anspruch bestehen
> Wenn eine Ermächtigungsgrundlage greift → Dann kann ein Eingriff erfolgen

Bei Anspruchs- und Ermächtigungsgrundlagen handelt es sich um Grundtatbestände, die im Einzelfall noch der Ergänzung und Ausfüllung durch Hilfsnormen bedürfen.

> § 823 Abs. 1 BGB   +   § 227 BGB Hilfsnorm Rechtswidrigkeit
> Anspruchsgrundlage   § 827 BGB Hilfsnorm Deliktsfähigkeit
>   §§ 249 ff. BGB Hilfsnormen Schadensersatzleistung

3. Entscheidungsprogramm

Einer Anspruchs- bzw. einer Ermächtigungsgrundlage kann gleichwohl die Wirkung fehlen, wenn ihr eine Gegennorm entgegensteht.

> § 823 Abs. 1 BGB + § 362 BGB Gegennorm Erfüllung
> § 823 Abs. 1 BGB + § 214 BGB Gegennorm Verjährung

Aber auch Gegennormen sind nicht ohne Weiteres aus sich heraus verständlich. Sie müssen ebenfalls erläutert, ausgefüllt und durch Hilfsnormen ergänzt werden.

> § 823 Abs. 1 BGB + § 214 BGB + § 195 BGB Hilfsnorm Verjährungsfrist
> Gegennorm § 199 BGB Beginn der Verjährung
> Verjährung § 203 BGB Hemmung der Verjährung

Bei jeder Rechtsfrage, bei jedem Anspruch, bei jedem Behördeneingreifen ist dieses Entscheidungsprogramm passgenau zusammenzustellen. Die Erarbeitung und Zusammenstellung dieses Entscheidungsprogramms ist abhängig vom jeweils zugrundeliegenden Sachverhalt und ändert sich von Sachverhalt zu Sachverhalt. Die Erarbeitung muss schrittweise erfolgen. Nur wenn eine bestimmte Anspruchs- oder Ermächtigungsgrundlage zu prüfen ist, kann festgestellt werden, welche Hilfsnormen in deren Zusammenhang bedeutsam sein können, um Tatbestandsmerkmal für Tatbestandsmerkmal zu erarbeiten. Erst wenn die Anspruchs- bzw. Ermächtigungsgrundlage eingreift, kommt es darauf an, ob und welche Gegennormen entgegenstehen. Bei jeder Gegennorm sind sodann die dazugehörenden Hilfsnormen abzuprüfen.

- Ist ein Nacherfüllungsanspruch aus §§ 439 Abs. 1, 437 Nr. 1 BGB zu prüfen, bedarf es der Klärung, ob ein Kaufvertrag wirksam abgeschlossen wurde. Für den Vertragsabschluss sind die Hilfsnormen der §§ 145 ff., 164 ff. BGB heranzuziehen. Ist der Käufer minderjährig sind die §§ 106 ff. BGB bedeutsam für die Frage des wirksamen Vertragsabschlusses. § 828 BGB ist nicht einschlägig, da dieser nur im Rahmen deliktischer Anspruchsgrundlagen anzuwenden ist. Die Gegennorm des § 254 BGB über Mitverschulden steht dem Nacherfüllungsanspruch nicht entgegen. Die §§ 249 ff. und damit § 254 BGB beziehen sich nur auf Schadensersatzansprüche.
- Will eine Behörde eine Gewerbeuntersagung nach § 35 Abs. 1 GewO erlassen, sind die Hilfsnormen zur Zuständigkeit zu beachten und die §§ 35 ff. VwVfG als – ausfüllende Hilfsnormen – zur Frage, was bei Erlass der Untersagungsverfügung zu beachten ist, heranzuziehen. Hat der Betroffene Widerspruch eingelegt, kann die aufschiebende Wirkung des § 80 Abs. 1 VwGO als Gegennorm bedeutsam werden. Dies ist anhand der Hilfsnormen über das Widerspruchsverfahren nach §§ 68 ff. VwGO zu klären.
- Soll eine Bestrafung wegen Nötigung nach § 240 Abs. 1 StGB erfolgen, sind für die Prüfung der Rechtswidrigkeit Hilfsnormen wie § 32 StGB heranzuziehen. Als Gegennorm kann die Verjährungsvorschrift des § 78 StGB relevant sein. Für die Frage, wann die Verjährung zu laufen beginnt, ist die Hilfsnorm des § 78a StGB bedeutsam.

Schon kleine Änderungen des Sachverhalts führen dazu, dass das Entscheidungsprogramm neu zusammengestellt werden muss.

VI. Techniken der Rechtssetzung

- Hat der Täter der Nötigungshandlung diese nur fahrlässig begangen, dann schließt die einschränkende Hilfsnorm des § 15 StGB den Tatbestand der Nötigung aus. Fahrlässigkeit genügt nicht als Verschulden bei § 240 StGB. Auf die Verjährung kommt es nicht mehr an.

Das Entscheidungsprogramm

Anspruchsgrundlagen Ermächtigungsgrundlagen	Gegennormen

Ergänzung durch Hilfsnormen

Dies zeigt, dass Rechtsvorschriften nicht isoliert nebeneinanderstehen, sondern zwischen ihnen ein Zusammenhang, eine Sinneinheit besteht. Das Gesetz stellt sich als Baukasten dar, aus dem von Fall zu Fall das passende Entscheidungsprogramm zusammenzufügen ist. Die Schwierigkeit besteht darin, den Zusammenhang der Normen zu erkennen. Die Schwierigkeit wird aufgrund des Umstandes erhöht, dass die einzelnen Elemente des Entscheidungsprogrammes an den unterschiedlichsten Stellen des Gesetzes und manchmal gar in verschiedenen Gesetzen stehen – scheinbar wahllos verteilt. Im folgenden Abschnitt soll gezeigt werden, dass hinter der jeweiligen Platzierung im Gesetz oftmals ein System steht. Wer dieses System kennt, erleichtert sich das Auffinden der einschlägigen Normen.

4. Allgemeine und spezielle Vorschriften

Zur Gesetzgebungstechnik zählt die Gliederung der Gesetze in Allgemeine Teile und Besondere Teile. Zahlreiche Gesetzeswerke haben zu Beginn einen Allgemeinen Teil wie §§ 1 ff. BImSchG, §§ 1 ff. BGB, §§ 1 ff. StGB. Dieser Allgemeine Teil beinhaltet Vorschriften, die für alle Gebiete des Gesetzeswerks gleichermaßen von Bedeutung sind.

- § 1 BGB beginnt mit der Rechtsfähigkeit der natürlichen Person. Die natürlichen Personen sind Träger von Rechten und Pflichten in allen Gebieten des BGB, sei es im Kaufrecht, im Sachenrecht, im Familienrecht oder im Erbrecht. Aus Gründen der Straffung des Gesetzestextes wurde die Definition der Rechtsfähigkeit der natürlichen Person in § 1 BGB vorangestellt, um diese Regelung nicht in allen Abschnitten des BGB wiederholen zu müssen.

Nun gibt es aber auch Bereiche, in denen die Rechtsfähigkeit erweitert wurde. Die Sondervorschrift des § 1923 Abs. 2 BGB erstreckt die Erbfähigkeit auf das ungeborene Leben.

Diese Sonderregelungen gehen den Vorschriften des Allgemeinen Teils vor. Es gilt der Grundsatz:

> Sonderregeln verdrängen die allgemeinen Regeln

Dieser Gesetzesaufbau hat neben den Vorteilen
- Straffung des Gesetzestextes
- Vermeidung von Wiederholungen

4. Allgemeine und spezielle Vorschriften

den Nachteil, dass Verständlichkeit und Übersichtlichkeit leiden.

Hat der Gesetzgeber in Gesetzeswerken wie dem BauGB und dem BGB einen Allgemeinen Teil den Besonderen Teilen vorangestellt, so gibt es Gesetzeswerke, die als Allgemeiner Teil anderen Gesetzeswerken vorangestellt wurden.
- Das VwVfG beinhaltet die allgemeinen Verfahrensregeln für die Verwaltungstätigkeit der Bundesbehörden, unabhängig davon in welcher Funktion sie tätig werden. Die Regelungen des VwVfG kommen solange zur Anwendung, als nicht die jeweiligen Fachgesetze Sonderregeln enthalten. § 1 Abs. 1, 2. HS. VwVfG hebt den Grundsatz, dass Sonderregeln die allgemeinen Vorschriften verdrängen, ausdrücklich hervor.

> Aufbauprinzip Allgemeiner Teil – Besonderer Teil

Im Allgemeinen Teil finden sich vorwiegend Hilfsnormen, deren Bedeutung erst im Zusammenhang mit den Normen des Besonderen Teils relevant wird, auf die sie sich beziehen.
- Die Legaldefinition des § 90 BGB Sachen wird erst in Zusammenhang mit § 433 BGB *Kauf von Sachen* oder §§ 929 ff. BGB *Eigentumserwerb an Sachen* bedeutsam.
- §§ 32 StGB *Notwehr*, 15 OWiG *Notwehr* erlangen erst im Zusammenspiel mit den jeweiligen Straf- und Ordnungswidrigkeitentatbeständen im Besonderen Teil Relevanz.

Deshalb findet man im Allgemeinen Teil nur wenige Anspruchsgrundlagen und Gegennormen. Diese sind vorwiegend im Besonderen Teil anzutreffen.

Auch innerhalb einzelner Regelungskomplexe hat der Gesetzgeber oftmals allgemeine Regelungen vorangestellt, die in nachfolgenden Sondervorschriften wieder durchbrochen werden.
- Art. 14 Abs. 1 GG postuliert die Eigentumsgarantie. Art. 14 Abs. 2 GG beschränkt das Eigentum durch die Sozialbindung und Art. 14 Abs. 3 GG lässt die Enteignung zu.

Nicht umsonst heißt es *Keine Regel ohne Ausnahme*. Bei der Rechtsanwendung findet sich vorangestellt im Gesetz zumeist die allgemeine Regel. Gleichwohl muss sodann geschaut werden, ob nicht eine Sonderregelung einschlägig ist. Gibt es keine Sonderregelung, kann es bei der allgemeinen Regel verbleiben.

> Die allgemeinen Regeln kommen zur Anwendung, wenn keine Sondervorschriften anzutreffen sind.

Werden im Besonderen Teil keine einschlägigen Regelungen angetroffen, darf die Bearbeitung nicht schon enden. Es sind nun die Regelungen im Allgemeinen Teil heranzuziehen, die eine Lösung bieten können.
- Die §§ 433 ff. BGB *Kaufvertrag* – Schuldrecht Besonderer Teil – enthalten keine Regeln, was bei Zahlungsverzug des Käufers zu gelten hat. Es ist auf §§ 280 ff. BGB *Schadensersatz wegen Pflichtverletzung* im Schuldrecht Allgemeiner Teil zurückzugreifen.

VII. Die Rechtsfindung

Dem Rechtsanwender stellt sich die Frage, wie ein Lebenssachverhalt rechtlich zu bewerten ist, welche Ansprüche aus dem Lebenssachverhalt der Einzelne für sich herleiten kann oder mit welchen Maßnahmen die zuständige Behörde auf einen Lebenssachverhalt reagieren kann.

Ein Lebenssachverhalt kann auf verschiedenen Ebenen des Rechts Reaktionen auslösen. Verprügelt ein Gastwirt seine Gäste, kann dies

- Schadensersatzansprüche nach BGB,
- Unterbindung der konkreten Störung der öffentlichen Sicherheit und Ordnung nach PolG,
- Entzug der Gaststättenerlaubnis nach GastG oder
- Strafverfolgung nach StGB

nach sich ziehen.

Die Voraussetzungen dieser rechtlichen Reaktionsmöglichkeiten sind unterschiedlich geregelt und – zumeist – voneinander unabhängig. Deshalb muss schrittweise vorgegangen werden. Zuerst ist zu fragen, *wer will was von wem*. Will nur ein geschädigter Gast Schadensersatz vom Gastwirt, kann die weitere Untersuchung auf die Geltendmachung zivilrechtlicher Schadensersatzansprüche des Gastes gegen den Gastwirt beschränkt werden. Es ist im Zivilrecht nach einer Anspruchsgrundlage zu suchen. Soll hingegen die Gaststättenerlaubnis entzogen werden, um ähnliche Vorkommnisse in der Zukunft zu vermeiden, muss gefragt werden, welche Ermächtigungsgrundlagen welcher Behörde zur Verfügung stehen. Soll der Gastwirt wegen seines Verhaltens strafrechtlich belangt werden, bedarf es eines Straftatbestandes.

Mit der Fragestellung

> wer – was – von wem

erfolgt eine erste Weichenstellung.

Sollen Schadensersatzansprüche des geschädigten Gastes geprüft werden, muss in einem zweiten Schritt eine Anspruchsgrundlage gesucht werden. Im Zivilrecht gilt der Grundsatz:

> Die Geltendmachung von Ansprüchen ist an das Vorliegen einer Anspruchsgrundlage geknüpft.

1. Subsumtion

In Betracht kommen Ansprüche aufgrund verschiedener Rechtsnormen wie §§ 823 Abs. 1, 823 Abs. 2, 826 BGB. Da diese Rechtsnormen unterschiedliche Tatbestandsmerkmale vorweisen, müssen auch diese Anspruchsgrundlagen schrittweise eine nach der anderen abgeprüft werden.

Soll hingegen geprüft werden, wie die Behörde ähnliche Übergriffe des Gastwirts auf seine Gäste in der Zukunft unterbinden kann, bedarf es einer Ermächtigungsgrundlage. Im öffentlichen Recht gilt der Grundsatz:

> Eine Behörde kann nur bei Vorliegen einer Ermächtigungsgrundlage belastende Maßnahmen gegen ein Individuum ergreifen.

Soll der Frage nachgegangen werden, ob der Gastwirt für sein Verhalten strafrechtlich belangt werden kann, bedarf es eines Straftatbestandes. Dasselbe gilt, wenn ihm eine Ordnungswidrigkeit angelastet wird.

> Nur bei Vorliegen eines Straftatbestandes oder eines Ordnungswidrigkeitentatbestandes kann eine Ahndung durch Gericht oder Behörde erfolgen.

Diese Weichenstellung beim Einstieg in die Falllösung wird als **4-W-Regel** bezeichnet. Sie lautet zusammengefasst

> **Wer** will – **was** – von **wem** – aufgrund welcher Anspruchs-/Ermächtigungsgrundlage oder aufgrund welchen Straftatbestand/Ordnungswidrigkeitentatbestand.

Anspruchsgrundlagen, Ermächtigungsgrundlagen, Straf- und Ordnugnswidrigkeitentatbestände werden auch Antwortnormen genannt.[64] Sie beantworten die Frage, ob von jemandem etwas verlangt werden darf.

1. Subsumtion

Es ist nun zu prüfen, ob der konkrete Lebenssachverhalt unter die einzelne Anspruchs- oder Ermächtigungsgrundlage fällt. Dieser Abgleich der zumeist abstrakt-generell formulierten Rechtsnorm mit dem konkreten-individuellen Lebenssachverhalt wird als Subsumtion bezeichnet.[65] Der Lebenssachverhalt muss alle Tatbestandsmerkmale der zu prüfenden Anspruchs- oder Ermächtigungsgrundlage erfüllen. Fehlt auch nur ein Tatbestandselement, kann die jeweilige Anspruchs- oder Ermächtigungsgrundlage nicht herangezogen werden.

Die Subsumtion erfolgt durch eine logische Aussageverknüpfung, dem sogenannten **juristischen Syllogismus**.[66] Ein Beispiel aus dem nicht-juristischen Bereich soll die Aussageverknüpfung erläutern:

---

64 Beaucamp/Treder S. 20 f.
65 Engisch S. 83 ff.; Gast Rdn. 60 Unterordnung des Besonderen unter das Allgemeine.
66 Joerden S. 336 ff.; Rüthers/Fischer/Birk Rdn. 186 ff., 677 ff.

VII. Die Rechtsfindung

(Allgemeiner) Obersatz:	*Alle Menschen* sind sterblich.
(Konkreter) Untersatz:	Sokrates ist ein *Mensch*.
Schlusssatz:	Sokrates ist sterblich.

Die beiden Aussagen im allgemeinen Obersatz und konkreten Untersatz weisen einen identischen Mittelbegriff *Mensch* auf. Werden Ober- und Untersatz über den gemeinsamen Mittelbegriff *Mensch* verknüpft, ergibt diese Aussageverknüpfung einen logischen Schlusssatz. Der Schlusssatz ist die Folgerung aus der Verknüpfung von Ober- und Untersatz. Beim Syllogismus handelt es sich um eine formal-logische Schlussfolgerung im Wege der Deduktion, dem Schluss vom Allgemeinen zum Besonderen.

Der Schlusssatz ist jedoch nur sachlich richtig, wenn der Obersatz und der Untersatz zutreffend sind. Sind diese nicht richtig, wird auch der Schlusssatz nicht richtig sein. Handelt es sich im konkreten Fall bei Sokrates um eine griechische Rebsorte, ist der Untersatz nicht richtig und der Schlusssatz ist nicht richtig. Die Feststellung der richtigen Ober- und Untersätze ist nicht Aufgabe der Logik, sondern der Erkenntnis- und der Wahrheitsforschung.

Die Folgerichtigkeit des Schlusssatzes setzt voraus, dass die Verknüpfung zwischen Ober- und Untersatz über identische Mittelbegriffe erfolgt. Gleichlautende Begriffe – wie *läuft* – sind nicht unbedingt identische Begriffe:

Obersatz:	Was *läuft* hat Beine.
Untersatz:	Die Verjährungsfrist *läuft*.
Schlusssatz:	Die Verjährungsfrist hat Beine.[67]

Der Schlusssatz ist falsch, weil die Aussageverknüpfung über gleichlautende aber nicht gleichbedeutende Begriffe erfolgt. Ober- und Untersatz werden aus Begriffen gebildet. Da Begriffe mehrdeutig sein können, muss dies berücksichtigt werden und bei der Aussageverknüpfung geprüft werden, ob im Ober- und Untersatz die Begriffe auch wirklich gleichbedeutend sind.

Das Prinzip der Aussageverknüpfung liegt der Rechtsanwendung zugrunde, wenn es darum geht zu prüfen, ob eine abstrakte Rechtsnorm auf einen konkreten Lebenssachverhalt zur Anwendung kommt und die von der Rechtsnorm vorgesehene Rechtsfolge auslöst. Die Rechtsnorm ist der abstrakte Obersatz. Der Lebenssachverhalt ist der konkrete Untersatz. Wird der Sachverhalt – als Untersatz – mit der Rechtsnorm – als Obersatz – verknüpft, ergibt dies eine Rechtsfolge – als Schlusssatz.

§ 985 BGB: (Obersatz)	Der Eigentümer kann vom Besitzer Herausgabe der *Sache* verlangen.
Sachverhalt (Untersatz):	Das Auto ist eine *Sache*
Rechtsfolge (Schlusssatz):	Der Eigentümer kann vom Besitzer die Herausgabe des Autos verlangen.

Die Verknüpfung von Ober- und Untersatz erfolgt über den gemeinsamen Mittelbegriff *Sache*.

---

67 Beispiel nach Schnapp S. 104.

1. Subsumtion

Diese Schlussfolgerung kann in einer verallgemeinerten Form folgendermaßen dargestellt werden:

T = R	für alle Fälle von T gilt R	(Obersatz)
S = T	S ist ein Fall von T	(Untersatz)
S = R	für S gilt R	(Schlusssatz = Rechtsfolge)[68]

Da Normen aus einer Mehrzahl von Tatbestandsmerkmalen bestehen, ist der Sachverhalt Schritt für Schritt mit jedem Tatbestandsmerkmal zu verknüpfen. Die Subsumtion vollzieht sich in mehreren hintereinander geschalteten Verknüpfungsvorgängen.[69]

Hat der Gastwirt dem friedlich schlafenden Gast B absichtlich mit der Faust ins Gesicht geschlagen und das Nasenbein zertrümmert, vollzieht sich die Subsumtion unter § 823 Abs. 1 BGB in folgenden Schritten:

wer	der Gastwirt
das Leben, den Körper, die Gesundheit, die Freiheit, das Eigentum oder ein sonstiges Recht	Nasenbein ist Körper
eines anderen	B
verletzt	schlagen ist (kausal adäquate) Verletzungshandlung
widerrechtlich	kein Rechtfertigungsgrund
vorsätzlich oder fahrlässig	Absicht ist Vorsatz

Erst wenn die Prüfung ergibt, dass **alle** von der Rechtsnorm vorausgesetzten Tatbestandsmerkmale vorliegen, ist die Rechtsfolge – *Ersatz des daraus entstandenen Schadens* – eröffnet. Erst die Subsumtion des Lebenssachverhalts unter den Tatbestand der Anspruchsgrundlage führt zur gewünschten Rechtsfolge. Auf keinen Fall darf aus dem Umstand, dass § 823 Abs. 1 BGB Schadensersatz als Rechtsfolge vorsieht und der Gast Schadensersatz wünscht, auch Schadensersatz gewährt werden.

> Der Tatbestand ist vor der Rechtsfolge zu prüfen

Auch wäre es unzutreffend §§ 249 ff. BGB als Anspruchsgrundlage zu prüfen. Die §§ 249 ff. BGB sind nur ausfüllende Rechtssätze – Hilfsnormen –, die auf der Rechtsfolgenseite die Schadensersatzleistung näher bestimmen, jedoch nichts zu den Voraussetzungen eines Schadensersatzanspruchs besagen.

Mit der Prüfung der Anspruchsgrundlage ist nicht schon jeder Fall abgeschlossen. Ein einmal entstandener Anspruch kann nämlich im Nachhinein erloschen oder seine Durchsetzung gehindert sein. Das Vorliegen von **Gegennormen** ist zu prüfen. Der Schadensersatzanspruch des Gastes kann bereits durch Erfüllung – § 362 BGB – erloschen sein oder der Gastwirt kann nach Ablauf der Verjährung gemäß § 214 BGB die Erfüllung des – fortbestehenden – Anspruchs verweigern.

---

68 Lodzig S. 21; Schnapp S. 111; Joerden S. 331.
69 Bringewat Rdn. 147 Mehraktigkeit der Subsumtion.

VII. Die Rechtsfindung

Der juristische Syllogismus verführt zu der Annahme, dass die Rechtsfindung ein logischer Vorgang sei und es nur eine einzige richtige Lösung geben könne. Die Logik hat ihren Stellenwert im Recht. Daneben erfordert die Rechtsfindung noch eine Vielzahl anderer Überlegungen, die mit Logik nichts zu tun haben, sondern bei denen Wertungen erforderlich sind.

Im Strafrecht kann die Subsumtion des Sachverhalts unter den Straftatbestand zu der Feststellung führen, dass der Täter den Straftatbestand verwirklicht hat und zu verurteilen ist. Ist die Strafbarkeit der Tat bejaht worden, ist in einem zweiten Schritt das Augenmerk auf die konkrete Strafe, das Strafmaß zu lenken. Anhand der Strafzumessungskriterien ist die konkrete Strafe festzusetzen. Für die Bestimmung des Strafrahmens gibt der Syllogismus keinen Anhaltspunkt her. Der Strafrahmen wird in erster Linie im Wege der Wertung der Persönlichkeit des Täters, der Schwere der Tat und ihren Folgen festgelegt.

Im öffentlichen Recht tritt ein ähnliches Phänomen bei Ermessensentscheidungen auf. § 25 Abs. 1 BImSchG besagt: *Kommt der Betreiber einer Anlage einer vollziehbaren behördlichen Anordnung ... nicht nach, so kann die zuständige Behörde den Betrieb der Anlage ganz oder teilweise bis zur Erfüllung der Anordnung untersagen.* Ergibt die Subsumtion, dass die Tatbestandsvoraussetzungen vorliegen, ist in einem zweiten Schritt zu klären, ob die Behörde eingreift. Das Gesetz räumt ihr mit der Formulierung *kann* Entschließungsermessen ein. Entscheidet sie sich für ein Einschreiten, dann hat sie in einem dritten Schritt – im ihr eingeräumten Auswahlermessen – zu prüfen, ob sie den Betrieb ganz oder teilweise einstellt. Diese Ermessenentscheidungen sind von Zweckmäßigkeitserwägungen geprägt.

Der Syllogismus trifft auf Schwierigkeiten, wenn in der Rechtsnorm als Obersatz unbestimmte Rechtsbegriffe verwendet werden wie beim Begriff der *Sittenwidrigkeit* in § 44 Abs. 2 Nr. 6 VwVfG und § 138 Abs. 1 BGB oder der *Beleidigung* in § 185 StGB. Bevor zum Syllogismus gegriffen werden kann, ist im Wege der Auslegung, der in der Rechtnorm genannte unbestimmte Begriff abzugrenzen.

2. Auslegung

Nicht immer passt der konkrete Lebenssachverhalt eindeutig unter die abstraktgenerell gefasste Rechtsnorm. Insbesondere soweit die Rechtsnorm unbestimmte Rechtsbegriffe oder gar Generalklauseln enthält, ergibt sich die Notwendigkeit, im Wege der Auslegung[70] den Umfang und Inhalt der verwendeten Rechtsbegriffe zu klären. Gesetze sind aus Worten zusammengesetzt. Worte lassen Bedeutungsspielräume offen und werden mit unterschiedlichem Sinn gebraucht.[71]

Die Notwendigkeit der Auslegung kann sich schon bei solch alltäglichen Lebenssachverhalten ergeben wie Haare schneiden. Stellt Haare schneiden eine Körperverletzung nach § 223 StGB und § 823 Abs. 1 BGB dar? Es bedarf der Auslegung des Begriffs Körper. Nur wenn im Wege der Auslegung geklärt ist, ob Haare schneiden eine Körperverletzung darstellt, kann der Syllogismus zur Anwendung

---

70 Auch Hermeneutik genannt; Rüthers/Fischer/Birk Rdn. 156 ff.
71 Engisch S. 131; Rüthers/Fischer/Birk Rdn. 684; Schwacke S. 82.

2. Auslegung

kommen und die Subsumtion durchgeführt werden. Diese Vorfrage muss geklärt werden. Die Auslegung hat vor Anwendung der Subsumtion und des Syllogismus zu erfolgen.[72]

> Die Auslegung ist Vorfrage zur Subsumtion eines Sachverhaltes unter eine Rechtsnorm.

Gesetze bedienen sich der Sprache, um ihre Aussage dem Leser und Rechtsanwender zu vermitteln. Die Sprache besteht nicht immer aus eindeutig abgegrenzten Begriffen, sondern aus flexiblen, nuancenreichen Ausdrücken, deren Bedeutung innerhalb einer bestimmten Bandbreite schwankt. Die verwendeten Begriffe können eine erhebliche Bandbreite aufweisen je nach Zusammenhang im Satz und im Sachzusammenhang. Das Verständnis von Begriffen ist zeitgebunden.
- § 211 Abs. 2 StGB Mörder ist, wer ... *aus niedrigen Beweggründen* ... einen Menschen tötet.
- § 44 Abs. 2 Nr. 6 VwVfG (... ist ein Verwaltungsakt nichtig,) *der gegen die guten Sitten verstößt.*
- Bei der Formulierung des Art. 13 GG *Unverletzlichkeit der Wohnung* wird deutlich, dass die einprägsame pathetische Kurzformel auf Kosten der juristischen Präzision geht und viele Zweifelsfragen aufwirft.[73]

Die Auslegung von Rechtsvorschriften darf nicht allein dem Rechtsgefühl überlassen werden. Das Rechtsstaatsprinzip und das Willkürverbot verbieten es, die Auslegung dem rechtsfreien Raum zu überlassen. Das Demokratieprinzip und das Gewaltenteilungsprinzip weisen die Gesetzgebung der Legislativen zu. Gerichte und Verwaltung sind nach Art. 20 Abs. 3 GG an Gesetz und Recht gebunden. Deshalb versteht es sich von selbst, dass die Auslegung am Gesetz und den Aussagen der Gesamtrechtsordnung zu orientieren ist und nicht im Belieben des Rechtsanwenders steht. Darum ist für die Auslegung regelmäßig kein Raum, wenn die Bedeutung eines Rechtsbegriffes durch eine Legaldefinition klar umrissen wird wie § 35 VwVfG *Verwaltungsakt*. Leider gelingt nicht bei allen Legaldefinitionen eine klare Abgrenzung wie § 1 HGB *Kaufmann* zeigt. Diese Legaldefinition wirft mehr Fragen auf, als sie löst. Obendrein hält sich der Gesetzgeber nicht immer an seine Legaldefinitionen.

Die Notwendigkeit der Auslegung ergibt sich nicht nur bei Gesetzen, sondern obendrein bei Willenserklärungen, Verträgen und Verwaltungsakten. Wie Gesetze bedienen sie sich der Sprache und leiden wie Gesetze an der Unzulänglichkeit der Sprache. Die bei der Gesetzesauslegung im Folgenden angestellten Überlegungen kommen hier entsprechend zur Anwendung.

Mit der Auslegung wird der Bedeutungsspielraum des jeweiligen Begriffs ausgeleuchtet. Die Auslegung kann bis zur äußersten Grenze des Wortsinns reichen. Wird diese äußerste Grenze des Wortsinns überschritten, wird die Ebene der Auslegung verlassen und der Rechtsanwender begibt sich auf die Ebene der Rechtsfortbildung.

---
72 Wank S. 14, 17.
73 BVerfGE 32 S. 54, 72.

VII. Die Rechtsfindung

In der Praxis wurden verschiedene Auslegungskriterien entwickelt. Als klassische Auslegungskriterien können

- die grammatische Auslegung,
- die systematische Auslegung,
- die historische Auslegung und
- die teleologische Auslegung

bezeichnet werden. Diese Auslegungskriterien sind reine Hilfsmittel zur Ausleuchtung des Wortsinns eines Rechtsbegriffs.[74]

Diese Auslegungskriterien kommen nebeneinander zur Anwendung. Keinem der Auslegungskriterien kommt ein absoluter Vorrang zu. Sie können im Einzelfall sogar zu unterschiedlichen Ergebnissen führen. Durch eine Wertung muss dann entschieden werden, welchem der verschiedenen Ergebnisse der Vorrang gebührt. Die Auslegung darf deshalb nicht abgebrochen werden, wenn sich verschiedene denkbare Auslegungsergebnisse abzeichnen. Die Auslegung ist dann erst recht und noch intensiver nach den einzelnen Auslegungskriterien voranzutreiben, um möglichst viele Argumente für die verschiedenen denkbaren Auslegungsergebnisse zu gewinnen. Diese Argumente sind in einem letzten Akt der Auslegung einander gegenüberzustellen und zu gewichten, um schließlich einer Auslegungsalternative den Vorzug zu geben.

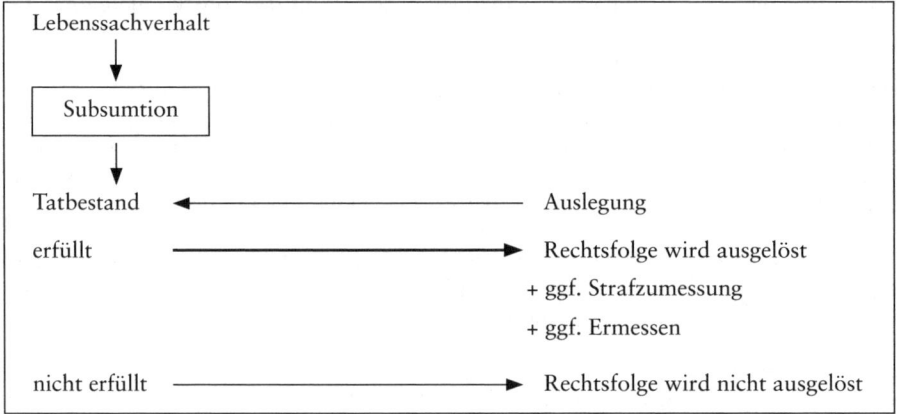

2.1 Grammatische Auslegung

Die grammatische[75] Auslegung versucht den Bedeutungsinhalt aus der sprachlichen Fassung der verwendeten Begriffe selbst zu ermitteln. Sie beschreibt den Weg vom vorgefunden Wortlaut zum darin enthaltenen Wortsinn. Der Wortlaut ist Gegenstand der Auslegung. Der Wortsinn ist Ziel der Auslegung. Gesetze

---

74 Kritisch Gast Rdn. 703 ff.; Martens S. 504; Kudlich JR 2011, S. 146, 150 zur Bestimmung der Wortlautgrenze.
75 Auch grammatikalische, wörtliche, semantische oder hermeneutische Auslegung sowie Wort-, Text-, Sprachinterpretation genannt.

2. Auslegung

werden aus Worten gebildet. Der Gesetzgeber bedient sich der Sprache, weil er sich an Menschen als Adressaten wendet. Er wünscht sich, vom Adressaten verstanden zu werden. Nur wer ein Gesetz versteht, kann sich danach richten, seine Handlungen und Entscheidungen daran orientieren. Die Ordnungsfunktion des Rechts kann nur zur Wirkung gelangen, wenn die Adressaten die Norm verstehen können. Deshalb fragt die grammatische Auslegung

- nach dem **allgemeinen Sprachgebrauch** z.B. Waffe i.S. des § 113 Abs. 2 Satz 2 Nr. 1 StGB. Der allgemeine Sprachgebrauch bezeichnet danach Gegenstände als Waffen, wenn ihre primäre Zweckbestimmung darin liegt, im Wege des Angriffs oder der Verteidigung zur Bekämpfung anderer eingesetzt zu werden. Die bloße Möglichkeit, einen Gegenstand zweckentfremdet zur Bekämpfung von Zielen zu verwenden, genügt zur Begründung der Waffeneigenschaft danach nicht.[76]
- nach der **Fachterminologie** von technischen oder wirtschaftswissenschaftlichen Fachbegriffen in Fachgesetzen z.B. Geräuschbegriff i.S.d. § 3 Abs. 2 BImSchG;
- nach dem **speziellen juristischen Sprachgebrauch** ist beispielsweise der Kfz-Verleiher der Alltagssprache im juristischen Sprachgebrauch ein Kfz-Vermieter i.S.d. § 535 BGB, da ein Entgelt für die Überlassung geschuldet wird.

Ein Blick in Wörterbücher und Nachschlagewerke kann eine erste Hilfe bei der grammatischen Auslegung eines Begriffes geben.[77] Hierbei tritt das Phänomen auf, dass selbst in Wörterbüchern kein einheitlicher Sprachgebrauch anzutreffen ist. Werden Begriffe im alltäglichen Sprachgebrauch und im juristischen Sprachgebrauch unterschiedlich verwendet, gilt der Grundsatz

> Der spezielle Sprachgebrauch hat Vorrang vor dem allgemeinen Sprachgebrauch.

Die Auslegung nach dem speziellen juristischen Sprachgebrauch genießt hierbei den Vorrang. Der Gesetzgeber bedient sich der juristischen Fachsprache, um Begriffen schärfere Grenzen zu geben, als es die Umgangssprache tut. Begriffen wird eine eigene rechtstechnische Bedeutung zugeschrieben. Das Recht spricht seine eigene Sprache.[78] Die grammatische Auslegung setzt bereits bei alltäglich anmutenden Begriffen eine rechtstechnische Begriffsanalyse voraus.

- Da selbst ein so eindeutig anmutender Begriff wie der der *Nachtzeit* in § 758a Abs. 4 Satz 1 ZPO *Vollstreckung zur Unzeit* bei näherer Betrachtung eine Vielzahl unterschiedlicher Auslegungsmöglichkeiten eröffnet, greift das Gesetz zum rechtstechnischen Mittel der Legaldefinition: *Nachtzeit umfasst die Stunden von 21 bis 6 Uhr.*

Die Vielzahl der im Recht anzutreffenden Legaldefinitionen legt ein beredtes Beispiel dafür ab, dass das Gesetz seine eigene Sprache spricht, die sich von der Umgangssprache abhebt. Legaldefinitionen sind ein Element des speziellen juristischen Sprachgebrauchs.

---

76 BVerfGE NJW 2009 S. 3627 f.
77 BVerfGE NJW 2009 S. 3627 f.; BAG NZA 2009 S. 945, 949; BGH NJW 1994 S. 332 f. zu § 239b StGB; kritisch Gast Rdn. 295.
78 Bydlinski S. 27; Engisch S. 139; Larenz-Canaris S. 141 ff.; Wank S. 63.

VII. Die Rechtsfindung

Aber auch Legaldefinitionen stoßen schnell an ihre Grenzen, wenn sich der Gesetzgeber im selben Gesetz nicht konsequent daranhält:
- § 183 BGB: Die vorherige Zustimmung (Einwilligung)...
- § 184 Abs. 1 BGB: Die nachträgliche Zustimmung (Genehmigung)...
- Diese eindeutige Umschreibung wird an anderer Stelle wieder verlassen.
  § 1829 Abs. 1 BGB: *Schließt der Vormund einen Vertrag ohne die erforderliche Genehmigung des Vormundschaftsgerichts ab, so hängt die Wirksamkeit des Vertrages von der nachträglichen Genehmigung ... ab.*

In einer nach Sachgebieten gegliederten Rechtsordnung kann Rechtsbegriffen nicht unbedingt eine identische Bedeutung beigemessen werden. Es ist von einer

> Relativität der Begriffe

auszugehen. Die Relativität der Begriffe beruht auf der Feststellung, dass der Gesetzgeber ein und denselben Begriff in verschiedenen Zusammenhängen verwendet und dem Begriff je nach Zusammenhang eine unterschiedliche Bedeutung zukommt.
- Der Begriff der *Fahrlässigkeit* wird im Zivilrecht und im Strafrecht unterschiedlich interpretiert. Im Zivilrecht gilt der objektive Fahrlässigkeitsbegriff nach § 276 Abs. 2 BGB und im Strafrecht der subjektive Fahrlässigkeitsbegriff. Dieser Unterschied rührt daher, dass es im Strafrecht auf die persönliche Vorwerfbarkeit ankommt, während das Zivilrecht einen angemessenen Schadensausgleich und den Schutz der betroffenen Verkehrskreise vor Augen hat.
- Die Relativität der Begriffe wird deutlich beim Begriff der *Nachtzeit*. Der Gesetzgeber definiert diesen Begriff in § 19 Abs. 1 Nr. 4 BJagdG in Anlehnung an Sonnenauf- und -untergang und in §§ 104 StPO, 758a ZPO nach exakter Uhrzeit.
- Steuerrechtliche Normen knüpfen oftmals an andere Rechtsgebiete an, soweit es um steuerlich erhebliche Vorgänge aus diesen ankommt. Dabei verwendet das Steuerrecht Begriffe, die dem jeweiligen Rechtsgebiet entlehnt sind. Es ist durch Auslegung zu ermitteln, ob das Steuerrecht der Begrifflichkeit des jeweiligen Rechtsgebietes wie Gewerberecht, Sozialrecht, Zivilrecht folgt oder dem entlehnten Begriff eine eigenständige steuerrechtliche Bedeutung zukommt.[79]
- Der Eigentumsbegriff des Art. 14 GG ist weiter als der im BGB verwendete Eigentumsbegriff, der nach der Legaldefinition des § 903 BGB nur das Eigentum an Sachen erfasst.

Bei gleichlautenden Begriffen in verschiedenen Rechtsgebieten besteht deshalb weder eine Vermutung für ein übereinstimmendes noch für ein abweichendes Begriffsverständnis. Die Rechtsprechung hat dieses Phänomen auf die Formel gebracht:[80]

---

[79] BGH NJW 1992 S. 1219, 1220.
[80] BGHZ 46 S. 74, 77; Wank S. 47 f.; Bleckmann JuS 2002 S. 942, 944 ordnet dies der systematischen Auslegung zu.

2. Auslegung

> Es besteht eine Vermutung für eine Sinn-Identität der in einem Gesetz vorkommenden gleichlautenden Begriffe.
> Gleichlautenden Begriffen in verschiedenen Gesetzen kann eine unterschiedliche Bedeutung zukommen.

Die Vermutung für eine Sinn-Identität von mehrfach verwendeten, gleichlautenden Begriffen in einem Gesetz darf nicht außer Acht lassen, dass eine misslungene Gesetzesfassung, Sprachirrtümer oder eine fehlende innere oder äußere Gleichförmigkeit eines Gesetzeswerkes diese angestrebte Sinn-Identität vereiteln können.

- Selbst ein so grundlegender Begriff wie der des *Gesetzes* wird in Art. 97 Abs. 1 GG und 100 Abs. 1 GG mit unterschiedlicher Bedeutung verwendet. Die konkrete Normenkontrolle durch das Bundesverfassungsgericht in Art. 100 Abs. 1 GG erfasst nur Gesetze im formellen Sinn. Hingegen sind die Gerichte nach Art. 97 Abs. 1 GG an alle materiellen und formellen Gesetze gebunden.

Die grammatische Auslegung kann bei Generalklauseln und unbestimmten Rechtsbegriffen zu keinen eindeutigen Ergebnissen führen. Hier vermag sie alleine die Grenze der weitesten Auslegung hin zur Rechtsfortbildung zu ziehen. Die grammatische Auslegung bestimmt die rechtsstaatlich und demokratisch gezogene Grenze der Rechtsnorm und damit die Grenze zwischen Auslegung und Rechtsfortbildung. Jeder Rechtsanwender muss sich den Wortlaut als Grenze zwischen Auslegung und Rechtsfortbildung vor Augen halten. Wird diese Grenze überschritten, wird Rechtsfortbildung betrieben. Für die Rechtsfortbildung gelten besondere, weitaus engere Grenzen als für die Auslegung.

2.2 Systematische Auslegung

Die systematische Auslegungsmethode sucht den Inhalt einer Rechtsnorm aus ihrem Zusammenhang im Gesetz oder im Rechtssystem zu ermitteln. Ausgangspunkt dieser Auslegungsmethode ist die Erkenntnis, dass die einzelne Norm Teil des Gesamtrechtssystems ist, ihren Platz in der Normenpyramide hat und in einem Wechselspiel mit anderen Normen steht.

> Die Systematische Auslegung knüpft an die Stellung eines Begriffs
> - im Rechtssatz,
> - im Gesetz und
> - in der Gesamtrechtsordnung an.

Die Kenntnis legislatorischer Arbeitstechniken, Aufbau- und Strukturgedanken in Gesetzen kann wichtige Aufschlüsse liefern. Hierzu zählen

- die wegweisende Bedeutung von Kapitel- und Abschnittsüberschriften; wenngleich Art. 1 Abs. 3 GG von der Bindung der nachfolgenden Grundrechte spricht, folgt aus der Stellung im Abschnitt mit der Überschrift *I. Die Grundrechte*, dass es sich bei Art. 1 GG selbst um ein Grundrecht handelt,

VII. Die Rechtsfindung

- die Voranstellung von allgemeinen Vorschriften zu Beginn eines Gesetzeswerkes oder einzelner Kapitel, die von besonderen Vorschriften mit erweiterndem Charakter oder von Ausnahmevorschriften gefolgt werden,
- die Voranstellung einer allgemeinen Regel in einer Norm im ersten Absatz, die in den folgenden Absätzen konkretisiert, eingeschränkt oder erweitert wird,
- die Regel-Ausnahme-Technik des Gesetzgebers.[81]

Die systematische Auslegung ist die konsequente Fortführung der bei der grammatischen Auslegung gewonnenen Erkenntnis, dass der Gesetzgeber ein und denselben Begriff in verschiedenen Zusammenhängen verwendet und dem Begriff je nach Zusammenhang eine unterschiedliche Bedeutung zukommt. Ein Anhaltspunkt für die Auslegung eines Begriffs kann die **äußere Systematik**, die Stellung im Gesetz bieten. Die Bedeutung eines Begriffs kann sich aus seiner Einbettung zwischen anderen Begriffen einer Rechtsnorm oder eines Gesetzes erhellen:

- § 823 Abs. 1 BGB *Wer ... das Leben, den Körper, die Gesundheit, die Freiheit, das Eigentum oder ein sonstiges Recht ...* nennt das unbestimmte sonstige Recht im Anschluss an die Aufzählung absoluter Rechte. Folglich bezieht das sonstige Recht andere unbenannte absolute Rechte wie das Persönlichkeitsrecht in den Schutzbereich der Norm ein. Hingegen zählen relative Rechte nicht zu den *sonstigen Rechten.*
- § 85 Abs. 2 ZPO *Verschulden des Prozessbevollmächtigten* wurde vom Gesetzgeber als allgemeine Vorschrift vor die Klammer gezogen und gilt für alle Prozesshandlungen des Prozessbevollmächtigten, soweit keine Sondervorschriften eingreifen.[82]
- § 68 VwGO *Vorverfahren* gilt nur für die Anfechtungs- und Verpflichtungsklage und nicht für die allgemeine Leistungsklage, da die Vorschrift im Abschnitt *Besondere Vorschriften für Anfechtungs- und Verpflichtungsklagen* steht.
- § 51 Abs. 1 Nr. 1 VwVfG sieht das Wiederaufgreifen des Verfahrens bei geänderter Rechtslage vor. Hier erhob sich die Frage, ob mit geänderter Rechtslage die Änderung nur von Rechtsvorschriften oder auch der Rechtsprechung gemeint ist. Da § 49 Abs. 2 Nr. 4 VwVfG den Widerruf von Verwaltungsakten explizit auf die Veränderung von Vorschriften beschränkt, gilt diese Eingrenzung auch für das Wiederaufgreifen nach § 51 Abs. 1 Nr. 1 VwVfG.
- Eine Besorgnis der Befangenheit i. S. v. § 19 BVerfGG kann nicht schon aus den Gründen hergeleitet werden, die nach § 18 Abs. 2 und Abs. 3 BVerfGG einen Ausschluss gerade nicht rechtfertigen. Es muss etwas Zusätzliches hinzukommen.[83]

Die Aussagekraft der äußeren Systematik darf nicht überschätzt werden. Der Gesetzgeber hat seine Einteilung und Gliederung nicht streng eingehalten.

- § 12 BGB regelt das Namensrecht bei den natürlichen Personen. Es gilt nach allgemeiner Ansicht obendrein für juristische Personen des privaten und des öffentlichen Rechts.[84]
- § 967 BGB sieht vor, dass die Fundbehörde vom Finder die Ablieferung der Fundsache verlangen kann. Trotz Regelung im BGB handelt es sich um einen Verwaltungsakt und nicht um eine Willenserklärung im Sinne des BGB.

---

81 BVerfGE 62 S. 1, 44 normativer Zusammenhang.
82 BAG NJW 2009 S. 2841, 2842.
83 BVerfGE 82 S. 30, 38.
84 BGHZ 124 S. 173, 178 f.

2. Auslegung

Das Gesetz ist von seiner äußeren Systematik abgewichen und hat mit Rücksicht auf die sachliche Zusammengehörigkeit der Regelung über die privatrechtliche Beziehung zwischen Finder und Verlierer die Regelungen über die Fundbehörde angeschlossen. Dies folgt einem praktischen Bedürfnis, sachlich zusammengehörige Rechtsfragen in einem Gesetz und nebeneinander zu regeln. Dieses Vorgehen erleichtert das Auffinden der einzelnen Rechtsnormen und verhindert eine Zersplitterung sachlich zusammengehöriger Normkomplexe. Es erlaubt, ohne umständliches Wandern von einem Gesetzeswerk zum anderen, die Rechtslage umfassend darzustellen.

> Der Gesetzgeber hält die äußere Systematik nicht immer ein.

Neben der äußeren Systematik hinterfragt die systematische Auslegung obendrein die **innere Systematik**. Jede Norm hat ihren Platz im Gesamtrechtssystem und damit innerhalb der Normenpyramide. Innerhalb der Normenpyramide darf niederrangiges Recht höherrangigem Recht nicht widersprechen. Hieraus wurde die Auslegungsregel der **verfassungskonformen Auslegung** abgeleitet.[85] Hiernach wirkt die objektive Werteordnung des Grundgesetzes in alle Bereiche des Rechts und beansprucht dort Gültigkeit. Von mehreren Auslegungsmöglichkeiten ist die zu wählen, die den Wertentscheidungen des Grundgesetzes am meisten entspricht und diese Wertentscheidung optimal fördert.

- §§ 765 ff., 242, 138 BGB: Bürgschaftsverpflichtungen bedürfen der Inhaltskontrolle anhand §§ 138, 242 BGB. Der in Art. 2 GG verfassungsrechtlich verankerte Grundsatz der allgemeinen Vertragsfreiheit kann bei Bürgschaften gestört sein aufgrund eines Verhandlungsungleichgewichts und der Unerfahrenheit einer Seite, die des Schutzes bedarf.[86]

Gerade Generalklauseln wie §§ 242, 138 BGB sind Einfallstore für verfassungsrechtliche Wertentscheidungen im einfachen Recht. Einfaches Recht ist im Lichte des Verfassungsrechts auszulegen. Grundrechte wirken unmittelbar nur zwischen Staat und Bürger. Sie sind darüber hinaus Teil der objektiven Rechtsordnung und wirken in alle Rechtsgebiete hinein. Sie strahlen ins gesamte Rechtssystem aus. Der Verfassung kommt eine Ausstrahlwirkung zu.[87] Die Gerichte haben dieser Ausstrahlwirkung bei der Auslegung des einfachen Rechts Rechnung zu tragen.

- § 35 Abs. 2 BauGB: Stehen einem Bauvorhaben im Außenbereich keine öffentlichen Belange entgegen, besteht ein Genehmigungsanspruch aufgrund der verfassungsrechtlichen Eigentumsgarantie aus Art. 14 Abs. 1 GG.[88]
- § 48 VwVfG: Das der Behörde bei Rücknahme eines rechtswidrigen Verwaltungsaktes eingeräumte Ermessen, kann sich aufgrund des Gleichbehandlungsgebotes des Art. 3 GG zu einer Rechtspflicht zur Rücknahme verdichten.

---

85 Schwacke S. 94, 118 f.; Engisch S. 149; Schwintowski (2005) S. 71; Tettinger/Mann S. 135; Bydlinksi S. 54; Wank S. 59 ff. rangkonforme Auslegung; nach Müller/Christensen S. 100 und Butzer/Epping S. 38 eine eigenständige Auslegungsmethode.
86 BVerfGE 89 S. 214, 229 ff.
87 BVerfGE 34 S. 269, 280 – Soraya; BVerfGE 96 S. 375, 398.
88 BVerwGE 18 S. 247, 250 Ermessensreduzierung auf Null.

VII. Die Rechtsfindung

- § 223 StGB: Die Einwilligung eines Patienten in eine Operation lässt die Rechtswidrigkeit des Eingriffs aufgrund des Selbstbestimmungsrechts des Art. 2 Abs. 1GG entfallen, wie es seit 2013 in § 630d BGB erstmals geregelt ist.
- § 14 VersG: Die Anmeldefrist von 48 Stunden gilt mit Blick auf Art. 8 GG für Spontanversammlungen gar nicht und bei Eilversammlungen, soweit die Möglichkeit dazu besteht.[89]

Die verfassungskonforme Auslegung ist einerseits ein Auslegungskriterium und auf der anderen Seite ist sie Normkontrolle. Denn verfassungswidrige Normen sind nichtig.

Mit dem Stichwort verfassungskonforme Auslegung wird die Problematik etwas verkürzt. Es geht nämlich nicht nur um das Verhältnis zwischen einfachem Recht und Verfassungsrecht, sondern allgemein um das Verhältnis von niederrangigem zu höherrangigem Recht. Auf derselben Linie liegt die europarechts- und die völkerrechtskonforme Auslegung.[90]

Über die verfassungskonforme Auslegung hinaus wurde **der Grundsatz von der Einheit des Rechts**, der Widerspruchsfreiheit des Rechts entwickelt. Eine Norm muss sich in den rechtsethischen Zusammenhang einfügen, die Wertentscheidungen des Grundgesetzes, allgemeine Rechtsprinzipien und Rechtsgrundsätze wahren.[91] Der Grundsatz von der Einheit des Rechts, vom Recht als widerspruchsfreier Werteordnung hat Ausdruck in Art. 95 Abs. 3 GG gefunden. Der BGH hat dies anschaulich mit dem Satz umschrieben ...*die Zivilrechtsordnung kann nicht erlauben, was das Strafrecht verbietet.*[92]

Geht die systematische Auslegung davon aus, dass die Rechtsordnung ein sinnvoll abgestimmtes Gefüge sein soll, so können aus diesem Sinnzusammenhang Kriterien für die Auslegung des Rechts entnommen werden:

- §§ 843, 252 BGB: *Entgangener Gewinn* setzt eine finanzielle Einbuße voraus. Ein Ehegatte, der keiner Erwerbstätigkeit nachgeht sondern die unentgeltliche Hausarbeit unfallbedingt nicht verrichten kann, hat keinen finanziellen Nachteil. Da § 1360 BGB die Haushaltsführung durch einen Ehegatten der Erwerbstätigkeit des anderen gleichstellt, ist dem haushaltsführenden verletzten Ehegatten ein eigener Schadensersatzanspruch zu gewähren, obwohl er keinen finanziellen Schaden hat.
- § 70 Abs. 1 VwGO: Hat der Adressat den Widerspruch gegen einen Verwaltungsakt verspätet eingelegt, kann die Behörde eine Sachentscheidung über den Widerspruch treffen und muss diesen nicht als unzulässig zurückweisen. Da die Behörde im Rücknahmeverfahren nach § 48 VwVfG den bestandskräftigen Verwaltungsakt aufheben kann, kann sie ihn trotz Verspätung auch im Widerspruchsverfahren aufheben.

Bei der systematischen Auslegung im Lichte der Verfassung tritt häufig das Phänomen auf, dass Grundrechte und Verfassungsprinzipien einander widerstreiten.

---

89   BVerfGE 85 S. 69, 75 f.
90   BAG NZA 2009 S. 945, 950 f.; Schwintowski (2005) S. 75; Wank S. 63.; Rüthers/Fischer/Birk Rdn. 766.
91   Rüthers/Fischer/Birk Rdn. 774 ff.; Zippelius S. 43.
92   BGH NJW 2003 S. 1588, 1590.

2. Auslegung

So treffen bei der Presseberichterstattung über Personen der Schutz des Persönlichkeitsrechts aus Art. 1, 2 GG und die Pressefreiheit aus Art. 5 GG aufeinander. Es zählt zu den Aufgaben der Auslegung, der Interessen- und Güterabwägung, diese widerstreitenden Grundrechte in ein vernünftiges Verhältnis zueinander zu rücken, ein jedes optimal zu fördern.

Die systematische Auslegung beruht auf der Feststellung, dass sich um das Wort ein Satz, um den Satz der Text eines Paragraphen, um den Paragraphen das Gesetz, um das Gesetz die Rechtsordnung breitet.[93] So betrachtet handelt es sich bei der systematischen Auslegung um eine konsequente Fortsetzung der grammatischen Auslegung über die Norm hinaus.

Im Rahmen der systematischen Auslegung kann die Rechtsvergleichung gewichtige Anhaltspunkte liefern. Der Vergleich mit Rechtsnormen ausländischer Rechtsordnungen belegt, welches Rechtsverständnis dort zu bestimmten Fragestellungen herrscht, welche Lösungswege dort beschritten werden. Im Zuge zunehmender Internationalisierung des Rechts gewinnt dieser Aspekt immer mehr an Bedeutung. Dies gilt erst recht, soweit nationales Recht in Anlehnung an ausländisches Recht entwickelt wurde, dieses zum Vorbild hat.[94]

Eine systematisch vergleichende Auslegung kommt auch im nationalen Recht in Betracht. Hat der Gesetzgeber sich mit denselben Fragen und Problemen in anderen Gesetzen befasst, kann ein Blick in diese Gesetze bei der Auslegung hilfreiche Anhaltspunkte liefern. Die Regelungen in verschiedenen Landesgesetzen können herangezogen werden. Aufschlussreich kann ein Vergleich mit anderen gerichtlichen Verfahrensordnungen sein, da diese ähnliche Regelungsbereiche zum Gegenstand haben.[95]

2.3 Historische Auslegung

Die historische Auslegung knüpft an die Entstehungsgeschichte einer Rechtsnorm und den Gesetzesmaterialien zu den darin verwendeten Begriffen und den damit verbundenen Zielen an. Sie umfasst zwei Komponenten:

- den Willen des Gesetzgebers bei Erlass des Gesetzes sowie
- die Entstehungsgeschichte des Gesetzes.

Sie versucht festzustellen, was der Gesetzgeber mit einem Begriff erreichen wollte, welche Vorstellungen er mit den gebrauchten Begriffen und Wendungen verbunden hat. Sie fragt nach dem gesetzgeberischen Grund einer Regelung. Die Gesetzesmaterialien können zu diesen Fragen Auskunft geben. Dieser Aspekt der historischen Auslegung wird speziell als genetische Auslegung bezeichnet.[96] Daneben sind geschichtliche Entwicklungen des Rechtssatzes, die Rechtstradition zu berücksichtigen, die die Grundlage für die Gesetzesfassung der Norm

---

93 Gast Rdn. 783 ff.
94 Beaucamp/Treder S. 38; von Busse S. 53 ff. und Butzer/Epping S. 38 weisen der Rechtsvergleichung die Bedeutung eines fünften Auslegungskriteriums zu.
95 BVerfGE 10 S. 285, 291; BVerfGE 78 S. 331, 336 f.
96 BVerfGE 11 S. 130 ff. verwendet historische Auslegung als Oberbegriff; zum Unterschied zwischen genetischer und historischer Auslegung Müller/Christensen S. 369 ff.

VII. Die Rechtsfindung

bilden. Gesetze erwachsen aus einem historischen Kontinuum und müssen sich diesem Kontinuum in der Zukunft stellen. Wurde eine Norm in aufeinanderfolgenden Gesetzesfassungen unverändert übernommen, ist davon auszugehen, dass der Gesetzgeber das hierzu entwickelte Verständnis von Gerichten und Behörden akzeptiert hat. Diese Vermutung gilt nicht, wenn der Normtext eine Veränderung erfuhr.[97] Die historische Methode findet Anklang in Art. 33 Abs. 5 GG: *Das Recht des öffentlichen Dienstes ist unter Berücksichtigung der hergebrachten Grundsätze des Berufsbeamtentums zu regeln und fortzuentwickeln.*[98]

Die historische Methode stößt auf Bedenken[99], da es

- nicht den *einen* Gesetzgeber mit einem realen Willen gibt, sondern eine Vielzahl von Personen im Laufe des Gesetzgebungsverfahrens in unterschiedlichen Rollen beteiligt sind und in unterschiedlichem Maße Einfluss nehmen, ohne dass auf einen Kollektivwillen zurückgeschlossen werden kann,
- viele Gesetze Kompromisslösungen darstellen, deren Werdegang nicht in die amtliche Begründung Eingang gefunden hat,
- nicht auf die vergeistigten Vorstellungen des Gesetzgebers ankommt, sondern auf das ausformulierte und verabschiedete Gesetz,
- eine eher statische Methode ist, die kaum geeignet ist, dem Wandel im Rechtsleben und den Anforderungen der Gesellschaft Rechnung zu tragen.

Ihre Aussagekraft endet dort, wo dem Gesetz im Laufe der Zeit neue Lebenssachverhalte zuwachsen, die dem Gesetzgeber bei Erlass des Gesetzes noch fremd waren. Das Ziel der Gesetzesauslegung läuft Gefahr, statt der Auslegung der Norm eine Auslegung der Gesetzesmaterialien zu betreiben. Es stellt sich die Frage, worauf es unter den vielschichtigen Gesetzesmaterialien ankommen soll:

- Gesetzesentwürfe und Begründungen[100] oder
- herangezogene Gutachten und Stellungnahmen von Interessenverbänden oder
- Berichte und Protokolle der Parlamentsausschüsse[101] oder nur des Parlaments.

Es bleibt offen, wieweit Stellungnahmen von Interessenverbänden und Parlamentariern in allen Konsequenzen durchdacht waren und zur Grundlage der Entscheidung gemacht wurden. Nicht immer sind die genannten Gründe die wirklichen und entscheidenden Beweggründe. Deshalb führt das BVerfG aus: *Die Entstehungsgeschichte ... darf nicht ausschlaggebend sein, weil es nicht auf den Willen des Gesetzgebers, sondern auf den objektiven Willen des Gesetzes ankommt ... Das Gesetz kann eben klüger sein als die Väter des Gesetzes.*[102] Der historischen Auslegung kommt in der Rechtsprechung deshalb eher eine unterstützende Hilfsfunktion zu. Sie dient vorrangig dazu, die Richtigkeit einer nach anderen Auslegungsregeln ermittelten Auslegung zu bestätigen oder Zweifel zu beheben. Gerade bei älteren Gesetzen sind ihr Grenzen gesetzt. Hier hat oftmals die Realität die Vorstellungen des historischen Gesetzgebers überholt.

---

97 BVerfGE 2 S. 266, 282 f.; BVerfGE 53 S. 207, 216 f.; BVerfGE 78 S. 331, 336 f.; BGHZ 184 S. 117, 122.
98 BVerfGE 121 S. 205, 219 ff.; BVerfGE 119, 247, 260 ff.; BVerfGE 117 S. 330, 344 ff.
99 Würdinger JuS 2016 S. 1, 5; Jacobi S. 241.
100 BVerfGE 105 S. 135, 177 f.; BAG NZA 2009 S. 945, 949.
101 BVerfG NJW 2008 S. 3627, 3629.
102 BVerfG DVBl 74 S. 420, 422; ebenso BGHZ 37 S. 58, 60 f.

2. Auslegung

Es darf jedoch nicht verkannt werden, dass die historische Auslegung gerade dann herangezogen wird und besondere Bedeutung erlangt, wenn nur aus ihr wesentliche Anhaltspunkte für die Auslegung einer Rechtsvorschrift entnommen werden können. Die historische Auslegung kann belegen, welche sozialen und wirtschaftlichen Verhältnisse, welche Reformbestrebungen und Ziele der Gesetzgeber vor Augen hatte, welcher Rechtszustand einer Änderung bedurfte.[103]

Obendrein vermögen die Gesetzesmaterialien bei jüngeren Gesetzen wichtige Aufschlüsse zu liefern: *Zumal bei zeitlich neuen und sachlich neuartigen Regelungen kommt den anhand des Gesetzgebungsverfahrens deutlich werdenden Regelungsabsichten des Gesetzgebers erhebliches Gewicht bei der Auslegung zu, sofern Wortlaut und Sinnzusammenhang der Norm Zweifel offen lassen. Über die erkennbare Regelungsabsicht darf die Auslegung nicht hinweggehen. Dies gilt allerdings nur für die in dieser Regelung erkennbar ausgeprägten und von ihr angelegten Grundentscheidungen, Wertsetzungen und Regelungszwecke.*[104] Der Wille des Gesetzgebers kann nach dieser **Andeutungstheorie** bei der Gesetzesauslegung folglich nur insoweit berücksichtigt werden, als er im Gesetz und insbesondere seinem objektiven Wortsinn einen hinreichend bestimmten Ausdruck gefunden hat.[105] Ansonsten hat sich das Gesetz mit seiner Verabschiedung von seinem Urheber getrennt. Es führt ein Eigenleben.

2.4 Teleologische Auslegung

Gesetze werden nicht um ihrer selbst erlassen. Die teleologische Auslegungsmethode fragt nach dem

> Sinn und Zweck einer Rechtsvorschrift.

Der Zweck einer Norm kann entweder dem Gesetz und seinen Grundaussagen selbst entnommen oder aus den Gesetzesmaterialien ermittelt werden. Bei manchen Gesetzen lässt sich ihr Sinn und Zweck aus vorangestellten Zielbestimmung, Präambeln wie § 1 BImSchG *Zweck des Gesetzes*, § 1 TzBfG *Zielsetzung*, § 1 SGB IX *Selbstbestimmung und Teilhabe am Leben in der Gesellschaft*, § 1 AGG *Ziel des Gesetzes* entnehmen. Neben solchen Normzwecken können obendrein höhere Zwecke wie Rechtssicherheit, Gerechtigkeit, Gleichbehandlung maßgeblich sein.[106] Die Gesetzesmaterialien benennen das Regelungsziel des historischen Gesetzgebers und sind das Bindeglied zur teleologischen Auslegung, die sich mit der Aufgabe der Norm im Heute befasst.

Es kommt nicht allein darauf an, welchen Sinn und Zweck der historische Gesetzgeber der Norm beigemessen hat. Jedes Gesetz ist ein Produkt seiner Zeit. *Die Zeit aber steht nicht still.*[107] Nach ihrem Erlass lernen Gesetze zu laufen. Sie müssen sich aktuellen Aufgaben stellen, sich den Fragen und dem kritischen

---

103 BVerfGE 62 S. 1, 45; BVerfG NJW 2017 S. 53, 59; BGHZ 46 S. 74, 80 m.w.N.; BGHZ 201 S. 45, 49.
104 BVerfGE 54 S. 277, 297; entsprechend BVerfGE 62 S. 1, 45.
105 BVerfGE 88 S. 203, 306.
106 BAG NZA 2009 S. 945, 951; Schwacke S. 80.
107 Larenz/Canaris S. 171.

VII. Die Rechtsfindung

Blick der Rechtsanwender stellen. Im Laufe der Zeit kann sich der Aufgabenbereich einer Norm oder eines Gesetzeswerkes verändern. Es können neue Aufgaben hinzukommen. Das Gesetz muss diesen neuen Aufgaben gerecht werden. Seine Bedeutung liegt in der Gegenwart. Normen stehen in einem Umfeld sozialer Verhältnisse und gesellschaftspolitischer Anschauungen, mit deren Wandel sich der Norminhalt verändern kann. Deshalb muss die teleologische Auslegung danach fragen, welcher Sinn und Zweck dem Gesetz heute beizumessen ist. Entgegen der historischen Auslegung, die statisch angelegt ist, ist die teleologische Methode dynamisch angelegt. Die Legitimationsgrundlage des heute anzuwendenden Rechts liegt nicht in der Vergangenheit, sondern in der Gegenwart. Die teleologische Methode stellt eine Fortentwicklung der historischen Methode dar, soweit sie bei der Frage ansetzt, welchen Sinn und Zweck der historische Gesetzgeber mit dem Gesetz, der Norm verfolgte. Befasst sich die historische Auslegung mit der Entwicklungslinie einer Norm, die zu ihrer Abfassung führte, so knüpft die teleologische Auslegung an die Aufgabenstellung der Norm bei ihrem Erlass an und führt diese in die Gegenwart fort.

Da das Gesetz nach seinem Erlass ein Eigenleben führt, ist für seine Auslegung entscheidend, welchen Sinn und Zweck das Gesetz und seine Rechtsnormen im Zeitpunkt der Anwendung zu erfüllen haben.

- Wurde bei der Auslegung des Begriffs *bei dem Betriebe* in § 7 StVG ursprünglich noch eine Fortbewegung kraft motorischer Kraft verlangt, wurde diese Auslegung angesichts der gewaltigen Steigerung des Kraftfahrzeugverkehrs und seiner Gefahren später aufgegeben. In Anbetracht der Gefahren, die von einem auf der Fahrbahn abgestellten oder liegengebliebenen Fahrzeugen auszugehen vermögen, werden diese Gefahren nunmehr dem Betrieb zugerechnet.

Die teleologische Auslegung entlastet den Gesetzgeber von der Notwendigkeit der laufenden Überarbeitung und Anpassung von Gesetzen an die sich wandelnde soziale Realität.

Die teleologische Methode gestattet Erwägungen hinsichtlich der

- Bewertung der hinter dem Gesetz stehenden Interessenkonflikte durch den Gesetzgeber,
- rechtspolitischen Zielsetzung und Effizienz der Regelung,
- praktischen Vernunft, zur Praktikabilität und zur Funktionsgerechtigkeit einer Norm,[108]
- Kontrollmöglichkeit,
- Folgenbetrachtung,
- sozialen Realität und damit zur normativen Kraft des Faktischen, was häufig mit der Formulierung aus der Natur der Sache[109] umschrieben wird,
- Gerechtigkeit, was das auch immer sei

anzustellen und in die Auslegung einfließen zu lassen. Der Rahmen der in die Auslegung einfließenden Erwägungen wird hierbei unabsehbar ausgedehnt. Sie ist ein Sammelbecken unterschiedlichster und unbegrenzter Wertungen. Nicht

---

[108] BVerfGE 12 S. 151, 171 f.; BVerfGE 92 S. 1, 16 f.; BGHZ 146 S. 341, 345; BGHZ 201 S. 45, 48 ff.; kritisch Bleckmann JuS 2002 S. 942, 946.
[109] BVerfGE 84 S. 133, 148; kritisch Müller/Christensen S. 54 f. substanzloses Schlagwort.

2. Auslegung

selten passiert es, dass im Rahmen der teleologischen Auslegung verschiedene Erwägungen angestellt werden, die zu sich widersprechenden Ergebnissen führen können.[110]

Gerade Erwägungen zur Praktikabilität und Folgenbetrachtung fehlt es leichterdings an ausreichender Fundiertheit.

- Bei der Auslegung des Begriffs der *Gewalt* im Rahmen des § 240 StGB *Nötigung* kann nicht schon jede Zwangseinwirkung auf den Willen des Dritten genügen. Ansonsten wären zahlreiche Verhaltensweisen im Sozial- und Arbeitsleben, im Erziehungswesen und im Straßenverkehr strafbar, die schlichtweg unvermeidbar oder erforderlich sind.[111]
- So entschied das BVerwG, dass die Eintragung im Verkehrszentralregister kein Verwaltungsakt sei. Das Verfahren würde bei einer Zahl von nahezu 10.000 eingehenden Meldungen pro Arbeitstag praktisch undurchführbar, wenn die Betroffenen vor der Eintragung angehört und ihnen auf Verlangen Akteneinsicht gewährt werden müsste, wenn ihnen ferner die Tatsache der Eintragung mit Begründung und Rechtsmittelbelehrung bekannt zu geben wäre.[112] Diese Begründung erinnert an die Leerformel *Was nicht sein kann, was nicht sein darf.*

Es darf nicht verkannt werden, dass die Frage nach den Wirkungen und Folgen eines Gesetzes die Gerichte und Behörden vor eine schwierige Aufgabe stellt. In vielen Fällen lassen sich die Folgen und vor allem nicht alle Folgen abschätzen. Günstigenfalls lassen sich die Folgen für den einzelnen zu entscheidenden Fall absehen, aber kaum die Folgen in allen ähnlich gelagerten Fällen. Eine unabsehbare Einzelfalljudikatur ohne Orientierungsfunktion und Rechtssicherheit kann die Folge sein. Die Frage nach möglichen Folgen, die Einschätzung der Folgen kann von subjektiven Vorstellungen und hypothetischen Spekulationen ohne fundierte sachliche Grundlage begleitet sein. Die Beibringung umfassenden Sachverstands zur Folgenabschätzung ist Zeit und Kosten intensiv und auf der Ebene der Fachgerichte kaum zu bewältigen. Die teleologische Auslegung birgt die Gefahr, dass sie die Legitimation für ein vom Rechtsanwender gewünschtes Ergebnis zu liefern vermag, also die Begründung für ein bereits intuitiv gefälltes Urteil. Das Beispiel zum Verkehrszentralregister legt diese Vermutung nahe.

Die teleologische Auslegung steht vor der Schwierigkeit, dass hinter Gesetzen häufig ein Kompromiss unterschiedlicher Ziel- und Wertvorstellungen steht, verschiedene Zwecke zur gleichen Zeit verfolgt werden, Interessenwidersprüche auftreten. Das Vorverständnis der mit der Auslegung befassten Personen füllt die Wertungsspielräume aus und entscheidet über die Wertungswidersprüche.[113]

Im Rahmen der Teleologie wird die Frage nach dem rechtspolitischen Zweck einer Norm bedeutsam. Insbesondere im Straf- und Ordnungswidrigkeitenrecht hat die teleologische Auslegung zur gängigen Frage nach dem Schutzzweck der Norm und insbesondere dem von der Norm geschützten Rechtsgut geführt.[114] Diese Frage taucht im Gesetz auf, z. B. bei:

---

110 Beispiel in BGHZ 136 S. 357, 367.
111 BVerfG NJW 1995 S. 1141, 1142.
112 BVerwGE 77 S. 268, 274.
113 Butzer/Epping S. 36; Schwacke S. 104; Jacobi S. 249; Müller/Christensen S. 131.
114 BGH NJW 2017 S. 397 f.; BGH NJW 2017 S. 1186 f.; Koranyi JA 2014 S. 241 f.

VII. Die Rechtsfindung

- § 823 Abs. 2 BGB, wenn es darum geht, ob ein Gesetz ein Schutzgesetz ist,[115]
- § 134 BGB, dort ist nach dem Normzweck der Verbotsnorm, die verletzt wird, zu forschen,[116]
- Entschädigungsregelungen wie § 15 Abs. 2 AGG, dort stellt sich die Frage nach dem Sanktionszweck,[117]
- der Klagebefugnis des § 42 VwGO, dort wird nach der Schutznormtheorie entschieden, wonach die verletzte Norm nicht nur im öffentlichen Interesse erlassen wurde, sondern zumindest darauf abzielen muss, Individualinteressen zu schützen.[118]

2.5 Ergebnis der Auslegung

Der Gesetzgeber hat nirgendwo im deutschen Recht explizite Regeln für die Auslegung von Rechtsvorschriften getroffen. Im Schweizer Recht regelt § 1 ZGB: *Das Gesetz findet auf alle Rechtsfragen Anwendung, für die es nach Wortlaut oder Auslegung eine Bestimmung enthält.* § 6 des Österreichischen ABGB bestimmt: *Einem Gesetze darf in der Anwendung kein anderer Verstand beygelegt werden, als welcher aus der eigenthümlichen Bedeutung der Worte in ihrem Zusammenhange und aus der klaren Absicht des Gesetzgebers hervorleuchtet.* Hingegen hat es der Gesetzgeber im deutschen Recht der Praxis und insbesondere den Gerichten überlassen, Auslegungskriterien zu entwickeln und ihre Anwendung zu klären. Die Rechtsprechung verwendet die vier dargestellten Auslegungskriterien in all ihren Schattierungen nebeneinander als Hilfsmittel wie Instrumente oder Werkzeuge zur Gesetzesinterpretation. Sie schließen sich nicht gegenseitig aus, sondern ergänzen sich.[119]

Alle vier Auslegungskriterien gewinnen ihre Legitimation aus dem Grundgesetz: Die grammatische Auslegung hat in Art. 20 Abs. 3, Art. 97 Abs. 1 GG Ausdruck gefunden, die auf die Bindung an das Gesetz abstellen sowie im formellen Rechtsstaatsprinzip des Art. 28 Abs. 1 GG.

Die grammatische und die historische Auslegung nehmen das Prinzip der Demokratie und der Gewaltenteilung nach Art. 20 GG für sich in Anspruch, dem in den Gesetzeswortlaut geflossenen Willen des Gesetzgebers sowie den mit dem Gesetz verfolgten Zielen. An die mit dem Gesetz verfolgten Ziele in der Gegenwart knüpft die teleologische Auslegung an. Die systematische Auslegung – insbesondere in der Spielart der gesetzes- und verfassungskonformen Auslegung – trägt obendrein dem Vorrang höherrangiger Normen und damit dem Rechtsstaatsprinzip Rechnung, wonach sich eine Norm widerspruchsfrei in das Rechtssystem einfügen muss. Sie wird getragen von dem aus Art. 3 GG entwickelten Gedanken der Systemgerechtigkeit und der Widerspruchsfreiheit der Rechtsordnung.[120] Auch die teleologische Auslegung findet im Rechtsstaatsprinzip eine weitere Rechtfertigung. Normen werden nicht um ihrer selbst willen erlassen,

---

115 BGH NJW 2004 S. 20 f.
116 BAG NJW 2009 S. 2554, 2555.
117 BAG NZA 2009 S. 945, 952.
118 Muckel JA 2009 S. 553 f.
119 BGHZ 46 S. 74, 76; OVG Koblenz NVwZ-RR 2004 S. 224 f.; Engisch S. 159 ff. zum Streit über den Vorrang einzelner Auslegungsmethoden.
120 Schlehofer JuS 1992 S. 572, 575 f.

2. Auslegung

sie dienen der Bewältigung von Aufgaben, dem Erreichen gesteckter Ziele und Zwecke. Gerade die Verfassung legitimiert diese Auslegungskriterien. Diese verfassungsrechtliche Legitimation trägt die Auslegung. Diese darf bei der Auslegung nicht aus den Augen gelassen werden.

Bei der Lektüre von Gesetzesinterpretationen durch Gerichte fällt auf, dass die Rechtsprechung die jeweils herangezogenen Auslegungskriterien häufig nicht als solche kennzeichnet getreu dem Motto: *Eine Methode hat man, über Methode spricht man nicht.* Darin zeigt sich der instrumentelle Charakter dieser Auslegungskriterien. Dies beruht aber auch darauf, dass diese miteinander verknüpft sind, ineinander übergehen und nicht immer eindeutig zu trennen sind. Hinzu kommt, dass die Rechtsprechung den Auslegungsvorgang manchmal als Pro- und Contra-Erwägung anlegt und zuerst die mittels der Auslegungskriterien gewonnenen Argumente heranzieht, die für eine bestimmte Auslegung sprechen und sodann die mittels der Auslegung gewonnenen Argumente, die gegen eine bestimmte Auslegung sprechen.

Es gibt keine zwingende Reihenfolge für die Heranziehung der verschiedenen Auslegungsmethoden auf der Suche nach der zutreffenden Gesetzesinterpretation.

> Vorteilhaft ist die Reihenfolge: grammatische Auslegung
> systematische Auslegung
> historische Auslegung
> teleologische Auslegung.

Der Rechtsanwender kommt kaum umhin, mit der grammatischen Auslegung zu beginnen, ... *weil das nach dem Wortlaut sprachlich Mögliche, also der mögliche Wortsinn, den Bereich bildet und die Grenzen absteckt, innerhalb deren ein vom Gesetz verwendeter Begriff überhaupt ausgelegt werden kann.*[121] Sie knüpft unmittelbar am Gesetzestext an. Selbst bei sprachlich scheinbar klarem und unzweideutigem Wortlaut darf nicht Halt gemacht werden. Denn Worte sind häufig nur der unvollkommene Ausdruck der maßgebenden Gedanken.

Daran schließt sich die systematische Auslegung an, die ebenfalls an der einzelnen Rechtsnorm, deren Stellung im Gesetzeswerk und deren Einbindung in die Rechtsordnung ansetzt und so den Rahmen der grammatischen Auslegung erweitert. Beide Auslegungsmethoden gehen ineinander über. Gerade die systematische Auslegung nach der äußeren Systematik ist nichts anderes als die Erweiterung der grammatischen Auslegung über das einzelne Wort hinaus, in den Satz, die Norm, den Abschnitt und das Gesetzeswerk als solches. Wer ein Gesetz verstehen möchte – um es anwenden zu können – muss es zuerst lesen. Hierzu werden Wort für Wort nacheinander gelesen und der Rahmen immer weitergezogen. Damit beginnt bereits das Wechselspiel zwischen grammatischer und systematischer Auslegung.

Die historische Auslegung erschließt nicht nur, welche Bedeutung der Gesetzgeber der Vorschrift beigemessen hat, sondern auch den Sinn und Zweck, der dem

---

[121] BGHZ 46 S. 74, 76; ebenso Kerschner S. 40; Larenz/Canaris S. 141; Zippelius S. 37; Schwacke S. 107 ff.; Beaucamp/Treder S. 50.

VII. Die Rechtsfindung

Gesetz im Entstehungszeitpunkt zukommen sollte. Sie erschließt, welche äußeren Anlässe sowie Überlegungen und Anregungen zum Entstehen des Gesetzes beigetragen haben.

Die teleologische Auslegung macht sich diesen Ansatz, den Sinn und Zweck des Gesetzes zu ermitteln, zunutze und entwickelt diesen Ansatz weiter. Sie fragt, welcher Sinn und Zweck und welche Bedeutung dem Gesetz heute im Zeitpunkt seiner konkreten Anwendung beizumessen ist. Sie vermag die Ansätze weiterzuentwickeln, die mittels grammatischer, systematischer und historischer Auslegung gefunden wurden. Die teleologische Auslegung findet sich zumeist am Ende des Auslegungsvorganges, da sie häufig eine Vielzahl von Argumenten zu liefern vermag und den Schwerpunkt der Auslegung bildet. Da Gesetze oft verschiedene Zielsetzungen verfolgen, kann die teleologische Auslegung zu sich widersprechenden Ergebnissen führen.[122]

Anschaulich formuliert das BVerfG das Nebeneinander und Miteinander der verschiedenen Auslegungskriterien: *Am Wortlaut einer Norm braucht der Richter aber nicht halt zu machen. Seine Bindung an das Gesetz (Art. 20 Abs. 3, Art. 97 Abs. 1 GG) bedeutet nicht Bindung an dessen Buchstaben mit dem Zwang zur wörtlichen Auslegung, sondern Gebundensein an Sinn und Zweck des Gesetzes. Die Interpretation ist Methode und Weg, auf dem der Richter den Inhalt einer Gesetzesbestimmung unter Berücksichtigung ihrer Einordnung in die gesamte Rechtsordnung erforscht, ohne durch den formalen Wortlaut begrenzt zu sein ... Zur Erfassung des Inhalts einer Norm darf sich der Richter der verschiedenen, insbesondere der systematischen und der teleologischen Auslegungsmethoden gleichzeitig und nebeneinander bedienen. Sie stehen zur grammatischen Auslegung im Verhältnis gegenseitiger Ergänzung.*[123] Findet sich für eines der Auslegungskriterien bei der konkreten Norm kein Anhaltspunkt, wird diese gar nicht erst herangezogen. So hat das BVerfG im obigen Beispielsfall die historische Methode nicht erwähnt, da diese zur Lösung des konkreten Auslegungsproblems nichts beizusteuern vermochte. Prägnanter heißt es in einer anderen Entscheidung des BVerfG: *Diesem Auslegungsziel dienen die Auslegung aus dem Wortlaut der Norm (grammatische Auslegung), aus ihrem Zusammenhang (systematische Auslegung), aus ihrem Zweck (teleologische Auslegung) und aus den Gesetzesmaterialien und der Entstehungsgeschichte (historische Auslegung).*[124]

Dieses Nebeneinander und Miteinander der verschiedenen Auslegungskriterien war nicht immer so. In der Rechtswissenschaft und in der Rechtsprechung herrschte in der Vergangenheit ein Meinungsstreit zwischen subjektiver und objektiver Theorie.[125] Von den Vertretern der **subjektiven Theorie** wird dem Ergebnis der Vorrang eingeräumt, das dem subjektiven Willen des Gesetzgebers entspricht. Gemeint ist damit, welche Fragen den Gesetzgeber bei Erlass des Gesetzes beschäftigten und welche Antworten er hierauf geben wollte.[126] Die

---

122 Schwintowski (2005) S. 35, 37.
123 BVerfGE 35 S. 263, 278 f.; einschränkend Schwintowski (2005) S. 66 wonach ein eindeutiger Wortlaut grundsätzlich bindend sei.
124 BVerfGE 11 S. 126, 130.
125 Zum Meinungsstreit Larenz/Canaris S. 137 ff.; Wank S. 30 ff.
126 Rüthers/Fischer/Birk Rdn. 717 ff. gesetzgeberischer Normzweck als Auslegungsziel; Jacobi S. 93 aus einer absolutistischen Tradition entstammend.

2. Auslegung

Vertreter der subjektiven Theorie, die es in unterschiedlich strenger Ausprägung gibt, räumen damit der historischen Auslegung nach dem Willen des Gesetzgebers einen gewissen Vorrang ein. Auf der anderen Seite wurden in zahlreichen Varianten **objektive Theorien** entwickelt, wonach nicht die subjektive Vorstellung des Gesetzgebers entscheidend sei, sondern der im Gesetz verobjektivierte Wille.[127] Nicht der subjektive Wille des Gesetzgebers sei entscheidend, sondern nur das, was im Gesetz seinen Niederschlag gefunden habe. Die Vertreter der Interessen- und Wertungsjurisprudenz messen der teleologischen Auslegung eine besondere Bedeutung bei.

Dieser Streit zwischen subjektiven und objektiven Theorien vermag Bibliotheken zu füllen, ohne dass eine Seite den Sieg für sich beanspruchen kann. Der Theorienstreit belegt die Vielschichtigkeit der Auslegung, ihre Bedeutung für die Rechtsgewinnung und die hohen Anforderungen, die an die Auslegung zu stellen sind. Mittlerweile hat sich die **Vermittlungstheorie**, auch Kombinationstheorie genannt, durchgesetzt, die vom Nebeneinander der Auslegungskriterien ausgeht.

Im Idealfall führen alle vier Auslegungskriterien zu demselben Ergebnis. Sie können auch zu widersprechenden Ergebnissen führen. Hier stellt sich die Frage, welchem Ergebnis der Vorrang einzuräumen ist.

Das BVerfG hat für die historische Auslegung festgestellt, dass diese bei älteren Gesetzen eher von subsidiärer Bedeutung sei.[128] Diese Aussage darf nicht dahin missverstanden werden, dass sie von vornherein zurückgestellt werden darf. Das BVerfG befasst sich umfassend und eingehend mit der Entstehungsgeschichte. Diese liefert wesentliche Anhaltspunkte für die Auslegung, wenn aus ihr und vor allem, wenn nur aus ihr wesentliche Kriterien für die Auslegung entnommen werden können.[129] Bietet die historische Auslegung gewichtige Anhaltspunkte dürfen diese nicht außer Acht gelassen werden. Wer gleichwohl davon abweichen will, den trifft die Argumentationslast. Ebenso kann sie zur Bestätigung eines Ergebnisses herangezogen werden, das mittels der anderen Auslegungskriterien entwickelt wurde.[130] Besondere Bedeutung kann sie im Zusammenspiel mit der teleologischen Auslegung gewinnen: Mit der historischen Auslegung wird die Situation und Sichtweise ermittelt, die zum Zeitpunkt der Entstehung der Norm bestand und der nun die aktuelle Situation und Sichtweise, die es heute zu bewältigen gilt, gegenübergestellt werden kann. Sie kann zur Ermittlung des Normzwecks herangezogen werden.[131] Große Bedeutung kann der historischen Auslegung bei zeitlich und sachlich neuen Gesetzen zukommen.

Alle Auslegungskriterien sind gleichrangige Hilfsmittel. Nur im Wege der Wertung kann schließlich bestimmt werden, welchem der verschiedenen Ergebnisse

---
127 BVerfGE 11 S. 126, 131; BVerfGE 86 S. 59, 63; BGHZ 37 S. 58, 60 f.; kritisch Rüthers/Fischer/Birk Rdn. 796 ff.
128 BVerfG DVBl 74 S. 420, 423.; ablehnend Würdinger JuS 2016 S. 1, 5 nicht das Alter, sondern die Qualität des historischen Arguments ist entscheidend.
129 Ebenso BGH JR 2011 S. 80, 81 f. mit Anmerkung Buß.
130 BVerfGE 32 S. 55, 60 f.; BVerfGE 45 S. 187, 225 ff.; ebenso BGHZ 46 S. 66, 70; BGHZ 46 S. 74, 80 m. w. N.; BGHSt 31 S. 296, 298; BAG NJW 2009 S. 2841, 2844; Starck (2006) S. 145; Würdinger JuS 2016 S. 1, 5.
131 Rieger NVwZ 2003 S. 17, 21; Röhl/Röhl S. 619; von Busse S. 117 ff.

VII. Die Rechtsfindung

der Vorzug einzuräumen ist.[132] Den Auslegungskriterien kommt hierbei die Funktion zu, Argumentationskriterien für die Abwägung zu liefern und die Entscheidung für das eine oder andere Ergebnis transparent und nachvollziehbar zu machen. Vom Rechtsanwender wird verlangt, dass er die verschiedenen Auslegungskriterien heranzieht, um sie bei der Entscheidung berücksichtigen zu können. Gibt er einem von mehreren möglichen Auslegungsergebnissen den Vorrang, hat er diese Wertentscheidung zu begründen. Diese Wertentscheidung darf nicht als Rechenexempel missverstanden werden. Sie hat dem Streben nach Gerechtigkeit als Grundgedanken der Rechtsordnung zu folgen und zu einem vernünftigen, praktikablen Ergebnis zu führen. Im Rahmen der Abwägung kann eine Rechtsvergleichung Argumente für und gegen ein bestimmtes Auslegungsergebnis liefern.[133]

Rechtsprechung und Lehre haben eine Reihe weiterer Zielvorstellungen entwickelt, die sie im Rahmen der Abwägung neben den Gedanken der Gerechtigkeit und den Gedanken der Praktikabilität heranziehen. Hierzu zählen das

- Kriterium des geringstmöglichen Eingriffs in Freiheitsrechte
- Streben nach einer optimalen Ausgestaltung der Rechtsordnung – der Optimierungsgedanke.

So wurde der Satz geprägt: *Sind aber zwei verschiedene Deutungen einer Norm möglich, so verdient diejenige den Vorzug, die den Wertentscheidungen der Verfassung besser entspricht oder die juristische Wirkungskraft der Grundrechtsnorm am stärksten entfaltet.*[134]

Die Notwendigkeit der Abwägung zwischen verschiedenen Möglichkeiten der Gesetzesinterpretation öffnet den Blick auf die Relativität des Rechts. Es gibt häufig nicht die eine richtige Lösung, die im Wege logischer Ableitung mittels des Syllogismus ermittelt werden kann. Sondern es gilt eine vertretbare und fundierte Lösung zu finden. Das Auslegungsergebnis darf nicht Rechtsgrundsätzen widersprechen, die das in Betracht kommende Rechtsgebiet beherrschen wie

- den Grundsatz des fairen rechtsstaatlichen Verfahrens aus Art. 2, 20 Abs. 3 GG,[135]
- den Grundsatz der Testierfreiheit im Erbrecht[136] und
- den Grundsatz der Rechtssicherheit und des Vertrauensschutzes im öffentlichen Recht.[137]

Führt eine Auslegungsvariante zu einem absurden, inakzeptablen und widersprüchlichen Ergebnis ist diese Auslegungsmöglichkeit auszuschließen. Das sogenannte **argumentum ad absurdum** reduziert die Auslegungsmöglichkeiten.

---

132 Ebenso Kerschner S. 47; Puppe S. 163 ff. einschränkend für Vorrang der grammatischen Auslegung.
133 BVerfGE 3 S. 225, 244; BVerfGE 32 S. 54, 70; BVerfGE 45 S. 187, 259; BVerfGE 34 S. 269, 289 – Soraya; weitergehend Tschentscher JZ 2007 S. 807, 812 f. und von Busse S. 32 ff. die Rechtsvergleichung als fünfte Auslegungsmethode bezeichnen.
134 BVerfGE 32 S. 54, 71; BVerfGE 35 S. 263, 280; BVerfGE NJW 2004 S. 2662; BGHSt 31 S. 296, 298.
135 BVerfGE 109 S. 38, 60; BVerfG NJW 2007 S. 499, 504; BVerfGE NJW 2009 S. 2463, 2465 f.; BVerfG NJW 2009 S. 3225, 3226.
136 BGHZ 37 S. 58, 61 f.; Bydlinski S. 94 mit weiteren Beispielen.
137 BVerfGE 69 S. 381, 387.

2. Auslegung

- Das Verbot des Selbstkontrahierens nach § 181 BGB gilt nicht für Insichgeschäfte des Vertreters, die dem Vertretenen lediglich einen rechtlichen Vorteil bringen. Ansonsten könnten Eltern Geschenke, die sie ihrem Kleinkind machen, nicht in dessen Vertretung wahrnehmen.[138] Weihnachten würde ausfallen.

Die Auslegung des § 14 Abs. 1 OWiG *Beteiligen sich mehrere an einer Ordnungswidrigkeit, so handelt jeder von ihnen ordnungswidrig,* warf die Frage auf, ob eine Beteiligung an einer von einem anderen fahrlässig begangenen Ordnungswidrigkeit möglich sei. Diese Frage interessierte vor dem Hintergrund, dass im Strafrecht § 26 StGB *Anstiftung* und § 27 StGB *Beihilfe* für diese Formen der Beteiligung ausdrücklich bestimmen, dass die Beteiligten jeweils vorsätzlich handeln. Die Auslegung ergab:[139]

Wer vorsätzlich mit verursacht, dass ein anderer fahrlässig eine Ordnungswidrigkeit begeht, beteiligt sich damit nicht im Sinne von § 14 Abs. 1 OWiG an dieser Tat...	
1. Der Gesetzeswortlaut lässt verschiedene Deutungen zu. Das Gebot, Wertungswidersprüche zwischen dem Strafrecht und dem Ordnungswidrigkeitenrecht zu vermeiden, und der – durch die Entstehungsgeschichte belegte – Zweck der Norm führen indes zu der vom erkennenden Senat vorgenommenen einschränkenden Auslegung.	Grammatische Systematische Historische Teleologische
An einer Straftat können sich mehrere Personen als Mittäter, Gehilfen oder Anstifter beteiligen. Dabei müssen alle Beteiligten vorsätzlich handeln. Wer vorsätzlich mitverursacht, daß ein anderer lediglich fahrlässig eine Straftat begeht, kann – abgesehen von den Fällen, in denen er mittelbarer Täter ist – nicht bestraft werden (vgl. BGHSt 9, 370 f.) Bleibt aber die Mitwirkung an der Handlung eines anderen selbst dann ohne Folgen für den Mitwirkenden, wenn die Rechtsordnung durch eine Straftat verletzt wird, so erscheint es widersprüchlich, die gleiche Art der Mitwirkung lediglich bei der Verletzung von Ordnungsrecht mit Sanktionen zu bedenken. Zwischen dem Ordnungswidrigkeitenrecht und dem Strafrecht würde durch eine solche Regelung ein erheblicher Wertungswiderspruch entstehen ... Der Widerspruch ließe sich auch nicht mit dem Hinweis auf die unterschiedlichen Sanktionen des Strafrechts einerseits und des Ordnungswidrigkeitenrechts andererseits auflösen. Die im Recht der Ordnungswidrigkeiten möglichen Sanktionen sind im Vergleich zu den im Strafrecht vorgesehenen Rechtsfolgen nicht so unerheblich, als dass dieser Wertungswiderspruch mit Rücksicht auf den durch § 14 Abs. 1 S. 1 OWiG verfolgten Zweck einer Vereinfachung der Rechtsanwendung hinzunehmen wäre ...	Systematische
2. Dieses Ergebnis entspricht auch dem Willen des Gesetzgebers ... Der Gesetzgeber wollte den überkommenen Streit der Teilnahmetheorien zur Abgrenzung von Täterschaft und verschiedenen Formen der Teilnahme durch die Einführung eines einheitlichen Täterbegriffs vermeiden, dabei sollte jede Art jeder kausalen Mitwirkung an einer Ordnungswidrigkeit diesem Täterbegriff unterfallen (BTDrucks. V/1269 S. 48 f.). Eine Mitwirkung in den Teilnahmeformen der Anstiftung, Beihilfe und Mittäterschaft sollte nur bei vorsätzlichem Handeln jedes Mitwirkenden geahndet werden können (BTDrucks. V/1269 S. 49). Diese Einschränkung sah die amtliche Begründung durch den natürlichen Wortsinn des Begriffs der Beteiligung als gewährleistet an ...	Teleologische Historische

---

138 BGHZ 59 S. 236, 240; Bydlinski S. 50 ff. mit weiteren Beispielen.
139 BGHSt 31 S. 309, 311 ff.

VII. Die Rechtsfindung

2.6 Restriktive und extensive Auslegung

Mit der Auslegung wird der Bedeutungsspielraum eines Begriffes ausgeleuchtet. Im Ergebnis kann dies zu
- einer extensiven Auslegung führen, wenn der Begriff weit ausgelegt wird oder
- einer restriktiven Auslegung führen, wenn der Begriff eng ausgelegt wird.

Die Gegenüberstellung der extensiven zur restriktiven Auslegung beruht auf der Feststellung, dass fast jeder auszulegende Begriff einen recht eindeutigen Begriffskern hat, der von einem unscharfen Begriffshof umgeben ist. Wird die Auslegung auf den Begriffskern beschränkt oder bleibt dahinter zurück, handelt es sich um eine restriktive Auslegung. Bezieht die Auslegung den Begriffshof mit ein, handelt es sich um eine extensive Auslegung. Wird der Begriffshof überschritten, beginnt die Rechtsfortbildung.[140]

- Der Begriff des Tierhalters in § 833 BGB erfasst nicht jeden, der kurzfristig die Sachherrschaft über das Tier ausübt, sondern nur denjenigen, der langfristig den Nutzen und Vorteil des Tieres hat.

Die restriktive Auslegung kommt bevorzugt zur Anwendung bei Vorschriften, die in gesetzlich vorgesehene Freiräume eingreifen. Aus dem Wertesystem des Grundgesetzes folgt eine Vermutung dafür, dass Freiräume so wenig wie möglich angetastet werden sollen. *Bei mehreren möglichen Auslegungen ist im Zweifel die zu wählen, die der Grundrechtsnorm die stärkste Wirkung verleiht.*[141]

- Der Grundsatz der Verhältnismäßigkeit gebietet eine restriktive Auslegung der Mordmerkmale des § 211 StGB. Die lebenslange Freiheitsstrafe vermag eine Vielzahl von Grundrechten einzuschränken. Schuld- und Rechtsstaatsprinzip gebieten ein ausgewogenes Verhältnis zwischen Tat und Rechtsfolge.[142]

Die Rechtsprechung geht von dem Grundsatz aus, dass Ausnahmevorschriften eher eng auszulegen sind, um ihren Charakter als Ausnahmevorschriften zu wahren. Wohlgemerkt handelt es sich hierbei um einen Grundsatz, der im Einzelfall durchbrochen sein kann.[143]

Geht die Auslegung bis an die äußerste Grenze des Begriffsinhalts, spricht man von einer **extensiven Auslegung**.
- Der Begriff des *Körpers* i. S. von §§ 823 Abs. 1, 253 BGB umfasst Sperma, das der Rechtsträger für den Fall seiner Unfruchtbarkeit hat konservieren lassen.[144] Dies ist ein Gebot aus dem umfassenden Schutz des Art. 2 GG.
- Der Begriff der *Leistung* in § 5 Abs. 1 Satz 1 PartG erfasst auch Sondernutzungserlaubnisse, um Informationsmaterial auf öffentlichen Plätzen zugänglich zu machen.[145] Damit wird dem Kommunikationsverhalten der Parteien in einer Demokratie Rechnung getragen.

Mit der Auslegung wird der Bedeutungsspielraum des jeweiligen Begriffes ausgeleuchtet. Die extensive Auslegung kann bis zur äußersten Grenze des Wortsinns

---

140 Kerschner S. 35; Lodzig S. 60 ff., 134 f.; Honsell/Mayer-Maly S. 106; Zippelius S. 50; zur Problematik der Wortlautgrenze Hemke S. 64, 73.
141 BVerfGE 59 S. 330, 334; BGHZ 87 S. 198, 202.
142 BVerfGE 45 S. 187, 267.
143 BGH NJW 1956 S. 1151, 1152; Rehbinder S. 81; Wank S. 46 grobe Leitlinie.
144 BGHZ 124 S. 52, 54.
145 BVerwGE 47 S. 280, 287.

reichen. Wird diese äußerste Grenze des Wortsinnes überschritten, wird die Auslegung verlassen und der Rechtsanwender begibt sich auf die Ebene der Rechtsfortbildung. Eine Rechtsfortbildung über den Wortlaut hinaus ist nicht in jedem Fall untersagt. Sie folgt jedoch anderen, engeren Regeln als die Auslegung. Deshalb ist die extensive Auslegung bis zur Grenze des äußersten Wortsinns für den Rechtsanwender von besonderer Bedeutung.

2.7 Gesetzeserhaltende Auslegung

Ergibt die Gesetzesauslegung, dass eine Norm zu höherrangigem Recht in Widerspruch steht, ist die Norm an sich gesetzeswidrig und damit grundsätzlich – nach dem Grundsatz *Höherrangiges Recht bricht niederrangiges Recht* – nichtig.[146] Dies ist eine Folge aus dem Stufenprinzip der Normenpyramide. Damit ginge der Regelungswille der Norm, der Rechtsetzungswille des Gesetzgebers ins Leere. Um der Norm gleichwohl zur Geltung zu verhelfen, ist die Möglichkeit zu prüfen,

- ob ihr nicht im Wege der Auslegung noch eine modifizierte Bedeutung beigemessen werden kann,
- diese modifizierte Bedeutung vom Gesetzeswortlaut gedeckt ist,
- diese modifizierte Bedeutung mit höherrangigem Recht in Einklang steht und
- trotz modifizierter Bedeutung der Gesetzeszweck erhalten bleibt.[147]

Dieses Vorgehen wird als gesetzeserhaltende Auslegung, gesetzeserhaltende Reduktion bezeichnet oder der verfassungskonformen Auslegung zugerechnet. Es handelt sich um keine eigenständige Auslegungsmethode, sondern um einen besonderen Anwendungsfall der klassischen Auslegungskriterien. Sie setzt voraus, dass

- die grammatische Auslegungsmethode verschiedene Begriffsbedeutungen, einen Begriffsspielraum eröffnet,
- die systematische Auslegung der fraglichen Norm eine Bedeutung der Norm liefert, die mit höherrangigem Recht noch vereinbar ist und
- mit der historischen und teleologischen Auslegung geprüft wird, ob diese noch im Einklang mit der Entstehungsgeschichte und dem Gesetzeszweck steht.

Bei der gesetzeserhaltenden Auslegung kommt der systematischen Auslegung ein besonderes Gewicht zu. Es ist die Auslegung zu suchen, die mit höherrangigem Recht noch in Einklang steht. Sodann ist zu prüfen, ob die anderen Auslegungskriterien dem auf systematischen Weg gefunden Ergebnis nicht widersprechen.

Ist der Gesetzeszweck gewahrt, greift die im Wege der gesetzeserhaltenden Auslegung gefundene Begriffsbedeutung. Das Ziel ist, ein Maximum von dem aufrecht zu erhalten, was als Sinn und Zweck hinter der Regelung steht. Es gilt das Gebot maximaler Aufrechterhaltung des gesetzgeberischen Regelungszieles. Der Respekt vor der gesetzgebenden Gewalt nach Art. 20 Abs. 2 GG gebietet es, in den Grenzen der Verfassung das Maximum dessen aufrechtzuerhalten, was der

---

146 BVerfGE 84 S. 168, 186.
147 BVerfGE 2 S. 266, 282 f.; BVerfGE 88 S. 144, 166; BVerfGE 118 S. 212, 234; BVerfGE 119 S. 247, 274; BVerwGE 110 S. 363, 368 ff.; Rieger NVwZ 2003 S. 17, 21; kritisch Müller/Christensen S. 136.

VII. Die Rechtsfindung

Gesetzgeber gewollt hat. Er erfordert mithin eine verfassungskonforme Auslegung der Norm, soweit diese durch den Wortlaut des Gesetzes gedeckt ist. Jedoch darf das Ziel des Gesetzgebers nicht in einem wesentlichen Punkt außer Acht gelassen oder gar verfälscht werden. Die prinzipielle Zielsetzung muss gewahrt bleiben.

Die gesetzeserhaltende Auslegung kann nicht zum Erfolg führen, wenn eine verfassungs- oder gesetzeskonforme Bedeutung gefunden wird, die nicht vom Wortlaut der Norm oder ihrem Sinn und Zweck – dem gesetzgeberischen Willen – gedeckt ist. Eine gesetzeserhaltende Auslegung, die sich über Wortlaut, Entstehungsgeschichte oder Sinn und Zweck des Gesetzes hinwegsetzt, greift unzulässig in die Entschließungsfreiheit des Gesetzgebers ein. Das Demokratie- und Rechtsstaatsprinzip verbietet eine solche Auslegung.

- Ein Gesetzeswerk sah die Erhöhung von Versorgungsbezügen für Ruhestandsbeamten vor. In einer Ausnahmebestimmung wurde eine Gruppe ohne sachlichen Grund entgegen Art. 3 GG ausgeschlossen. Dieser Verstoß ließe sich beheben, wenn im Wege der verfassungskonformen Auslegung die Ausnahmeregelung weginterpretiert würde. Diese Auslegung würde sich über den eindeutigen Wortlaut hinwegsetzen und den aus der Entstehungsgeschichte bekannten Sinn und Zweck, nur bestimmte Personengruppen zu begünstigen, ins Leere laufen lassen. Obendrein würde die Erstreckung auf alle Ruhestandsbeamte mehr Haushaltmittel beanspruchen, was der Gesetzgeber bei der Planung nicht einkalkuliert hatte.[148] Nichtigkeit des Gesamtwerks war die Folge.

Dasselbe gilt, wenn ein Gesetz ein Verfassungsgebot nicht ausreichend realisiert, es aber verschiedene Möglichkeiten zur Realisierung gibt. Die Rechtsprechung kann nicht im Wege der verfassungskonformen Auslegung einer der verschiedenen Möglichkeiten Geltung verschaffen, denn das hieße der Gestaltungsfreiheit des Gesetzgebers vorzugreifen. Es muss die Nichtigkeit festgestellt werden. Sodann bleibt es dem Gesetzgeber überlassen, in welcher Weise er durch Neuregelung dem Rechnung tragen will. Eine Ausnahme zu diesem Grundsatz ist allenfalls denkbar, wenn nur durch eine ganz bestimmte Regelung den Geboten der Verfassung Rechnung getragen werden kann.[149]

Führt die gesetzeserhaltende Auslegung zu keinem Ergebnis, bleibt es bei der Nichtigkeit der Norm. Ist eine Norm nichtig, muss in einem zweiten Schritt geklärt werden, wie sich die Nichtigkeit der Norm auf das gesamte Gesetzeswerk auswirkt. Im Rahmen eines aufeinander abgestimmten gesetzlichen Regelungssystems kann die Nichtigkeit einer einzelnen Norm zur Nichtigkeit weiterer Normen bis hin zur Nichtigkeit des Gesamtwerkes führen.

---

148 BVerfGE 8 S. 28, 38.
149 BVerfGE 2 S. 336, 340; BVerfGE 20 S. 162, 218.

2. Auslegung

2.8 Interessen- und Güterabwägung

Besonders im öffentlichen Recht zeichnet sich das Phänomen ab, dass sich hinter einer Vorschrift und insbesondere hinter Vorschriften mit unbestimmten Rechtsbegriffen verschiedene sich widerstreitende Gesetzeszwecke verbergen können.

- Bei der Gewerbeuntersagung wegen Unzuverlässigkeit des Gewerbetreibenden nach § 35 GewO stehen sich die verfassungsrechtlich durch Art. 12 GG geschützte Berufs- und Betätigungsfreiheit und der Schutz der Allgemeinheit gegenüber.

Diese widerstreitenden Rechtsgüter müssen bei der Auslegung der Frage, ob eine Gewerbeuntersagung im Einzelfall erforderlich ist, berücksichtigt werden. Die Auslegung kann nicht für alle Fälle gleichermaßen erfolgen.

Der Widerstreit dieser geschützten Rechtsgüter und der dahinterstehenden Interessen ist im Wege der Interessen- und Güterabwägung zu lösen. Diese Interessen- und Güterabwägung ist keine eigenständige Auslegungsmethode. Es handelt sich um ein Sonderproblem, das bei der teleologischen und der systematischen Auslegung auftreten kann. Es tritt bei der teleologischen Auslegung auf, wenn der Zweck einer Norm dem Schutz verschiedener, konkurrierender Interessen und Rechtsgüter dient. Es tritt bei der systematischen Auslegung auf, wenn der geschützte Rechtskreis einer Person mit dem geschützten Rechtskreis einer anderen Person oder mit Rechtsprinzipien kollidiert.

- Die schrankenlose Grundrechtsgarantie des Art. 4 Abs. 1 GG *Freiheit des Glaubens und des Gewissens* kann mit der in Art. 1 Abs. 1 GG geschützten Würde anderer Personen kollidieren.[150]
- Die Kunstfreiheit aus Art. 5 Abs. 3 GG kann zum Jugendschutz in ein Spannungsverhältnis treten.[151]

Treffen widerstreitende Gesetzeszwecke, Grundrechte, Verfassungs- oder Rechtsprinzipien auf einander, kann dies eine Interessen- und Güterabwägung erforderlich machen.

---
150 BVerfGE 12 S. 1, 4.
151 BVerfGE 83 S. 130, 146; BVerwG NJW 1997 S. 602.

VII. Die Rechtsfindung

> Die Interessen- und Güterabwägung setzt
> 1. Stufe: abstrakte Bewertung der betroffenen Rechtsgüter und Interessen sowie
> 2. Stufe: konkrete Gewichtung, Messung der Rechtsgüter und Interessen in ihrem Verhältnis voraus.

Die Abwägung endet ausnahmsweise mit der 1. Stufe, wenn einem Rechtsgut ein absoluter Vorrang vor einem anderen Rechtsgut zukommt.

Die Messung und Abwägung stößt schon bei realen Gütern auf Schwierigkeiten, wie die Redewendung *Äpfel kann man nicht mit Birnen vergleichen* zum Ausdruck bringt. Umso problematischer ist die Abwägung bei ideellen Rechtsgütern und Interessen. Der Gleichheitssatz schließt eine willkürliche Güterabwägung aus. Eine erste *abstrakte Bewertung* kann der Rechtsordnung und insbesondere der Verfassung entnommen werden. So finden sich der Schutz der Menschenwürde und des Lebens am Eingang des Grundgesetzes und genießen die Unabänderlichkeitsgarantie des Art. 79 Abs. 3 GG. Daraus folgt ihr abstrakter Vorrang vor reinen Sachwerten, wie sie vom Eigentumsschutz des Art. 14 GG erfasst werden.

An die abstrakte Betrachtung hat sich die *konkrete Bewertung* anzuschließen. Für die Abwägung ist es nicht nur erheblich, welche Rechtsgüter sich gegenüberstehen, sondern auch

- der Grad der Betroffenheit der widerstreitenden Rechtsgüter im Einzelfall und
- die Anzahl der betroffenen Rechtsgüter auf jeder Seite.

Der Interessen- und Güterabwägung ist neben dem reinen Abwägungsvorgang noch eine zweite Komponente eigen: Ergibt die Abwägung, dass die Interessen und Rechtsgüter einer Seite überwiegen, rechtfertigt dies nach dem Rechtsstaatsprinzip des Art. 20 Abs. 3 GG nur einen *erforderlichen* Mindesteingriff in die weniger gewichtigen Interessen und Rechtsgüter. Ein Rechtsgut darf nicht mehr zurückgesetzt werden, als es zur Verwirklichung des vorrangigen Rechtsgutes unbedingt erforderlich ist.

Dem Rechtsstaatsprinzip ist neben dem **Erforderlichkeitsprinzip** noch das **Verhältnismäßigkeitsprinzip** eigen. Ist zur Verwirklichung eines Rechtsguts erforderlich, dass ein anderes Rechtsgut zurücktritt, so ist nur eine Einschränkung des zurücktretenden Rechtsguts verhältnismäßig, soweit dies dem Vorrang, der höherrangigen Wertigkeit des vorrangigen Rechtsguts entspricht.

Schließlich folgt aus dem Rechtsstaats- und Sozialstaatsprinzip der Gedanke der **Zumutbarkeit**. Der Gedanke der Zumutbarkeit bezeichnet die Opfer- und Härtegrenze für den zurücktretenden Rechtsguts- und Interessenträger.

Zur Güterabwägung muss insbesondere im Spannungsfeld zwischen der durch Art. 5 Abs. 1 GG geschützten Rundfunk- und Pressefreiheit und dem durch Art. 1 GG, §§ 22, 23 KUG, 823 BGB geschützten Persönlichkeitsrecht gegriffen werden. Das BVerfG vertritt hierzu im sogenannten Lebach-Urteil[152]:

---

152 BVerfGE 35 S. 203, 225 f.

2. Auslegung

Die Lösung dieses Konflikts hat davon auszugehen, dass nach dem Willen der Verfassung beide Verfassungswerte essentielle Bestandteile der freiheitlichen und demokratischen Ordnung des Grundgesetzes bilden, so dass keiner von ihnen einen grundsätzlichen Vorrang beanspruchen kann. Das Menschenbild des Grundgesetzes und die ihm entsprechende Gestaltung der staatlichen Gemeinschaft verlangen ebenso wohl die Anerkennung der Eigenständigkeit der individuellen Persönlichkeit wie die Sicherung eines freiheitlichen Lebensklimas, die in der Gegenwart ohne freiheitliche Kommunikation nicht denkbar ist.	abstrakte Betrachtung
Beide Verfassungswerte müssen daher im Konfliktsfall nach Möglichkeit zum Ausgleich gebracht werden; lässt sich dies nicht erreichen, so ist unter Berücksichtigung der falltypischen Gestaltung und der besonderen Umstände des Einzelfalles zu entscheiden, welches Interesse zurückzutreten hat.	konkrete Betrachtung
Hierbei sind beide Verfassungswerte in ihrer Beziehung zur Menschenwürde als dem Mittelpunkt des Wertsystems der Verfassung zu sehen. Danach können von der Rundfunkfreiheit zwar restriktive Wirkungen auf die, aus dem Persönlichkeitsrecht abgeleiteten, Ansprüche ausgehen; jedoch darf die durch eine öffentliche Darstellung bewirkte Einbuße an „Personalität" nicht außer Verhältnis zur Bedeutung der Veröffentlichung für die freie Kommunikation stehen. Weiter ergibt sich aus diesem Richtwert, dass die erforderliche Abwägung auf der einen Seite, die Intensität des Eingriffs in den Persönlichkeitsbereich, durch eine Sendung der fraglichen Art berücksichtigen muss; auf der anderen Seite ist das konkrete Interesse, dessen Befriedigung die Sendung dient und zu dienen geeignet ist, zu bewerten und zu prüfen, ob und wieweit dieses Interesse auch ohne Beeinträchtigung – oder eine zu weitgehende Beeinträchtigung – des Persönlichkeitsschutzes befriedigt werden kann.	Verhältnismäßigkeit Erforderlichkeit

Im Lebach-Urteil trat eine Normenkollision auf, ein Widerstreit zwischen dem Schutz der Persönlichkeit nach Art. 1 GG und der von Art. 5 Abs. 1 GG geschützten Meinungs- und Pressefreiheit. Neben Normenkollisionen treten Prinzipienkollisionen auf, wenn verschiedene Rechtsprinzipien sich widerstreiten.

2.9 Unbestimmte Rechtsbegriffe und Generalklauseln

Der Gesetzgeber verwendet im Recht unbestimmte Rechtsbegriffe und Generalklauseln wie:

- §§ 138 BGB, 44 VwVfG *Sittenwidrigkeit*,
- § 626 BGB *wichtiger* Grund,
- § 211 StGB *niedrige* Beweggründe[153],
- § 240 Abs. 2 StGB *Verwerflichkeit*,
- § 35 GewO *Unzuverlässigkeit* und
- § 78 BBG *Fürsorgepflicht*.

Diese unbestimmten Rechtsbegriffe und Generalklauseln widersprechen dem Streben nach Rechtssicherheit. Sie stehen im Dienste der Gerechtigkeit, um im Einzelfall zu angemessenen Lösungen zu finden. Sie dienen der Flexibilisierung des Rechts, um die Rechtsordnung offen für neue Anforderungen, Problemfelder zu halten. Ihnen ist ein dynamisches Element eigen. Sie gestatten eine rasche Anpassung an einen Werte- und Wertungswandel. Generalklauseln und unbe-

---

[153] Kühl JA 2009 S. 833, 834 f.

VII. Die Rechtsfindung

stimmte Rechtsbegriffe lassen Raum für einen Wandel der sozialen Verhältnisse und Wertvorstellungen der Gesellschaft, ohne dass diese eine Anpassung des geschriebenen Rechts erforderlich machen. Zur Verwendung von Generalklauseln und unbestimmten Rechtsbegriffen im Strafrecht hat das BVerfG ausgeführt: *Die Anforderungen des rechtsstaatlichen Bestimmtheitsgebots sind allerdings um so strenger, je intensiver der Grundrechtseingriff ist ... Allerdings sind Generalklauseln oder unbestimmte, wertausfüllungsbedürftige Begriffe im Strafrecht nicht von vornherein verfassungsrechtlich zu beanstanden. Gegen ihre Verwendung bestehen jedenfalls dann keine Bedenken, wenn sich mit Hilfe der üblichen Auslegungsmethoden, insbesondere durch Heranziehung anderer Vorschriften desselben Gesetzes, durch Berücksichtigung des Normzusammenhanges oder aufgrund einer gefestigten Rechtsprechung eine zulässige Grundlage für die Auslegung und Anwendung der Norm gewinnen lässt.*[154]

Unbestimmte Rechtsbegriffe und Generalklauseln bieten für die grammatische Auslegung praktisch keine Anhaltspunkte. Insbesondere die systematische und die teleologische Auslegung haben zu der Einsicht geführt, dass sie Einfallstore für die Wertungen der Verfassung und allgemeinen Rechtsprinzipien sind.

- Die Fürsorgepflicht des Dienstherrn gegenüber seinen Beamten gebietet nach § 78 BBG, den Kreis der mit Personalakten befassten Personen eng zu halten. Es verstößt gegen das Persönlichkeitsrecht des Beamten, wenn dem Dienstvorgesetzten Mitteilung von einer Pfändung der Bezüge des Beamten wegen offener Unterhaltsforderungen gemacht wird.[155]

> Die Generalklauseln und unbestimmte Rechtsbegriffe sind Einfallstore für verfassungsrechtliche Wertungen.

Zur Konkretisierung unbestimmter Rechtsbegriffe und Generalklauseln sind die Grundrechte und allgemeinen Rechtsprinzipien heranzuziehen. Unbestimmte Rechtsbegriffe und Generalklauseln geben obendrein häufig Anlass für eine Güter- und Interessenabwägung.[156]

- Bei § 626 BGB und der Frage des wichtigen Grundes für eine fristlose Kündigung und der Unzumutbarkeit der Weiterbeschäftigung stoßen die Gewerbefreiheit und Privatautonomie des Arbeitgebers und das soziale Schutzbedürfnis des Arbeitnehmers aufeinander.
- Bei der Gewerbeuntersagung wegen Unzuverlässigkeit nach § 35 GewO treffen die Berufsfreiheit nach Art. 12 GG und der Schutz der Allgemeinheit aufeinander.

Zur Förderung der Rechtssicherheit bei unbestimmten Rechtsbegriffen und Generalklauseln, aber auch in den schon beschriebenen Güterabwägungsfällen ist die Rechtsprechung zur

> Bildung von allgemeinen Grundsätzen und Fallgruppen

---

154 BVerfGE 86 S. 288, 311.
155 BVerwGE 75 S. 17 ff.
156 BVerfGE 96 S. 375, 398; BVerfGE 89 S. 214, 229; BGH NJW 2004 S. 2080 ff. zu § 1 UWG.

2. Auslegung

übergegangen, anhand derer geprüft werden kann ob der fragliche Sachverhalt hierunter fällt oder nicht.[157] Aus Einzelfällen werden im Wege der Induktion Fallgruppen entwickelt, die als Leitbild zur Auslegung der unbestimmten Rechtsbegriffe und Generalklauseln herangezogen werden können. Diese Fallgruppen bieten dem Rechtsanwender wichtige Anknüpfungshilfen bei der Lösung konkreter zukünftiger Fälle. Ihnen kommt eine Vorbildfunktion zu. Ein Blick in einschlägige Kommentare und Entscheidungen aus der Rechtsprechung liefert Anhaltspunkte für Vergleich und Gewichtung des zu beurteilenden Falles mit den von der Rechtsprechung entwickelten Fallgruppen. Diese Fallgruppentechnik der Rechtsprechung weist eine Parallele zur Regelbeispieltechnik des Gesetzgebers auf.

- Zur Frage sittenwidriger Verbraucher-Raten-Kreditverträge entwickelte der BGH die Grundsätze, dass Sittenwidrigkeit vorliegt wenn der Vertragszins doppelt so hoch ist wie der marktübliche Effektivzins oder wenn der Vertragszins den marktüblichen Effektivzins um absolut 12 % übersteigt.[158]

2.10 Beurteilungsspielraum und Ermessen

Insbesondere im öffentlichen Recht ist das Phänomen anzutreffen, dass der Gesetzgeber der Verwaltung mit Beurteilungsspielräumen und Ermessen Entscheidungsspielräume einräumt. Diese haben ihren Grund darin, dass der Gesetzgeber nicht alle Fallkonstellationen vorhersehen kann, die Verwaltung näher an regelungsbedürftigen Situationen dran ist, eher abschätzen kann, was im konkreten Fall geboten ist. Soweit ein Beurteilungsspielraum besteht oder Ermessen eingeräumt ist, ist die gerichtliche Kontrolle der Entscheidung eingeschränkt.

> Entscheidungsspielräume finden sich
> - auf der Tatbestandsseite von Rechtsnormen in der Form von Beurteilungsspielräumen
> - auf der Rechtsfolgenseite von Rechtsnormen in der Form von Ermessen.

Bei Beurteilungsspielräumen ist die Entscheidung der Exekutiven der gerichtlichen Kontrolle entzogen, weil ihre Überprüfbarkeit situationsbedingt eingeschränkt ist. Beurteilungsspielräume sind in seltenen Fällen ausdrücklich im Gesetz hervorgehoben. Art. 71 Abs. 5 Satz 2 GWB besagt für die Ministererlaubnis *Die Würdigung der gesamtwirtschaftlichen Lage und Entwicklung ist hierbei der Nachprüfung des Gerichts entzogen.* Ansonsten kann ein Beurteilungsspielraum sich eröffnen bei[159]

- wertungsabhängigen Einschätzungen mit außerrechtlichem Bezug wie bei künstlerischen Wertungen,
- Prognoseentscheidungen im Umwelt- und Wirtschaftsbereich[160],
- bestimmten Prüfungsleistungen, bei denen eine gerichtliche Kontrolle nicht praktikabel ist.

---

157 BVerfGE 66 S. 116, 138; BGH NJW 2009 S. 2671, 2672 f.; Tettinger/Mann S. 54 mit Beispielen; Wank S. 51; Gast Rdn. 706.
158 BGHZ 110 S. 336, 338 f.
159 Einzelheiten bei Kment/Vorwalter JuS 2015 S. 193, 197.
160 BVerfGE 119 S. 96, 140 zu Art. 115 Abs. 1 Satz 2 GG a. F.; BVerfG NVwZ 2010 S. 435, 438 f.

VII. Die Rechtsfindung

Bei solchen nicht im Gesetz explizit bezeichneten Beurteilungsspielräumen ist im Wege der Auslegung zu klären, ob es sich um einen Beurteilungsspielraum handelt oder nur um einen unbestimmten, auslegungsbedürftigen Rechtsbegriff. Liegt ein Beurteilungsspielraum vor, ist die gerichtliche Kontrolle darauf beschränkt, ob die Entscheidung nachvollziehbar und vertretbar ist. Insbesondere ist zu fragen, ob

- der Sachverhalt zutreffend erfasst wurde,
- das anzuwendende Recht verkannt wurde,
- die Verfahrensregeln und anerkannten Bewertungssätze eingehalten wurden,
- sachfremde Erwägungen vorliegen.[161]

Die Einräumung von Beurteilungsspielräumen auf der Tatbestandsseite ist selten anzutreffen. Häufiger wird Gerichten und Verwaltungen Ermessen auf der Rechtsfolgenseite eingeräumt.[162]

- § 231 Abs. 1 StPO: *Der erschienene Angeklagte darf sich aus der Verhandlung nicht entfernen. Der Vorsitzende kann die geeigneten Maßregeln treffen, um die Entfernung zu verhindern...*
- § 31 Abs. 1 BauGB: *Von den Festsetzungen des Bebauungsplans können solche Ausnahmen zugelassen werden, die in dem Bebauungsplan nach Art und Umfang ausdrücklich vorgesehen sind.*

Zur Ermessensausübung darf erst geschritten werden, wenn alle Tatbestandsvoraussetzungen vorliegen. Liegen die von der Norm genannten Voraussetzungen vor, liegt es im Ermessen der Behörde, ob sie Anordnungen trifft.

> Ermessen kommt erst in Betracht, wenn die Tatbestandsseite der Norm erfüllt ist.
> Ermessen betrifft die Rechtsfolgenseite.

Ermessen liegt vor, wenn die Behörde bei Verwirklichung eines gesetzlichen Tatbestandes zwischen verschiedenen Verhaltensweisen wählen kann. Der Behörde wird ein Zweckmäßigkeitsspielraum eingeräumt, ob sie Maßnahmen ergreift oder Anordnungen trifft. Der Gesetzgeber räumt Ermessen ein, um eine möglichst zweckmäßige und flexible Anpassung der konkreten Rechtsgestaltung an die Gegebenheiten des Einzelfalles zu ermöglichen. Ermessensentscheidungen stehen im Gegensatz zu sogenannten **gebundenen Entscheidungen**. Bei gebundenen Entscheidungen ist die vom Gesetzgeber vorgeschriebene Rechtsfolge bei Vorliegen der Voraussetzungen zwingend anzuordnen.

Ermessen wird durch Formulierungen wie *kann, darf, ist befugt, ist berechtigt* im Gesetz ausgedrückt. Diese Formulierungen weisen auf Ermessen hin. Ermessen gibt es in zwei verschiedenen Ausgestaltungen

> Bei Entschließungsermessen entscheidet die Behörde, ob sie einschreiten wird.
> Bei Auswahlermessen entscheidet die Behörde, wie sie einschreiten wird.

---

[161] BVerfGE 119 S. 96, 140; BVerfG NVwZ 2010 S. 435, 438; Kment/Vorwalter JuS 2015 S. 193, 197 f.
[162] A. A. Zippelis S. 86 für Tatbestandsermessen bei Beurteilungsspielräumen.

2. Auslegung

Mit der Einräumung von Ermessen wird der Behörde die Entscheidung nicht ins freie Belieben gestellt. Sie darf nicht willkürlich vorgehen. Was bei der Ausübung des Ermessens zu beachten ist, umreißt § 40 VwVfG: *Ist die Behörde ermächtigt, nach ihrem Ermessen zu handeln, hat sie ihr Ermessen entsprechend dem Zweck der Ermächtigung auszuüben und die gesetzlichen Grenzen des Ermessens einzuhalten.* Diese Regelung wird ergänzt von § 114 Satz 1 VwGO: *Soweit die Verwaltungsbehörde ermächtigt ist, nach ihrem Ermessen zu handeln, prüft das Gericht auch, ob der Verwaltungsakt oder die Ablehnung oder Unterlassung des Verwaltungsaktes rechtswidrig ist, weil die gesetzlichen Grenzen des Ermessens überschritten sind oder von dem Ermessen in einer dem Zweck der Ermächtigung nicht entsprechenden Weise Gebrauch gemacht ist.*

Diese Bestimmungen heben hervor, dass bei der Ausübung des Ermessens der Zweck der Norm zu beachten ist, wofür die teleologische und die historische Auslegung der Norm Anhaltspunkte liefern und die gesetzlichen Grenzen des Ermessens zu beachten sind, wofür obendrein die grammatische und die systematische Auslegung der Norm mit ihrer Fragestellung nach der Einbettung in die Gesamtrechtsordnung heranzuziehen sind. Ein Fehler bei der Ausübung des Ermessens macht den Verwaltungsakt und die Entscheidung rechtswidrig. Für die Fehlerquellen bei der Ausübung des Ermessens hat sich eine Systematisierung in drei Fehlergruppen eingebürgert.

- Ermessensnichtgebrauch
- Ermessensüberschreitung
- Ermessensfehlgebrauch

Ein **Ermessennichtgebrauch** liegt vor, wenn sich die Behörde für gebunden hält und von ihrem Ermessen keinen Gebrauch macht. Es ist zuerst zu fragen, ob Ermessen eingeräumt wird.[163] Die grammatische Auslegung orientiert sich hierbei an typischen ermessenseinräumenden Formulierungen wie *kann, darf, ist befugt*.

1. Auslegungsstufe: Wird Ermessen eingeräumt?

Das Gegenstück zum Ermessensnichtgebrauch ist die **Ermessensüberschreitung.** Die Behörde nimmt Entscheidungsfreiheit in Anspruch, die ihr das Gesetz nicht einräumt. Die Behörde überschreitet die vom Gesetz aufgestellten Grenzen, wenn die Norm:
- nur Entschließungs- aber kein Auswahlermessen einräumt,
- von der einzig vorgesehenen Anordnung abgewichen wird oder
- nur ganz besondere Anordnungen zur Wahl stehen und eine nicht zur Wahl gestellte Anordnung getroffen wird.

Diese Grenzen lassen sich mit der grammatischen Auslegung erfragen. Weitere Einschränkungen liefert die systematische Auslegung. Aus dem Rechtsstaatsprinzip folgt, dass bei Anordnung belastender Maßnahmen die Verhältnismäßigkeit zu wahren ist. Es sind nur geeignete, erforderliche, angemessene und zumutbare Maßnahmen zulässig. Die Ermessensentscheidung ist durch die Prinzipien rechts-

---

163 BVerwGE 31 S. 212 f.

VII. Die Rechtsfindung

staatlicher Interessenabwägung gebunden. Hier spielen dieselben Erwägungen herein, die bereits bei der Interessen- und Güterabwägung von Bedeutung waren.

2. Auslegungsstufe: Wieweit reicht das Ermessen?

Beim **Ermessensfehlgebrauch** beruht die Entscheidung auf Gründen, die vom Gesetzeszweck nicht gedeckt sind oder beruht auf einer unzutreffenden Tatsachenfeststellung.

3. Auslegungsstufe: Welche Entscheidung ist vom Gesetzeszweck gedeckt?

Die systematische, historische und die teleologische Auslegung bieten neben der grammatischen Auslegung die tragenden Entscheidungshilfen zur Aufdeckung des Normzwecks.[164]

- § 17 Abs. 1 Satz 1 BImSchG bestimmt, dass nachträgliche Anordnungen zur Erfüllung der Pflichten aus dem BImSchG und den hierzu ergangenen Rechtsverordnungen getroffen werden können. Nur Anordnungen in Gemäßheit dieses Zwecks sind zulässig. Zur Erfüllung anderer Pflichten – wie Erfüllung kommunaler Gebühren – können keine Anordnungen getroffen werden. Die Verfolgung anderer Zwecke wie die Schaffung neuer Arbeitsplätze ist nicht vom Normzweck gedeckt.
- Ein Gewerbetreibender darf nicht wegen seines Familienstandes von einem Markt nach § 70 GewO ausgeschlossen werden.[165]

Aus dem Normzweck können sich Anhaltspunkte für die Frage ergeben, ob und welche Maßnahmen erforderlich sind. Dient die Norm dem Schutz hochrangiger Rechtsgüter, legt dies die Anordnung von Maßnahmen nahe.

- §§ 24, 22 BImSchG dienen dem Schutz der Bevölkerung vor Emissionen, die die Gesundheit der Bevölkerung beeinträchtigen. Das Schutzgut Gesundheit ist im Rahmen einer Interessen- und Güterabwägung höher anzusetzen als nächtliches nichtsakrales Glockengeläute trotz dessen traditioneller Bedeutung.
- Fiskalische Erwägungen müssen im Polizeirecht hinter den Schutz hochrangiger Rechtsgüter zurücktreten.

Die Normzweckbindung von Ermessensentscheidungen darf nicht verwechselt werden mit der Aussage, dass Ermessensentscheidungen der Behörde einen Handlungsspielraum unter Zweckmäßigkeitsgesichtspunkten einräumen. Unter mehreren normzweckgemäßen Entscheidungsalternativen kann die Behörde die ihr praktikabel erscheinende wählen.

Eine systematische und speziell eine verfassungskonforme Auslegung, kann im Einzelfall eine **Ermessensreduzierung auf Null** herbeiführen.

- § 35 Abs. 2 BauGB bestimmt: *Sonstige Vorhaben können im Einzelfall zugelassen werden, wenn ihre Ausführung oder Benutzung öffentliche Belange nicht beeinträchtigt.* In Anbetracht der Eigentumsgarantie des Art. 14 Abs. 1

---

164 BVerfGE 72 S. 300, 315.
165 BVerwGE NVwZ 1984 S. 585.

GG sind sonstige Vorhaben zuzulassen, wenn keine öffentlichen Belange entgegenstehen.[166]

Der Gleichbehandlungsgrundsatz des Art. 3 GG kann eine **Selbstbindung der Verwaltung** bewirken. Ohne sachlichen Grund kann die Verwaltung nicht zu Lasten des Adressaten eines Verwaltungsaktes strenger verfahren als in anderen bislang schon entschiedenen vergleichbaren Fällen. Solch eine Selbstbindung der Verwaltung kann durch Verwaltungsvorschriften herbeigeführt werden. Verwaltungsvorschriften sind zwar keine Rechtsvorschriften, sondern nur interne Regelungen zur verwaltungsmäßigen Durchsetzung politischer Entscheidungen oder zur Wahrung einer gleichmäßigen Verwaltung. Gleichwohl können sie mittelbar nach außen eine Selbstbindung bewirken. Zu einer Selbstbindung kann obendrein eine nach generellen Gesichtspunkten geübte Verwaltungspraxis führen.[167]

Eine besondere Stellung unter den Ermessensvorschriften nehmen **Sollvorschriften** ein wie § 17 Abs. 2 Satz 2 BImSchG: *Darf eine nachträgliche Anordnung wegen Unverhältnismäßigkeit nicht getroffen werden, soll die zuständige Behörde die Genehmigung ... widerrufen.* Sollvorschriften verpflichten die Behörde zum Tätigwerden. Nur in besonders gelagerten Ausnahmefällen darf von der Rechtsfolge abgesehen werden, die das Gesetz nennt.

Ermessen ist im Zivilrecht selten anzutreffen. §§ 315, 317, 660 BGB sehen Auswahlermessen vor.[168]

Ermessen gibt es schließlich noch in der Form des gesetzgeberischen Ermessens. Dem Gesetzgeber kommt eine weitgehende Gestaltungsfreiheit zu. Die Gesetze müssen der Einheit der Rechtsordnung Rechnung tragen und dürfen vor allem nicht gegen höherrangiges Recht verstoßen. Der Gesetzgeber muss sich nicht für die zweckmäßigste oder gerechteste Lösung entscheiden.[169] Die Grenze bildet das Willkürverbot.

3. Rechtsfortbildung

Subsumtion und Auslegung können zu dem Ergebnis führen, dass
- ein Sachverhalt keinerlei Regelung im Gesetz gefunden hat,
- das gefundene Ergebnis nicht angemessen ist.

In diesen Fällen kann nicht die Auslegung, sondern nur die Rechtsfortbildung weiterhelfen. Nur wenn die Auslegung zu keinem – befriedigenden – Ergebnis geführt hat, darf die Rechtsfortbildung über den Wortlaut des Gesetzes hinaus herangezogen werden. Wo der Wortlaut des Gesetzes endet, beginnt die Rechtsfortbildung. Es darf nicht verkannt werden, dass die Wortlautgrenze nicht immer eindeutig zu bestimmen ist. Deshalb ist der Übergang von der Auslegung zur Rechtsfortbildung fließend. Sie sind gleichwohl zwei verschiedene Stufen desselben gedanklichen Verfahrens auf dem Weg zur Rechtsfindung. An die Rechts-

---

166 BVerwGE 18 S. 247, 250.
167 BVerwGE 31 S. 212 f.
168 Beaucamp/Treder S. 13.
169 BVerfGE 22 S. 20, 66 ff.; BVerfGE 45 S. 187, 223.

VII. Die Rechtsfindung

fortbildung sind strengere Voraussetzungen zu knüpfen.[170] Diese Reihenfolge gebietet die demokratische Legitimation der Rechtsordnung, der Gewaltenteilungsgrundsatz und das Rechtsstaatsprinzip des Art. 20 GG. Die verfassungsrechtliche und die demokratische Legitimation des Gesetzgebers zur Rechtssetzung ist qualitativ eine andere als die der Rechtsprechung und der Verwaltung. Der Gesetzgeber verfügt über umfassendere Informationsgrundlagen und Informationsquellen. Die Meinungsbildung erfolgt unter Beteiligung einer Vielzahl von Interessensträgern. Die Kontrolle durch die öffentliche Meinung und die Medien ist im Gesetzgebungsverfahren weitaus intensiver. Gleichwohl gestattet der Grundsatz der Gewaltenteilung gewisse Durchbrechungen und Überschneidungen der Legislativen auf der einen Seite und der Judikativen und der Exekutiven auf der anderen Seite.[171]

Die Rechtsfortbildung durch die Gerichte steht obendrein in einem gewissen Widerspruch zur Rechtssicherheit. Bei der Rechtsfortbildung wird die Orientierungsfunktion des Gesetzes verlassen. Bis eine Rechtsfortbildung entwickelt und anerkannt ist, besteht eine Phase der Ungewissheit über die Rechtslage, die dem Streben nach Rechtssicherheit zuwiderläuft.[172]

Treffen auf einen Sachverhalt keinerlei Rechtsvorschriften zu, könnte hieraus das Ergebnis abgeleitet werden, dass dieser Sachverhalt nach dem Willen des Gesetzgebers keine Rechtsfolgen zeitigen solle. Diese Sichtweise verkennt, dass der Gesetzgeber nicht alle regelungsbedürftigen Sachverhalte von vornherein erkennen und regeln kann, manchmal gar nicht regeln will. Gesetze können zwangsnotwendig unvollkommen sein. Als abstrakt-schematischer Vorgriff auf die zu regelnde Wirklichkeit sind nicht alle regelungsbedürftigen Einzelfälle vorhersehbar. Art. 5 Abs. 1 Satz 2 GG schützt die Freiheit der Berichterstattung durch Rundfunk und Film. Der Verfassungsgeber hatte keine Vorstellung von den technischen Entwicklungen im Medienbereich. Die Schnelligkeit der modernen Gesellschaft, das Krisenszenario der Wirtschafts- und Sozialordnung haben eine Normenflut ausgelöst. Diese Normenflut bestätigt den Satz, dass Quantität nicht unbedingt Qualität bedeutet. Unvollständigkeit und Widersprüchlichkeit sind Gesetzen nicht fremd.

Hinzu kommt, dass der Gesetzgeber Sachverhalte – wie Streik und Aussperrung – keiner Regelung bislang zugeführt hat, obwohl ein Regelungsbedürfnis aus Gründen der Rechtssicherheit und des Rechtsfriedens offenkundig ist. Gerade im Arbeitsrecht konnte die Gesetzgebung mit dem Tempo der sozialen und wirtschaftlichen Entwicklung nicht Schritt halten. Bewusst hat der Gesetzgeber manche regelungsbedürftigen Sachverhalte an die Rechtsprechung und die Rechtswissenschaft delegiert, damit diese Vorarbeiten für spätere gesetzliche Regelungen leisten.
- Als der Gesetzgeber dem Verfassungsauftrag des Art. 6 Abs. 5 GG zur Schaffung eines Nichtehelichengesetzes bis Mitte der 60er Jahre des 20. Jahrhunderts nicht nachgekommen war, entschied das BVerfG: *Erfüllt der Gesetzge-*

---
170 Ahmling S. 29.
171 BVerfGE 3 S. 225, 247; BVerfGE 96 S. 375, 394.
172 Zippelius S. 54.

3. Rechtsfortbildung

ber den Auftrag des Art. 6 Abs. 5 GG nicht, so ist der Wille der Verfassung soweit wie möglich von der Rechtsprechung zu verwirklichen.[173]
- Als der Gesetzgeber das Gebot der Gleichberechtigung zwischen Mann und Frau nach Art. 3 Abs. 2 GG und Art. 117 Abs. 1 GG nicht innerhalb der vorgegebenen Zeit umsetzte, entwickelte die Rechtsprechung den Grundsatz, dass Vater und Mutter die gemeinsame elterliche Sorge für ein eheliches Kind zusteht und lehnte das gesetzlich verankerte Alleinentscheidungsrecht des Vaters ab.[174]

Diese Beispiele belegen, dass gerade Systemwechsel im Recht wie die Schaffung des Grundgesetzes die Rechtsfortbildung herausfordern, wenn der Gesetzgeber seinem Auftrag zur Anpassung nicht nachkommt. Kommt der Gesetzgeber seiner Verpflichtung, verfassungswidriges und damit nichtiges Recht zu korrigieren nicht nach, fordert dies zur Rechtsfortbildung heraus.

Dem Art. 19 Abs. 4 GG ist ein **Justizverweigerungsverbot** immanent. Trotz Fehlen von Regelungen müssen der Rechtsweg und damit eine Sachentscheidung eröffnet sein. Liegt dem Gericht eine Rechtssache zur Entscheidung vor, muss es in der Sache entscheiden. Diesem Entscheidungszwang kann es sich nicht unter Berufung auf eine fehlende oder zukünftige noch ungewisse Regelung des Gesetzgebers entziehen.[175]

Auch wenn Art. 20 GG mit dem Gewaltenteilungsgrundsatz sowie dem Demokratie- und Rechtsstaatsprinzip dem Gesetzgeber die Aufgabe der Rechtsetzung zuweist, enthält diese Vorschrift zugleich eine Öffnung zugunsten der Rechtsprechung und der vollziehenden Gewalt. Art. 20 Abs. 3 bestimmt ... *die Rechtsprechung und die vollziehende Gewalt sind an Gesetz und Recht gebunden.* Recht und Gesetz sind nicht identisch. Das Recht ist etwas anderes als die Gesetze. Rechtsprechung und Exekutive sind nicht auf den bloßen Vollzug der Gesetze und deren Auslegung beschränkt. Diese Betrachtung steht in einem gewissen Widerspruch zu Art. 97 GG, der die Bindung des Richters an das Gesetz hervorhebt.[176]

§§ 132 Abs. 4 GVG, 511 Abs. 4 Nr. 1, 543 Abs. 2 Nr. 2 ZPO, 41 Abs. 4 SGG, 11 Abs. 4 FGO, 11 Abs. 4 VwGO, 80 Abs. 1 Nr. 1 OWiG heben die Rechtsfortbildung als Aufgabe der Gerichte hervor. Damit wird die Rechtsfortbildung anerkannt. Nicht die Rechtsfortbildung ist fraglich, sondern das Wie und ihre Grenzen. Der Gesetzgeber hat das „Ob" der Rechtsfortbildung anerkannt und das „Wie" Wissenschaft und der Rechtsprechung überlassen. Gesetzliche Vorgaben gibt es nicht. Andere Rechtsordnungen haben hierzu Bestimmungen getroffen.
§ 1 Abs. 2 ZGB der Schweiz regelt: *Kann dem Gesetz keine Vorschrift entnommen werden, so soll das Gericht nach Gewohnheitsrecht und, wo auch ein solches fehlt, nach der Regel entscheiden, die es als Gesetzgeber aufstellen würde.*
§ 7 des Österreichischen ABGB bestimmt: *Läßt sich ein Rechtsfall weder aus den Worten, noch aus dem natürlichen Sinne eines Gesetzes entscheiden, so muß auf ähnliche, in den Gesetzen bestimmt entschiedene Fälle, und auf die Gründe anderer damit verwandter Gesetze Rücksicht genommen werden. Bleibt der*

---
173 BVerfGE 25 S. 167, 185 ff.; ähnlich BVerfGE 88 S. 203, 309 f.
174 BVerfGE 3 S. 225, 244; BVerfGE 10 S. 59, 70 f. m. w. N.; Rüthers/Fischer/Birk Rdn. 856.
175 BVerfGE 34 S. 269, 292 – Soraya; Ahmling S. 23.
176 Eingehend Neuner (2005) S. 6–84.

VII. Die Rechtsfindung

Rechtsfall noch zweifelhaft, so muß solcher mit Hinsicht auf die sorgfältig gesammelten und reiflich erwogenen Umstände nach den natürlichen Rechtsgrundsätzen entschieden werden.

> Besteht eine Regelungslücke im Gesetz, sind Gerichte und Verwaltung zur Rechtsfortbildung berufen.

Der Gesetzgeber hat einen regelungsbedürftigen Sachverhalt nicht erkannt oder bestimmte Sachverhalte bewusst nicht regeln wollen. Deshalb besteht eine **Lücke im Recht**. Gesetze sind einem Wandel der Lebenswirklichkeit und der gesellschaftspolitischen Anschauungen unterworfen. Sie unterliegen einem Alterungsprozess. Die Realität entwickelt sich an den Gesetzen vorbei. Mit diesem Wandel kann sich ebenfalls eine Lücke im Recht auftun. Der Schließung solcher Lücken dient die Rechtsfortbildung.

Da Art. 20 Abs. 3 GG Gesetz und Recht auf eine Stufe stellt, kann eine Rechtsfortbildung sogar entgegen einer bestehenden gesetzlichen Regelung, **contra legem**, zur Vermeidung unangemessener bzw. sachwidriger Ergebnisse eingreifen. Diese Rechtsfortbildung steht in einem erheblichen Spannungsverhältnis zum Gewaltenteilungsgrundsatz. Nach dem Gewaltenteilungsgrundsatz ist die Setzung, Änderung und Abschaffung von Rechtsnormen Sache des Gesetzgebers. Gerichte und Verwaltungen sind an die Gesetze gebunden. Deshalb ist bei der Rechtsfortbildung entgegen der Aussage eines Gesetzes besondere Zurückhaltung geboten.

Das BVerfG besagt hierzu: *Gegenüber den positiven Satzungen der Staatsgewalt kann unter Umständen ein Mehr an Recht bestehen, das seine Quelle in der verfassungsmäßigen Rechtsordnung als einem Sinnganzen besitzt und dem geschriebenen Gesetz gegenüber als Korrektur zu wirken vermag; es zu finden und in Entscheidungen zu verwirklichen, ist Aufgabe der Rechtsprechung ... Die Aufgabe der Rechtsprechung kann es insbesondere erfordern, Wertvorstellungen, die der verfassungsmäßigen Rechtsordnung immanent, aber in den Texten der geschriebenen Gesetze nicht oder nur unvollkommen zum Ausdruck gelangt sind, in einem Akt der bewertenden Erkenntnis, dem auch willenhafte Elemente nicht fehlen, ans Licht zu bringen und in Entscheidungen zu realisieren.*[177]

3.1 Rechtsfortbildung zur Lückenschließung

Allgemein anerkannt ist die Rechtsfortbildung zur Schließung von Gesetzeslücken. Gesetzeslücken sind ergänzungsbedürftige Unvollständigkeiten im Gesetz. Lücken im Gesetz können verschiedene Ursachen haben. So hat der historische Gesetzgeber in Einzelfällen bewusst auf eine Regelung verzichtet, weil er es der Wissenschaft und der Praxis überlassen wollte, sachgerechte Lösungen zu finden. Hier spricht man von bewussten Lücken. Eine **bewusste**[178] **ausfüllungsbedürftige Lücke** im Gesetz liegt beispielsweise vor bei

---

177 BVerfGE 34 S. 269, 286 – Soraya; BAGE 48 S. 122, 137; kritisch Hillgruber JZ 2008 S. 745, 755.
178 von Busse S. 123; Rüthers/Fischer/Birk Rdn. 835.

3. Rechtsfortbildung

- der Strafbarkeit des untauglichen Versuchs im Strafrecht oder
- des Arbeitskampfes im Arbeitsrecht.

Häufiger sind **unbewusste Lücken**. Ihre Ursache kann darin liegen, dass der Gesetzgeber die Problematik im Zeitpunkt des Gesetzeserlasses nicht voll überschaute oder weil die regelungsbedürftige Problematik erst nachträglich, durch Änderungen der tatsächlichen Gegebenheiten oder der Werteordnung entstand.[179] Die Findung des Rechts bleibt der Rechtswissenschaft und der Rechtspraxis und hier in erster Linie den Gerichten überlassen.[180]

Die Rechtsfortbildung zur Lückenschließung ist ausgeschlossen, wo das Gesetz diese verbietet wie in Art. 103 Abs. 2 GG zu Lasten des Täters im Strafrecht und beim Vorbehalt des Gesetzes für Eingriffe der Exekutive. Diese setzen der Rechtsfortbildung durch Gerichte und Verwaltung Grenzen. Es besteht keine im Wege der Rechtsfortbildung zu schließende, ausfüllungsbedürftige Lücke. Es bleibt dem Gesetzgeber vorbehalten, die Lücke für die Zukunft zu schließen. Der Vertrauensgrundsatz hat absoluten Vorrang vor anderen Gerechtigkeitserwägungen.

Ausfüllungsbedürftige Lücken bestehen nach wie vor im Staatshaftungsrecht, nachdem das BVerfG 1982 das erst wenige Monate zuvor in Kraft getretene Staatshaftungsgesetz für nichtig erklärt hat. Manche dieser Lücken hat die Rechtsprechung im Laufe der Jahrzehnte durch Rechtsfortbildung, die zu Richtergewohnheitsrecht erstarkt ist, geschlossen.

Die Praxis hat mehrere anerkannte Methoden zur Schließung von Gesetzeslücken geschaffen.

3.1.1 Analogieschluss

Beim Analogieschluss werden Rechtssätze, die für andere Sachverhalte geschaffen wurden, auf einen Sachverhalt übertragen, der im Recht keine Regelung gefunden hat, bei dem es aber naheliegend ist, dass er wegen seiner Rechtsähnlichkeit und Wesensähnlichkeit dieselbe Regelung erfährt:

- § 113 Abs. 1 Satz 4 VwGO regelt die Fortsetzungsfeststellungsklage für den Fall der Anfechtungsklage und kann entsprechend auf die Verpflichtungsklage übertragen werden, zumal die VwGO in anderen Vorschriften wie §§ 42 Abs. 1, 68 Abs. 2 VwGO Anfechtungs- und Verpflichtungsklage ausdrücklich gleichbehandelt.

Der Analogieschluss beruht auf einem Vergleich der von der gesetzlichen Regelung erfassten Fälle mit den vom Gesetz nicht geregelten Fällen und wird deshalb auch argumentum e simile genannt. Diese Fälle müssen eine Ähnlichkeit aufweisen. Diese Ähnlichkeit muss in den für die rechtliche Bewertung maßgeblichen Punkten bestehen. Diese Ähnlichkeit muss die entsprechende Anwendung der gesetzlichen Regelung auf die nicht geregelten Fälle rechtfertigen.[181] Wann eine ausreichende Ähnlichkeit für eine Analogie vorliegt und wann nicht, ist durch eine Wertentscheidung zu klären. Der Analogieschluss ist ein Anwendungsfall des Gleichbehandlungsgrundsatzes. Voraussetzung der Analogie ist, dass der

---
179 BGHSt 30 S. 105, 121; Rüthers/Fischer/Birk Rdn. 852.
180 Wank S. 84; von Busse S. 123 ff.
181 Schwacke S. 130 ff.; Schnapp S. 152 ff.

VII. Die Rechtsfindung

vom Gesetz nicht erfasste Sachverhalt dem vom Gesetz geregelten Fall so sehr ähnelt, dass die Analogie ein Gebot der Gerechtigkeit ist. Es stellt sich die Wertungsfrage, ob ausreichend Anhaltspunkte für eine Gleichbehandlung bestehen oder solch ein wesensmäßiger Unterschied besteht, dass sich eine Gleichbehandlung verbietet. Im letzteren Fall kommt nicht der Analogieschluss zur Anwendung sondern der Umkehrschluss. Damit stellen sich dem Analogieschluss dieselben Probleme, die schon bei der Anwendung des Gleichbehandlungsgrundsatzes auftreten. Wie viel Gleichheit bedarf es, um eine Gleichbehandlung zu erfordern? Wie viel Verschiedenheit verträgt das Gebot der Gleichbehandlung? Es geht um den Vergleich verschiedener und nicht identischer Sachverhalte.[182] Der Analogieschluss ist kein logisches Verfahren, sondern beruht auf einem wertenden Vergleich.[183]

> Analogie gilt bei wesensmäßiger Ähnlichkeit des im Gesetz geregelten Falles mit dem nicht geregelten Fall.

Das Instrument der Analogie ist dem Gesetz nicht fremd. Das Gesetz bedient sich im Grunde genommen bei manchen Verweisungen selbst eines Analogieschlusses.[184] Dies wird bei § 173 Abs. 1 Satz 1 VwGO deutlich: *Soweit dieses Gesetz keine Bestimmungen über das Verfahren enthält, sind das Gerichtsverfassungsgesetz und die Zivilprozessordnung ... entsprechend anzuwenden, wenn die grundsätzlichen Unterschiede der beiden Verfahrensarten dies nicht ausschließen.* Nur fehlt es bei der Verweisung im Gegensatz zur Analogie an einer Lücke im Gesetz. Die Verweisung ist im Gesetz positiv geregelt.

Im Verwaltungsrecht haben die verwaltungsrechtlichen Schuldverhältnisse nur ausnahmsweise eine Regelung gefunden. Deshalb werden die im BGB für die privatrechtlichen Schuldverhältnisse getroffenen Regelungen entsprechend herangezogen, soweit nicht die Besonderheiten des öffentlichen Rechts eine Abweichung und Modifizierung erfordern:
- §§ 677 ff. BGB analog öffentlich-rechtliche Geschäftsführung ohne Auftrag,
- §§ 688 ff. BGB analog öffentlich-rechtliche Verwahrung.[185]

Bei dieser analogen Heranziehung ganzer Rechtsinstitute und Regelungskomplexe ist jeweils zu prüfen, ob
- der privatrechtliche Regelungskomplex auf die lückenhafte verwaltungsrechtliche Rechtsbeziehung übernommen werden kann und
- die Einzelregelungen des privatrechtlichen Regelungskomplexes übernommen werden können oder wegen der Besonderheiten der verwaltungsrechtlichen Rechtsbeziehungen etwas anderes gelten muss.

Auch wenn das privatrechtliche Verwahrungsrechtsverhältnis analog herangezogen werden kann, so kommt die Haftungserleichterung der §§ 690, 277 BGB auf verwaltungsrechtliche Rechtsverhältnisse nicht entsprechend zur Anwendung. Die Verwaltung hat ihre Pflichten immer nach bestem Wissen und Können zu erfüllen und darf sich keine Nachlässigkeit herausnehmen.

---
182 BVerfGE 9 S. 3, 10.
183 Ebenso Rüthers/Fischer/Birk Rdn. 889; Gast Rdn. 1052; Schnapp S. 151.
184 Ebenso Schwacke S. 131 f. unter Verweis auf § 46 Abs. 1 OWiG.
185 BVerwGE 52 S. 247, 254; BVerwGE 74 S. 78, 80 f.; BVerwGE 80 S. 170, 172 ff.

3. Rechtsfortbildung

3.1.1.1 Arten der Analogie

Bei der **Gesetzesanalogie** wird eine einzelne Vorschrift zur Bildung der Analogie herangezogen. Die Analogie wird an einen Rechtssatz angelehnt.

- § 656 BGB regelt ausdrücklich nur die Heiratsvermittlung. Die Vorschrift wird auf die Partnervermittlung für Freizeitkontakte entsprechend herangezogen.[186]
- § 42 Abs. 2 VwGO kommt analog auf das Widerspruchsverfahren zur Anwendung.
- § 113 Abs. 1 Satz 4 VwGO gilt entsprechend für die Verpflichtungsklage und bei Erledigung vor Klageerhebung.

Bei der **Rechtsanalogie** wird aus mehreren Vorschriften ein gemeinsamer Grundgedanke abgeleitet. Dieser gemeinsame Grundgedanke wird auf den nicht im Gesetz geregelten Sachverhalt entsprechend angewandt.[187]

- Ein Paradebeispiel ist die Entwicklung eines allgemeinen Unterlassungsanspruchs aus §§ 12 Satz 2, 862 Abs. 1 Satz 2, 1004 Abs. 1 Satz 2 BGB. Diese Normen gewähren bei drohenden Verletzungen des Namens, des Besitzes und des Eigentums einen Anspruch auf Unterlassen.

Dieser Unterlassungsanspruch wird mittlerweile auf alle geschützten Rechte im Zivilrecht und im öffentlichen Recht erstreckt und hat insbesondere bei Persönlichkeitsverletzungen besondere Bedeutung erlangt.

Aus dem Analogieschluss wurde der **Erst-Recht-Schluss**[188] entwickelt.

- Art. 14 Abs. 3 GG ordnet bei einer rechtmäßigen Enteignung aufgrund eines Gesetzes die Leistung einer Entschädigung an. Dies gilt erst recht für eine rechtswidrige Enteignung.

Muss bei einer rechtmäßigen Enteignung eine Entschädigung geleistet werden, hat dies erst recht bei einer rechtswidrigen Enteignung zu gelten, die von keinem Gesetz gedeckt ist. Bedenkt man die verfassungsrechtliche Bewertung des Eigentums und des Rechtsstaatsprinzips, das nur vom Gesetz vorgesehene Enteignungen gestattet, ist die rechtswidrige Enteignung viel gravierender. Sie muss erst recht zur Entschädigung führen. *Der entscheidende Grundgedanke für die Zubilligung eines Entschädigungsanspruchs ist bei einem unrechtmäßigen Staatseingriff, der in seiner Wirkung für den Betroffenen einer Enteignung gleichsteht, mindestens in dem gleichen Maße gegeben wie bei einer rechtmäßigen, also gesetzlich zulässigen Enteignung.*[189] Es gilt der Schluss vom Weniger auf das Mehr auch argumentum a minore ad maius genannt.

> Erst-Recht-Schluss vom Weniger-auf-das-Mehr

Der BGH[190] führte hierzu aus: *Die Beschränkung des Tatbestandes der Enteignung ... auf rechtmäßige Eingriffe des Staates bedeutet ihrem Sinn nach eine Beschränkung für die Zulässigkeitsvoraussetzungen eines solchen Eingriffs, nicht*

---

186 BGH NJW-RR 2004 S. 778.
187 Wank S. 90.
188 Gast Rdn. 1064 ff.; Kerschner S. 53 f.; Schnapp S. 160 ff.; Joerden S. 352 ff.; nach a. A. ein selbständiges Instrument der Lückenfüllung neben der Analogie.
189 BGHZ 6 S. 270, 290.
190 BGHZ 6 S. 270, 290; weitere Beispiele bei Gast Rdn. 1065; Schnapp S. 157 ff.

VII. Die Rechtsfindung

aber eine Beschränkung für die Zubilligung eines Entschädigungsanspruchs. Der entscheidende Grundgedanke für die Zubilligung eines Entschädigungsanspruchs ist bei einem unrechtmäßigen Staatseingriff, der in seiner Wirkung für den Betroffenen einer Enteignung gleichsteht, mindestens in dem gleichen Maße gegeben wie bei einer rechtmäßigen, also gesetzlich zulässigen Enteignung.

Neben dieser ersten Form des Erst-Recht-Schlusses vom Weniger-auf-das Mehr gibt es noch eine zweite Form vom Mehr-auf-das-Weniger, der auch argumentum a maiore ad minus genannt wird.

- Kann der Vermieter einer Wohnung unter den Voraussetzungen des §§ 569, 543 BGB fristlos kündigen, dann kann er in diesen Fällen erst recht ordentlich kündigen.
- Nach § 79 Abs. 2 BVerfGG können nicht mehr anfechtbare Entscheidungen, die auf einer nachträglich vom BVerfG für nichtig erkannten Norm beruhen, nicht mehr aufgehoben werden. Dies gilt umso mehr für nicht mehr anfechtbare Verwaltungsakte, die auf einer geänderten Rechtsprechung beruhen.
- Der Gesetzgeber hat den Selbstmord und die vorsätzliche Beihilfe zum Selbstmord nicht unter Strafe gestellt. Dann ist die fahrlässige Beihilfe zum Selbstmord erst recht nicht strafbar.[191]
- § 48 VwVfG regelt die Aufhebung rechtswidriger Verwaltungsakte. § 49 VwVfG behandelt die Aufhebung rechtmäßiger Verwaltungsakte, die mit dem Rechtsstaatsprinzip in Einklang stehen. Kann ein rechtmäßiger Verwaltungsakt nach § 49 VwVfG aufgehoben werden, dann erst recht ein rechtswidriger.

> Erst-Recht-Schluss vom Mehr-auf-das-Weniger

Die Rechtfertigung des Erst-Recht-Schlusses liegt in dem Gedanken, wertungsmäßig gleichliegende Tatbestände gleich zu behandeln. Vor einer vorschnellen Anwendung des Erst-Recht-Schlusses muss gewarnt werden. Ebenso wie der Analogieschluss handelt es sich nicht um ein formal-logisches Schlussverfahren, sondern um eine Wertung. Dies setzt eine Gleichwertigkeit des im Gesetz geregelten und des nicht geregelten Sachverhaltes voraus. Diese Gleichwertigkeit muss in jedem Fall erst festgestellt werden. Sie versteht sich nicht von selbst.

3.1.1.2 Analogie von Ausnahmevorschriften

Die Rechtsprechung hat den Grundsatz entwickelt, dass eine Analogie zur Ausnahmevorschriften grundsätzlich unzulässig sei.

- Der Gesetzgeber hat die Gefährdungshaftung nur in einigen Tatbeständen wie §§ 833 BGB, 7 StVG geregelt als Ausnahme von der Regel, dass eine Schadensersatzpflicht ein schuldhaftes Handeln des Schädigers voraussetzt. Diese Ausnahmevorschriften sind nicht analogiefähig.[192]
- Verfahrensrechtliche Präklusionsvorschriften beschneiden das Recht auf Gehör aus Art. 103 Abs. 1 GG. Ihr strenger Ausnahmecharakter steht einer Analogie entgegen.[193]

---

191 BGHSt 24 S. 342, 343 f.
192 BGHZ 55 S. 229, 232 f.
193 BVerfGE 59 S. 330, 334; BGH NJW 1982 S. 1533, 1534.

3. Rechtsfortbildung

Dahinter steht die Überlegung, dass Ausnahmevorschriften nur ganz besonders gelagerte Sonderfälle regeln wollen und deshalb grundsätzlich nicht auf andere Sachverhalte übertragbar sind. Die Ausnahme soll nicht im Wege der Analogie zur Regel werden. Wohlgemerkt handelt es sich um einen Grundsatz, der aus der Natur der Regelung hergeleitet wird und Grundsätze kennen Durchbrechungen. Es kommt hinzu, dass die Grenzziehung zwischen Ausnahmevorschriften und Einschränkungen von zu weit gefassten Vorschriften nicht immer einfach und eindeutig zu bestimmen ist. § 935 BGB schränkt die zu weit geratenen Regelungen über den gutgläubigen Erwerb ein und ist gerade keine Ausnahmevorschrift.

Sind der in der Ausnahmevorschrift geregelte Sonderfall und der nicht geregelte Fall wesensmäßig gleich gelagert, kann bei Ausnahmevorschriften gleichwohl eine Analogie in Betracht kommen.[194]

- Die Ausnahmevorschrift des § 80 Abs. 2 Nr. 2 VwGO bezieht sich auf Anordnungen von Polizeivollzugsbeamten und wird analog auf Anordnungen durch Verkehrszeichen und Verkehrsampeln angewandt.
- Die Haftungsbeschränkung des § 839a BGB für den gerichtlich bestellten Sachverständigen gilt analog für den von der Staatsanwaltschaft beauftragten Sachverständigen. Die Staatsanwaltschaft ist zwar kein Gericht, jedoch ebenfalls ein Organ der Strafrechtspflege. Die von ihr angeforderten Gutachten wirken oftmals in ein anschließendes gerichtliches Verfahren hinein.[195]

3.1.2 Umkehrschluss

Die Analogie gilt bei wesensmäßiger Ähnlichkeit des im Gesetz geregelten Falles mit dem nicht geregelten Sachverhalt. Sie kann nicht bei Andersartigkeit, bei einem wesensmäßigen Unterschied zwischen einer gesetzlichen Regelung und dem nicht geregelten Sachverhalt zur Anwendung kommen. Sie kann auch nicht zur Anwendung kommen, wenn einer Regelung die Wertung eigen ist, nur für die von der Regelung erfassten Sachverhalte und nicht darüber hinaus zu gelten. Hier beginnt der Umkehrschluss. Dem Umkehrschluss, auch argumentum e contrario genannt, liegt die Wertung zugrunde, dass mit der Verknüpfung einer bestimmten Rechtsfolge an einen bestimmten Tatbestand andere nicht erfasste Tatbestände gerade nicht dieselbe Rechtsfolge zeigen sollen. Es liegt gerade keine ausfüllungsbedürftige Lücke im Gesetz vor:

- § 253 Abs. 1 BGB macht das mit der Formulierung *nur* deutlich.
- § 1601 BGB sieht eine Unterhaltspflicht ausschließlich unter Verwandten in gerader Linie vor. Daraus kann im Umkehrschluss hergeleitet werden, dass Verwandte in der Seitenlinie gerade nicht zum Unterhalt verpflichtet sein sollen.

Das Gesetz will die Unterhaltspflicht auf die Verwandtschaft in gerader Linie beschränken. Die Regelung ist ganz bewusst ausschließlicher und abschließender Natur. Nur die erwähnten Verwandten sollen haften. Es liegt gerade keine Lücke vor. Dem Gesetz ist ein beredtes Schweigen[196] immanent: Es soll zum Ausdruck gebracht werden, dass andere Verwandte nicht haften sollen. Ob es sich um ein

---
194 BGH NJW 1989 S. 227; BGHZ 130 S. 288, 293; Würdinger JuS 2008 S. 949, 950 f.
195 BGH JA 2014 S. 65, 67 mit Anmerkung Thiel.
196 Kerschner S. 52; Rüthers/Fischer/Birk Rdn. 838; zur Problematik dieser Schlussfolgerung als Unterstellung Schnapp S. 156.

VII. Die Rechtsfindung

solches beredte Schweigen handelt, muss im Wege der Auslegung geklärt werden. Eine gewollte Beschränkung, die ausdrückliche Abgrenzung des Regelungsbereiches steht einer Erweiterung im Wege der Analogie entgegen. Hat der Gesetzgeber eine eindeutige Entscheidung getroffen, darf der Richter diese nicht aufgrund eigener rechtspolitischer Vorstellungen verändern und durch eine Lösung ersetzen, die der Gesetzgeber so nicht gestalten wollte.

Soweit eine Regelung abschließenden Charakter hat, d. h. nur die geregelten Fälle erfassen will, spricht dies gegen eine Analogie. Aus der abschließenden Formulierung wird der Umkehrschluss gezogen, dass eine Erstreckung auf vom Gesetz nicht einbezogene Fälle ausgeschlossen sein soll. Der abschließende Charakter einer Regelung und insbesondere eine abschließende Aufzählung legen die Vermutung nahe, dass keine Lücke im Gesetz besteht. Es darf jedoch nicht schon bei der grammatischen Auslegung Halt gemacht werden. Es müssen auch die anderen Auslegungskriterien herangezogen werden. Es darf nicht verkannt werden, dass der Übergang von der Analogie zum Umkehrschluss fließend ist.[197]

Deshalb zählt der Umkehrschluss streng genommen nicht zur Rechtsfortbildung. Im Gegensatz zur Analogie werden aus dem Umkehrschluss keine neuen Rechtsregeln hergeleitet. Sondern er zieht der Rechtsfortbildung durch Analogie Grenzen. Gerade in dieser Grenzziehung liegt ein Akt der Rechtserkenntnis.

- Bei Umwandlung von vermietetem Wohnraum in Wohnungseigentum gilt nach § 577a BGB eine Sperrfrist für die Eigenbedarfs- und die Verwertungskündigung nach § 573 Abs. 2 Nr. 2 oder 3 BGB. Eine Erweiterung der Sperrfrist auf andere Kündigungsgründe kommt deshalb nicht in Betracht. Die Entscheidung des Gesetzgebers, der den Anwendungsbereich der Sperrfrist beschränkt hat, ist zu respektieren.[198]
- Die Ausschlussfrist des § 556 Abs. 3 Satz 2 BGB *Vereinbarungen über Betriebskosten* steht im Abschnitt *Wohnraummiete*. § 578 BGB zählt die Vorschriften aus dem Wohnraummietrecht auf, die auch für Gewerberäume gelten. § 556 BGB ist nicht erwähnt ... *der Gesetzgeber hat durch die gezielte Auswahl der auf die Geschäftsraummiete anwendbaren Vorschriften in § 578 BGB deutlich zum Ausdruck gebracht, dass § 556 BGB für die Geschäftsraummiete nicht gelten soll. Über diesen gesetzgeberischen Willen kann nicht im Wege der Analogie hinweggegangen werden.*[199]

> Analogie gilt bei wesensmäßiger Ähnlichkeit.
> Der Umkehrschluss gilt bei Andersartigkeit.

Dort wo die Ähnlichkeit aufhört, d. h. ein wesentlicher Unterschied auftritt, hat die Analogie ihre Grenze und der Umkehrschluss kommt zum Zuge. Der Umkehrschluss beruht auf dem Schluss von der Verschiedenartigkeit der Voraussetzungen auf die Verschiedenheit der Rechtsfolgen. Er geht wie der Analogieschluss von dem Gerechtigkeitsgedanken aus, wonach Gleiches gleich und Ungleiches ungleich zu behandeln ist. Die Entscheidung für Analogie oder Um-

---

197 BVerfGE 65 S. 182, 191; Bydlinski S. 85 f.; Schnapp S. 156 f.; Schwacke S. 125; kritisch zum Begriff der Lücke Müller/Christensen S. 393 und Gast Rdn. 1020.
198 BGH NJW 2009 S. 1808 f.
199 BGHZ 184 S. 117, 122.

3. Rechtsfortbildung

kehrschluss geschieht letztlich über eine Wertung zur Ähnlichkeit und Sachgerechtigkeit einer Regelung mit einem nicht geregelten Sachverhalt.[200]

Analogie – Umkehrschluss

Analogie	Umkehrschluss
Lücke absichtlich offengelassene Lücke oder planwidrige Lücke oder nachträgliche Lücke + Rechtsähnlichkeit	keine Lücke bei abschließendem Regelungsinhalt der Norm oder Andersartigkeit
↓	↓
Rechtsfolge der herangezogenen Norm gilt	Rechtsfolge der herangezogenen Norm gilt nicht

Es kann vorkommen, dass eine anfangs als abschließend konzipierte Norm im Zuge der Alterung des Gesetzes eine Gesetzeslücke aufweist. Die Entwicklung der Lebensverhältnisse kann eine bei Erlass eindeutige und vollständige Regelung lückenhaft und ergänzungsbedürftig erscheinen lassen. Bilden sich im Zuge sozialer und rechtlicher Veränderungen oder eines Wandels gesellschaftspolitischer Anschauungen entgegen der ursprünglich abschließenden Konzeption Regelungslücken, kann eine Analogie angezeigt sein, wo früher ein Umkehrschluss diese ausschloss:

- § 569a BGB a. F. gab bei Tod des Mieters, der alleine den Mietvertrag abgeschlossen hatte, nur seinem Ehegatten oder Familienangehörigen ein Recht zur Fortsetzung des Mietverhältnisses. Eine analoge Anwendung auf nichteheliche Lebensgefährten galt als ausgeschlossen.[201] Die Beschränkung auf Ehegatten und Familienangehörige entsprach dem Zeitgeist bei Erlass der Vorschrift, als ein Mietvertrag mit den Partnern einer nichtehelichen Lebensgemeinschaft nach § 138 BGB als sittenwidrig erachtet wurde. Ein Umkehrschluss verbot deshalb die analoge Erstreckung auf nichteheliche Lebenspartner. Die zunehmende Verbreitung nichtehelicher Lebensgemeinschaften ab den 1970er Jahren, ihre wachsende Akzeptanz in der Gesellschaft und im Recht – die auch Berücksichtigung in manchen Vorschriften des Sozialrechts fand – führte dazu, dass § 569a BGB a. F. als lückenhafte und nicht mehr abschließende Regelung betrachtet wurde. Im Jahr 1990 bestätigte das BVerfG, dass § 569a BGB a. F. eine Regelungslücke aufwies, die es gestattete, die Vorschrift auf nichteheliche Partner analog zu erstrecken.[202] Dieser Rechtsprechung hat der Gesetzgeber im Jahr 2002 in § 563 Abs. 2 BGB ausdrücklich Geltung verschafft.

Für den Rechtsanwender bedeutet dies, dass eine abschließende Formulierung einen Umkehrschluss nahelegt und gegen eine analoge Heranziehung der Norm

---
[200] BVerfGE 69 S. 150, 159 f.; BGH NJW 2006 S. 1419, 1421; Gast Rdn. 1051 ff.; Horn Rdn. 187; Röhl/Röhl S. 633; Pawlowski Rdn. 115; Neumann S. 313.
[201] LG Karlsruhe FamRZ 1982 S. 599 m. w. N.
[202] BVerfGE 82 S. 6, 13 ff.; ablehnend Schwacke S. 123: Rechtsfortbildung contra legem.

VII. Die Rechtsfindung

spricht. Gleichwohl kann die weitere Auslegung ergeben, dass eine Regelungslücke besteht, die eine analoge Heranziehung der Norm auf den nicht geregelten Fall – über ihren Wortlaut hinaus – sachgerecht erscheinen lässt und nach Sinn und Zweck der Norm eine analoge Anwendung oder sonstige Form der Rechtsfortbildung geboten erscheint.

- § 50 ZPO a. F. knüpfte die Parteifähigkeit an die Rechtsfähigkeit und gewährte nicht-rechtsfähigen Vereinigungen nur die passive Parteifähigkeit. Damit stand nach dem eindeutigen und abschließenden Wortlaut der Vorschrift nicht-rechtsfähigen Vereinigungen nur die passive Parteifähigkeit zu. Sie konnten nicht selbst klagen, sondern nur verklagt werden. Der Gesetzgeber an der Wende zum 20. Jahrhunderts missbilligte Gewerkschaften. Deren Eintragung als rechtsfähige Vereine war nicht möglich. Schon in der Weimarer Republik änderte sich diese Haltung des Staates und fand schließlich Ausdruck in Art. 9 Abs. 3 GG, dem Grundsatz der Koalitionsfreiheit. Deshalb wurde den Gewerkschaften seitens der Rechtsprechung die aktive Parteifähigkeit gewährt. Die Rechtsprechung schwenkte vom Umkehrschluss zur Analogie. Dabei nahm sie eine Rechtsfortbildung contra legem, gegen den ausdrücklichen Wortlaut des Gesetzes und den Willen des Gesetzgebers vor.[203] Dem trug der Gesetzgeber später durch Änderung des § 50 Abs. 2 ZPO Rechnung.

Die beiden aufgezeigten Beispielsfälle aus der Rechtsprechung für eine analoge Erweiterung und gegen einen Umkehrschluss haben eine Gemeinsamkeit: Die abschließende Formulierung der Norm und die abschließende Aufzählung sprachen für einen Umkehrschluss, da der historische Gesetzgeber diese Vorschriften als abschließende Vorschriften ausformuliert hatte. Mittlerweile hatten sich die sozialen und politischen Verhältnisse wesentlich geändert. In später zu demselben Sachverhalt – nicht-eheliche Partnerschaft, Gewerkschaften – erlassenen Vorschriften wurden diesen Änderungen Rechnung getragen und fanden diese Sachverhalte eine rechtliche Akzeptanz. Diese Neuerungen dürfen bei der Anwendung der älteren Vorschriften nicht außer Acht gelassen werden. Der Gedanke der Systemgerechtigkeit und der Widerspruchsfreiheit der Rechtsordnung, der der systematischen Auslegungsmethode zugrunde liegt, verlangt eine Abstimmung und diese kann den Weg zur analogen Anwendung der Norm und gegen den Umkehrschluss und seine Restriktion weisen.

Analogie- und Umkehrschluss finden ihre Rechtfertigung in dem Gleichheits- und Gerechtigkeitsgedanken, wonach Gleiches gleich und Ungleiches ungleich zu behandeln ist. So schlüssig diese Begründung auf den ersten Blick anmutet, so fraglich ist sie bei näherer Betrachtung: Der Gesetzgeber ist zwar gehalten, Gleiches gleich und Ungleiches ungleich zu behandeln. Er ist jedoch weitgehend frei, die Merkmale der Vergleichbarkeit zu bestimmen. Selbst bei vergleichbaren Tatbeständen verbietet der Gleichbehandlungsgrundsatz nicht jegliche Differenzierung, solange es hierfür einen sachlichen Grund gibt und die Differenzierung nicht willkürlich ist.[204] Bedenkt man diese Möglichkeiten zur sachlichen Differenzierung bei der Entscheidung für Analogie- oder Umkehrschluss, so verliert manche Analogie unter dem Gesichtspunkt Gleiches müsse gleichbehandelt wer-

---

203 BGHZ 50 S. 325, 334.
204 BVerfGE 35 S. 263, 272; BAG NZA 2008 S. 960 ff.

den, ihre Zwangsläufigkeit. Trotzdem führt kein Weg an der Entscheidung für Analogie- oder Umkehrschluss vorbei. Analogie und Umkehrschluss stehen in einem formal-logischen Alternativverhältnis. Es kann nur das eine oder das andere vorliegen. Sie verschließen nicht andere Wege der Rechtsfortbildung.

3.1.3 Teleologische Reduktion

Das Gegenstück zur Analogie bildet die teleologische Reduktion, auch teleologische Restriktion genannt.[205] Bei der Analogie wird ein Rechtssatz, der für bestimmte Lebenssachverhalte geschaffen wurde auf einen ähnlichen, im Gesetz geregelten Lebenssachverhalt übertragen. Die Analogie besteht in einer Tatbestandserweiterung auf einen wesensmäßig ähnlichen Sachverhalt über den Wortlaut der herangezogenen Norm hinaus.

Bei der teleologischen Reduktion wird ein Lebenssachverhalt, der vom Wortlaut einer Norm erfasst wird, gleichwohl nicht dem Regelungsbereich der Norm untergeordnet. Die teleologische Reduktion bezeichnet eine Tatbestandseinengung, ein Zurückbleiben des Regelungsbereiches hinter dem Wortlaut. Zur teleologischen Reduktion wird gegriffen, wo das Gesetz

- wertungsmäßige Differenzierungen nicht vornimmt,
- der Tatbestand zu weit gefasst ist,
- die erforderlichen Einschränkungen vermissen lässt.

Zu Unrecht schert das Gesetz alles über einen Kamm. Ungleiches wird vom Wortlaut der Norm gleichbehandelt.[206] Die teleologische Reduktion beruht folglich auf einem Anwendungsfall des Gleichbehandlungsgrundsatzes. Deshalb sind die Sachverhalte aus dem Anwendungsbereich der Norm herauszunehmen, die mit den sonstigen erfassten Sachverhalten nicht vergleichbar sind. Deshalb muss die in ihrem Wortlaut zu weit gefasste Norm eingeschränkt werden:

- Nach § 43 Abs. 2 Satz 1 VwGO ist eine Feststellungsklage unzulässig, wenn der Kläger seine Rechte durch Leistungsklage verfolgen kann, weil eine Feststellungsklage nicht vollstreckbar ist und eine Leistungsklage noch notwendig werden kann. Eine Ausnahme besteht bei Klagen gegenüber Behörden. Bei diesen ist davon auszugehen, dass sie einer Feststellungsklage Folge leisten werden.
- § 123 BGB gibt dem Arbeitgeber kein Recht zur Anfechtung des Arbeitsvertrags, wenn er dem Arbeitnehmer unzulässige Fragen beim Einstellungsgespräch gestellt hat und der Arbeitnehmer die Unwahrheit gesagt hat. Der Arbeitnehmer hat ein Recht zur Lüge. Eine arglistige Täuschung entfällt.[207]
- Beim fehlerhaften und damit von Anfang an unwirksamen Arbeitsvertrag kommen nach der Lehre vom faktischen Arbeitsvertrag nicht die §§ 812 ff. BGB für die Vergangenheit zur Anwendung. Das fehlerhafte aber faktisch vollzogene Arbeitsverhältnis wird für die Vergangenheit als wirksam betrachtet. Nichtigkeits- und Anfechtungsfolgen wirken nur für die Zukunft entgegen § 142 BGB.[208]

Es darf nicht verwundern, dass die teleologische Reduktion im Arbeitsrecht häufig anzutreffen ist. Der Arbeitsvertrag bestimmt sich in seinen Grundzügen nach

---

[205] A. A. Wienbracke Rdn. 213; Pawlowski Rdn. 169: Fall der teleologischen Auslegung.
[206] Zippelius S. 56; Larenz/Canaris S. 198 f.
[207] Jacobi S. 150 f.
[208] BAGE 5 S. 58, 65.

VII. Die Rechtsfindung

dem BGB. Das BGB beruht auf der Grundannahme gleichberechtigter Vertragspartner. Diese Grundannahme trägt der wirtschaftlichen Abhängigkeit des Arbeitnehmers nicht ausreichend Rechnung. Hinzu kommt, dass zahlreiche Vorschriften des BGB nicht auf Dauerschuldverhältnisse wie den Arbeitsvertrag abgestimmt sind. Schon bei Schaffung des BGB war dem Gesetzgeber bewusst, dass die Aufnahme einzelner Vorschriften zum Arbeitsvertragsrecht in §§ 611 ff. BGB unzureichend war und das BGB der Besonderheit des Arbeitsvertrages nicht ausreichend Rechnung zollte. Der Arbeitsvertrag sollte zu einem späteren Zeitpunkt in einem eigenen Gesetzeswerk eine umfassende Regelung erfahren. Dies ist bislang nicht geschehen. Deshalb ist es Aufgabe der Rechtsfortbildung und hier der teleologischen Reduktion, diese Anpassung und Entwicklung zu leisten. Hierbei ist dem Spannungsverhältnis zwischen dem für den Arbeitnehmer streitenden Sozialstaatsprinzip und der wirtschaftlichen und unternehmerischen Freiheit des Arbeitgebers Rechnung zu tragen.

Mit der teleologischen Reduktion wird eine Lücke im Gesetz geschlossen. Die Lücke besteht in fehlenden Einschränkungen, Differenzierungen des Gesetzes, die im Wege der Rechtsfortbildung eingefügt werden. Hier wird von **verdeckten Lücken** gesprochen: Das Gesetz enthält eine Regelung, die aber nach ihrem Sinn und Zweck nicht auf den Sachverhalt passt. Sie wird seinen Besonderheiten nicht gerecht, weil sie eine Einschränkung vermissen lässt.

> Bei der teleologischen Reduktion besteht die Lücke im Gesetz in einer fehlenden Ausnahmeregelung.

Die teleologische Reduktion findet sich häufig bei zu weit geratenen Ausnahmevorschriften, die schon nach allgemeinen Auslegungsgrundsätzen tendenziell eng auszulegen sind. Im Wege der teleologischen Reduktion wird die Ausnahmeregelung eingeschränkt und kommt der gesetzliche Grundsatz, von dem die Ausnahmeregelung abweicht, vermehrt zum Tragen.

- Die Haftungsbeschränkung des §§ 1359, 277 BGB unter Ehegatten als Ausnahmeregelung zu § 276 BGB gilt nicht im Straßenverkehr.[209]
- § 12 Abs. 3 Nr. 3 StVO verbietet das Parken vor Grundstücksein- und -ausfahrten. Sie dient dem Schutz des Grundstücksbesitzers und kommt nicht zur Anwendung, wenn dieser selbst dort parkt.

Zur teleologischen Reduktion wird gegriffen, wenn eine restriktive Auslegung einer Bestimmung nicht mehr möglich ist in Anbetracht des klaren Wortlautes. Nicht immer wird klar dieser Unterschied zwischen restriktiver Auslegung und teleologischer Reduktion berücksichtigt und werden diese Begriffe gleichgesetzt oder die teleologische Reduktion noch der Auslegung zugerechnet.[210] Die restriktive Auslegung orientiert sich noch am Wortlaut der Norm. Die teleologische Reduktion bleibt hinter dem Wortlaut zurück. Mit der teleologischen Reduktion beginnt der Bereich der Rechtsfortbildung, in dem das Gesetz entgegen seinem Wortlaut korrigiert wird.

---

209 BGH NVZ 2009 S. 381 f.
210 BVerfG NJW 2004 S. 2662 bezeichnet die teleologische Reduktion als Auslegungsmethode.

3. Rechtsfortbildung

3.1.4 Rechtsergänzung

Analogie, Umkehrschluss und teleologische Reduktion beruhen auf der Anknüpfung an gesetzliche Regelungen. Fehlt es an einer solchen Anknüpfungsmöglichkeit, ist für die Lückenschließung auf die Rechtsergänzung zurückzugreifen.[211]

Die Rechtsergänzung greift zur Schließung von Regelungslücken auf die Verfassung zurück, auf allgemeine Rechtsgrundsätze und Rechtsprinzipien. Sie sucht damit wie die Analogie ihre Legitimation im bestehenden Rechtssystem:

- Aus Art. 9 Abs. 3 GG und Art. 3 GG wurden wesentliche Grundsätze zum Recht des Arbeitskampfes und der Arbeitskampfparität entwickelt.
- Aus dem Sozialstaatsprinzip des Art. 20 Abs. 1 GG sowie §§ 242, 826 BGB wurde ein Kontrahierungszwang für Inhaber von Monopolbetrieben hergeleitet, soweit diese die Allgemeinheit mit wichtigen Gütern versorgen.
- Die Einwilligung des Verletzten stellt sowohl im Zivilrecht wie im Strafrecht einen ungeschriebenen Rechtfertigungsgrund bei Körperverletzungen durch ärztliche Heilbehandlungen dar. Die Einwilligung verkörpert das allgemeine Rechtsprinzip der Selbstbestimmung der Person, das in Art. 2 GG und erstmals im Jahr 2013 in § 630d BGB seine Anerkennung gefunden hat.[212]
- Aus dem Rechtsstaatsprinzip wurde das Vertrauensprinzip und hieraus wiederum die Lehre vom Rückwirkungsverbot belastender Gesetze entwickelt.
- Aus dem Grundsatz der Gesetzmäßigkeit der Verwaltung des Art. 20 GG und der Forderung nach wiederherstellender Gerechtigkeit wurde der öffentlich-rechtliche Erstattungsanspruch hergeleitet. Es handelt sich hierbei um ein eigenständiges Rechtsinstitut des öffentlichen Rechts und nicht um eine Analogie zu §§ 812 ff. BGB. Deshalb kommt nicht der Entreicherungseinwand nach § 818 Abs. 3 BGB zur Anwendung, sondern der allgemeine Vertrauensgrundsatz.[213]
- Aus den Freiheitsgrundrechten und Art. 20 Abs. 3 GG sowie dem Rechtsgedanken der §§ 12, 862, 1004 BGB, 113 Abs. 1 Satz 2 VwGO wurde der privatrechtliche und öffentlich-rechtliche Folgenbeseitigungsanspruch entwickelt.[214]

Greift die Analogie auf ähnlich gelagerte Tatbestände zurück, verbleibt für die Rechtsergänzung der Rückgriff auf allgemeine Rechtsgrundsätze und Rechtsprinzipien. Der Übergang zwischen Analogie und Rechtsergänzung ist fließend. So beruht die Rechtsanalogie auf einer Vielzahl von Normen mit gleicher Regelungsaussage. Dahinter kommt häufig schon ein Rechtsprinzip zum Vorschein.

Zur Rechtsergänzung wird die **teleologische Extension** gerechnet.[215] Sie soll in Betracht kommen, wenn der Wortlaut einer Norm zu eng geraten ist, ihr Sinn und Zweck eine Erweiterung der Norm über ihren Wortlaut hinaus gebietet. Der in der Norm zum Ausdruck kommende Rechtsgedanke wird über ihren Wortlaut hinaus erstreckt. Es erscheint fragwürdig, ob es der Kategorie Rechtsfortbildung durch teleologische Extension wirklich bedarf. Diese Fälle können über eine ana-

---

211 Beaucamp DÖV 2013 S. 3.
212 BGHSt 35 S. 246, 249.
213 BVerwGE 71 S. 85, 87.
214 Schwerdtfeger/Schwerdtfeger Rdn. 288 ff.
215 Larenz/Canaris S. 216.

VII. Die Rechtsfindung

loge Heranziehung der zu eng geratenen Norm auf die nicht erfassten Fälle ebenso überzeugend gelöst werden.[216]

- Nach § 47 Abs. 2 Satz 1 VwVfG ist die Umdeutung eines Verwaltungsaktes unzulässig, wenn die Rechtsfolgen der Umdeutung für den Betroffenen ungünstiger sind. Der Ausschluss gilt obendrein, wenn durch die Umdeutung weitere Personen erstmals belastet würden, die bislang noch nicht betroffen sind. In beiden Fällen liegt eine Verschlechterung der Rechtslage vor.
- Die sechsmonatige Verjährungsfrist des § 548 BGB für Ersatzansprüche des Vermieters wegen Veränderung oder Verschlechterung der Mietsache wird auf deliktische Ansprüche des Vermieters aus §§ 823 ff. BGB erstreckt entgegen §§ 195 ff. BGB. Dahinter steht der Gedanke, dass durch Zeitablauf bei Mietobjekten Beweisschwierigkeiten erwachsen können. Ansonsten würde § 548 BGB von der dreijährigen Verjährungsfrist des § 195 unterlaufen. Der Zweck der Vorschrift würde leerlaufen, da neben den von § 548 BGB erfassten Fällen regelmäßig auch deliktische Ansprüche bestehen.[217]

Der Rechtsfigur der teleologischen Extension bedarf es nicht.

Der Grundsatz der Gewaltenteilung verwehrt eine richterliche Rechtsfortbildung, die sich alleine auf das Gutdünken oder Zweckmäßigkeitsgesichtspunkte des Gerichts stützt. Soweit sich die Rechtsfortbildung auf allgemeine Rechtsprinzipien oder die allgemeine Werteordnung stützt, findet sie ihre Rechtfertigung in der Rechtsordnung selbst. In Zeiten der Globalisierung der Wirtschaft und Internationalisierung des Rechts vermag Rechtsvergleichung einen wichtigen Beitrag zur Lückenschließung durch Rechtsergänzung zu liefern, soweit diese nicht in Widerspruch zur nationalen Rechtordnung tritt.[218] Europarechtliche Vorgaben und internationale Verflechtungen in Politik, Wirtschaft und Gesellschaft tragen ein weiteres dazu bei.

3.2 Rechtsfortbildung contra legem

Die Rechtsfortbildung contra legem – entgegen dem eindeutigen Wortsinn der Norm – betrifft die Berichtigung gesetzlich nicht befriedigend geregelter Sachverhalte. Der Rechtsanwender setzt sich über den Wortlaut der Norm hinweg, nimmt eine

> Korrektur des Wortlauts der Norm

vor. Sie steht im Spannungsfeld zwischen Rechtssicherheit und Gerechtigkeitsstreben. Die Notwendigkeit der Rechtsfortbildung contra legem kann sich ergeben, wenn Widersprüche im Recht auftreten, oder ein *Rechtsnotstand* besteht, weil ein Gesetz unabwendbaren Verkehrsbedürfnissen in einer für das allgemeine Rechtsbewusstsein unerträglichen Weise nicht gerecht wird.[219] Die Rechtssicherheit gebietet die Bindung an den Wortlaut des Gesetzes. Sie trägt dem in Art. 20

---

216 Im Ergebnis ebenso Gast Rdn. 1074; Röhl/Röhl S. 621; zum Meinungsstand Wienbracke Fußn. 148 zu Rdn. 274.
217 AG Halle/Westfalen NJW-RR 2004 S. 602.
218 von Busse S. 141 ff. mit Beispielen S. 191 ff.
219 BGHZ 50 S. 325, 327; Bydlinski S. 108 ff.; Engisch S. 290 ff.

3. Rechtsfortbildung

Abs. 3 GG und Art. 97 Abs. 1 GG niedergelegten Grundsatz vom Vorrang des Gesetzes Rechnung, der Bindung der Gerichte an das Gesetz und ihrer besonderen demokratischen Legitimation. Die Gerechtigkeit kann ausnahmsweise die Abweichung vom Gesetz notwendig machen. Das Gericht darf nach Ansicht des BVerfG nicht schon ... *vom Gesetz abweichen, wenn es meint, der Gesetzgeber habe rechtspolitische Gesichtspunkte nicht ausreichend erwogen oder berücksichtigt ... oder wenn es Zweifel an der Richtigkeit, der vom Gesetzgeber vorgenommenen Interessenabwägung hat ... Das Grundgesetz hat dem Gesetzgeber einen weiten Gestaltungsspielraum zugebilligt in der Bewertung der zur Verfügung seiner Ziele geeigneten und erforderlichen Maßnahmen.*[220]

Sie ist anerkannt, wenn eine dringende Notwendigkeit besteht für die Korrektur eines Gesetzes. Ihre Legitimation entnimmt sie Art. 20 Abs. 3 GG, der neben der Bindung an das Gesetz die Bindung an das Recht nennt. Diese Verfassungsnorm erteilt einer strikten Gesetzesbindung eine Absage. Ergeben Gerechtigkeitsüberlegungen eine Notwendigkeit zur Gesetzeskorrektur, so ist eine Rechtsfortbildung contra legem zulässig, soweit Sinn und Zweck des jeweiligen Gesetzes und die Wertordnung des Grundgesetzes gewahrt werden.

Mit der Rechtsfortbildung contra legem darf der Gewaltenteilungsgrundsatz nicht in sein Gegenteil verkehrt werden. Je älter ein Gesetz ist, umso gravierendere Veränderungen in der Rechtswirklichkeit seit Erlass eines Gesetzes erfolgt sind, umso eher besteht die Legitimation zur Rechtsfortbildung. Das gilt insbesondere für vorkonstitutionelle Gesetze, d. h. Gesetzen aus der Zeit vor Erlass des Grundgesetzes, denen die Wertungen des späteren Verfassungsgebers noch fremd waren. Mit dem Altern des Gesetzes wächst die Freiheit des Richters zur Rechtsfortbildung, insbesondere wenn sich die Lebensverhältnisse und Rechtsanschauungen tiefgreifend verändert haben. Tritt hiernach eine Norm in ein Spannungsverhältnis zu den materiellen Gerechtigkeitsvorstellungen der gewandelten Gesellschaft, dürfen die Gerichte nicht am Gesetzeswortlaut festhalten, sondern sie trifft die Aufgabe, das Recht zu entwickeln.[221] Jedoch genügen

- der Wandel gesellschaftlicher Auffassungen oder
- rechtspolitische Bedenken oder
- Zweckmäßigkeitserwägungen

alleine nicht für eine Rechtsfortbildung contra legem.

- Es geht nicht an, dass die Rechtsprechung das gesetzliche Modell des nachehelichen Unterhalts in §§ 1577 ff. BGB durch ein eigenes Modell ersetzt und damit einen eigenmächtigen Systemwechsel bei der Unterhaltsberechnung vornimmt. § 1578 BGB stellt für den nachehelichen Unterhalt auf die *ehelichen* Lebensverhältnisse ab. Diese gesetzliche Vorgabe darf die Rechtsprechung nicht aufgrund eigener Gerechtigkeitsvorstellungen durch *wandelbare* Lebensverhältnisse ersetzen.[222]

Für eine Rechtsfortbildung contra legem müssen weitergehende Voraussetzungen erfüllt sein.[223]

---
220 BVerfGE NJW 1993 S. 1911.
221 BVerfGE 34 S. 269, 288 f. – Soraya; BGHZ 50 S. 325, 327.
222 BVerfGE 128 S. 193, 214; Götz/Brudermüller NJW 2011 S. 801 ff.
223 BGHZ 62 S. 282, 285; BGHZ 109 S. 15, 18; BAGE 48 S. 122, 154 ff.

VII. Die Rechtsfindung

> Eine Rechtsfortbildung contra legem wird anerkannt, wenn
> 1. ein zwingender Grund für eine Rechtsfortbildung besteht wegen
>   - dringender Bedürfnisse des Rechtsverkehrs oder
>   - aus Gründen sozialer Gerechtigkeit[212] und
> 2. die Rechtsfortbildung mit den Zielen und Wertungen der Rechtsordnung in Einklang steht.

- Entgegen dem numerus clausus der Sachenrechte und dem Gebot der Publizierung der Verpfändung nach § 1205 Abs. 1 Satz 1 BGB wurde die Sicherungsübereignung entwickelt. Sie trug damit einem dringenden Bedürfnis des Rechtsverkehrs Rechnung.
- Entgegen § 1004 Abs. 1 Satz 2 BGB gilt der Unterlassungsanspruch nicht erst bei weiteren Beeinträchtigungen, sondern entgegen dem Wortlaut schon bei der ersten Beeinträchtigung; es wäre unangemessen und ineffektiv, wenn der Rechtsinhaber eine Rechtsverletzung hinnehmen müsste, bevor er einen Unterlassungsanspruch gegen zukünftige Beeinträchtigungen geltend machen könnte.
- Entgegen dem Wortlaut des § 847 BGB a. F. wurde der Schmerzensgeldanspruch bei Persönlichkeitsverletzungen aus Art. 1 und 2 GG hergeleitet.[224]

Weithin gegen den Wortlaut des Gesetzes hat die Rechtsprechung den Persönlichkeitsrechtsschutz und die Gewährung von Schmerzensgeld bei Persönlichkeitsverletzungen im BGB entwickelt: *Neben einer gewandelten Rechtsauffassung fällt für die Rechtsentwicklung weiter ins Gewicht, daß sich seit 1900 tiefgreifende technische und soziale Entwicklungen vollzogen haben. Sie schufen nicht nur ganz neue, für den Gesetzgeber schlechthin unvorhersehbare Möglichkeiten einer Verletzung von Persönlichkeitsrechtsgütern, sondern auch – zumal mit dem Einfluß und der Verbreitung sogenannter Massenmedien – besonders günstige Voraussetzungen für eine nachhaltige Auswirkung von Persönlichkeitsverletzungen. Dem damit gegebenen Bedürfnis eines verstärkten und der Eigenart der Verletzung – adäquaten Rechtsschutzes der Persönlichkeit wurde die Regelung des Bürgerlichen Gesetzbuches offenbar nicht mehr gerecht ...*[225]

Hat der Gesetzgeber mehrfach ein Gesetz geändert und eine bedenkliche Vorschrift trotzdem beibehalten, spricht dies nach Ansicht des BGH gegen eine Rechtsfortbildung contra legem. Unter dem Gesichtspunkt der Rechts- und Gesetzesbindung der rechtsprechenden Gewalt sei diese Entscheidung der gesetzgebenden Gewalt zu respektieren.[226]

Die Rechtsfortbildung contra legem weist eine Parallele zur teleologischen Reduktion auf. Bei der teleologischen Reduktion wird das Gesetz entgegen seinem Wortlaut auf bestimmte Fallgruppen – die die Voraussetzungen der Norm erfüllen – nicht angewandt, weil die Norm nach ihrem Sinn und Zweck auf diese Fallgruppen nicht passt. Der Sinn und Zweck der Norm folgt aus dieser selbst. Die teleologische Reduktion leitet ihre Legitimation aus dem betreffenden

---

224 BVerfGE 34 S. 269 ff. – Soraya.
225 BVerfGE 39 S. 124, 131 – Fernsehansagerin.
226 BGHZ 109 S. 15, 18 f.

3. Rechtsfortbildung

Rechtssatz selbst ab. Bei der Rechtsfortbildung contra legem wird der Gesetzeswortlaut verlassen, nicht weil es Sinn und Zweck der Rechtsvorschrift selbst gebieten sondern weil es übergeordnete Prinzipien der Rechtsordnung gebieten. Sie erfolgt zwar entgegen dem Wortlaut des Gesetzes aber noch in Einklang mit der übergeordneten Rechtsordnung. Zugleich verwischt die Grenze zwischen extensiver Auslegung unter teleologischen Gesichtspunkten und Rechtsfortbildung contra legem.[227]

Die Rechtsfortbildung contra legem wird nicht immer eindeutig von der Analogie unterschieden.

- So fasste die Rechtsprechung die Erstreckung der aktiven Parteifähigkeit nach § 50 Abs. 2 ZPO a. F. auf die Gewerkschaften unter die Analogie und nicht unter die Rechtsfortbildung contra legem. Obwohl diese Rechtsfortbildung entgegen dem eindeutigen Wortlaut und entgegen der Regelungsabsicht des Gesetzgebers erfolgte, wurde ihr die Qualität einer Rechtsfortbildung contra legem abgesprochen, da es nicht auf die Regelung des § 50 Abs. 2 ZPO a. F. isoliert ankomme sondern auf die gesamte gesetzlich angeordnete Rechtsstellung der Gewerkschaften.[228]
- Nach § 1906 Abs. 3 BGB können Betreute, nur in geschlossenen Einrichtungen gegen ihren Willen ärztlich zwangsbehandelt werden. Kommt eine Unterbringung nach § 1906 Abs. 1 in einer geschlossenen Einrichtung nicht in Betracht, weil die Betreuten sich räumlich nicht entziehen wollen oder können, so soll eine Zwangsbehandlung in einer offenen stationären Einrichtung im Wege der Analogie entgegen dem eindeutigen Wortlaut und entgegen den Gesetzesmaterialien der Vorschrift zulässig sein.[229]

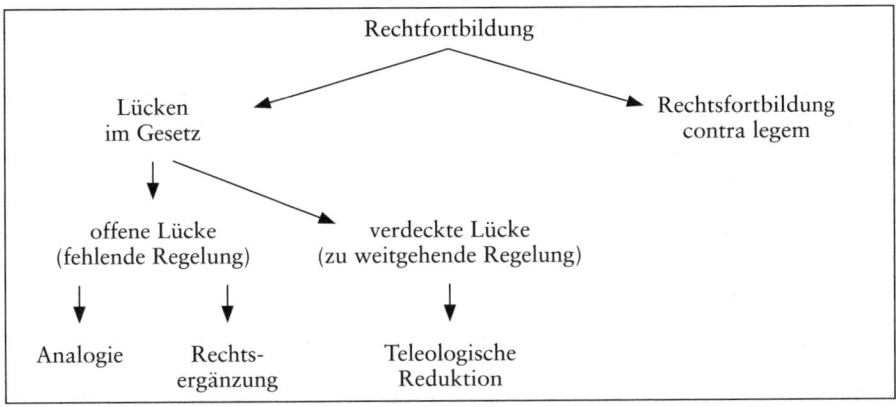

Die Grenze ist nicht eindeutig zwischen Rechtsfortbildung contra legem und Analogie. Das kann nicht verwundern. Diese Unschärfe ist eine Folge des Umstandes, dass jeder Analogie zugleich ein Element der Rechtsfortbildung contra legem eigen ist:[230] Der Gesetzeswortlaut enthält die analoge Erstreckung gerade

---

227 BVerfGE 8 S. 210, 220 f.
228 BGHZ 50 S. 325, 334; kritisch Neuner (2005) S. 162 ff.; ablehnend Schwacke S. 294.
229 BVerfG NJW 2017 S. 53, 59.
230 Auf diese Unschärfe weist Larenz/Canaris S. 195 hin, der die Analogie als Gebot der Teleologie und die Rechtsfortbildung contra legem als Gebot der Rechtspolitik versteht.

VII. Die Rechtsfindung

nicht. Das Gesetz wird entgegen seinem Wortlaut erweitert. Es wäre an der Zeit, die Unterscheidung zwischen Analogie und Rechtsfortbildung contra legem auf seine Notwendigkeit zu überdenken und neu zu strukturieren.

Die Rechtsfortbildung contra legem darf nicht zum Zuge kommen, wenn im Spannungsfeld dieser zu Demokratieprinzip, Gewaltenteilungsgrundsatz, Rechtsstaatsprinzip und Gerechtigkeitsprinzip letztere eindeutigen Vorrang beanspruchen können.

3.3 Grenzen der Rechtsfortbildung

Die Rechtsfortbildung erfährt ihre Legitimation aus Art. 20 Abs. 3 GG. Sie greift auf Wertungen des Grundgesetzes zur Schaffung neuer Rechtssätze zurück. Gleichwohl greift die Rechtsfortbildung durch die Exekutive und Judikative in die verfassungsrechtlich verbürgte Gewaltenteilung ein. Zwar betreffen Entscheidungen der Gerichte nur den Einzelfall und sind nicht allgemeiner Natur wie Gesetze. Trotzdem werden andere Gerichte sich daran orientieren, sich damit auseinandersetzen, auf diese Entscheidung verweisen. Damit vermag die Einzelfallentscheidung über den Einzelfall hinaus zu wirken, auch wenn ihr kein Gesetzesrang zukommt. Das Gleichbehandlungsgebot führt dazu, dass andere Fälle an dieser Entscheidung zu messen sind.

Die Schaffung von Gesetzen zur Schließung von Lücken im Gesetz ist Aufgabe der Legislativen. Dieser kommt ein Einschätzungs-, Wertungs- und Gestaltungsspielraum zu und zwar sowohl auf materiell-rechtlicher wie auf verfahrensrechtlicher Ebene.[231] Greifen Exekutive und Judikative zur Schließung von Gesetzeslücken zur Rechtsfortbildung, tun sie gut daran, Zurückhaltung zu üben.

Die Rechtsfortbildung findet ihre Schranke aber auch im Grundgesetz, der Rechts- und Werteordnung selbst. Rechtsfortbildung verstößt nicht gegen das Rechtsstaatsprinzip, auch nicht gegen das Prinzip der Rechtssicherheit, solange es den Wertungen der Gesetze und der Rechtsordnung entspricht. Sie stellt dann keine Äußerung unzulässiger richterlicher Eigenmacht dar, durch die der erkennbare Wille des Gesetzgebers beiseitegeschoben und durch eine eigenmächtig getroffene richterliche Abwägung der Interessen ersetzt wird. Anhaltspunkte für die Angemessenheit einer Rechtsfortbildung können der Rechtsvergleichung entnommen werden.[232]

Es darf nicht außer Acht gelassen werden, dass der Rechtsfortbildung Grenzen gesetzt sind. Diese Grenzen gelten jedoch nicht für alle Rechtsgebiete und alle Rechtsverhältnisse gleichermaßen. Sie müssen in jedem Einzelfall geprüft werden.[233]

Deshalb besteht eine Schranke für die Rechtsfortbildung bei Einzigartigkeit oder Komplexität der Problematik oder bei unabsehbaren Folgen, für die die geltende Rechtsordnung keine Maßstäbe zur Schließung der Regelungslücke bietet. Hierzu bedarf es einer gesetzlichen Regelung. *Nicht der Richter, sondern allein*

---

[231] BVerfG NJW 2017 S. 53, 55, 57 m. w. N.
[232] BVerfGE 3 S. 225, 244.
[233] BVerfGE 67 S. 245, 250; BVerfGE 34 S. 269, 288 – Soraya; Weimar DÖV 2009 S. 932, 937 schließt eine Rechtsfortbildung contra legem durch die Verwaltungspraxis aus.

3. Rechtsfortbildung

der Gesetzgeber hat einerseits die umfassenden Informationsmöglichkeiten, die erforderlich sind, um den genauen Erkenntnisstand der Wissenschaft ... über die zugrundeliegenden Sachprobleme, etwa durch Anhörung von Fachvertretern verschiedener Richtungen festzustellen. Dem Gesetzgeber allein ist es andererseits möglich, durch eine sachgerechte Normierung diejenigen Abgrenzungs- und Entscheidungskriterien zu bestimmen ... und die Auswirkungen zu ordnen.[234]

Eine mit beachtenswerten Gründen in Betracht gezogene Rechtsfortbildung zugunsten eines Rechtssubjektes ist jedoch ausgeschlossen, wenn dies den geschützten Rechtskreis eines anderen Rechtssubjektes einschränkt. So schloss das BVerfG eine Einschränkung der Haftung eines gerichtlich bestellten Gutachters auf Vorsatz gegenüber einem durch das fehlerhafte Gutachten zu Unrecht in einer psychiatrischen Anstalt Untergebrachten im Wege der Rechtsfortbildung aus. Begründung für diese intendierte Rechtsfortbildung war, dass der Gutachter eine staatsbürgerliche Pflicht wahrnehme und ihm deshalb nur eine Haftung bei Vorsatz zumutbar sei. Dem trat das BVerfG entgegen. Es sei nicht ... *Sache des an Gesetz und Recht gebundenen Richters, im Wege der Rechtsfortbildung Haftungsansprüche zu verkürzen, die das Gesetz in Einklang mit der in Art. 2 Abs. 2 GG verkörperten Grundentscheidung gewährt.*[235] Mittlerweile hat der Gesetzgeber in § 839a BGB die Haftung des gerichtlich bestellten Sachverständigen speziell geregelt und auf Vorsatz und grobe Fahrlässigkeit beschränkt.

Das Spannungsverhältnis zwischen Rechtsfortbildung auf der einen Seite und dem Rechtsstaatsprinzip, der Rechtssicherheit auf der anderen Seite wurde bei Schaffung des Grundgesetzes erkannt. In Art. 2 Abs. 2 Satz 2 GG sowie Art. 103 Abs. 2 GG werden der Rechtsfortbildung im Strafrecht und im öffentlichen Recht Grenzen gesetzt. Daraus kann im Umkehrschluss hergeleitet werden, dass darüber hinaus die Rechtsfortbildung nicht schlechthin ausgeschlossen sein soll.

3.3.1 Grenzen der Rechtsfortbildung im Strafrecht
Nach Art. 103 Abs. 2 GG, §§ 1 StGB, 3 OWiG kann eine Tat nur bestraft werden, wenn die Strafbarkeit gesetzlich bestimmt war, bevor die Tat begangen wurde. Art. 103 Abs. 2 GG ist Teil des Rechtsstaatsprinzips. Für den Täter garantiert es Vertrauensschutz. Der Bürger darf darauf vertrauen, dass der Staat nur solche Handlungen als strafbar ahndet, für die der Gesetzgeber im Zeitpunkt der Tat eine Strafvorschrift erlassen hatte. Eine Strafbarkeit kann nur aus einem Gesetz folgen. Nur der Gesetzgeber ist zur Schaffung von Strafgesetzen berufen. Eine Erweiterung der Straftatbestände im Wege der Rechtsfortbildung – oder im Wege des Gewohnheitsrechts – ist damit ausgeschlossen. Der mögliche Wortsinn bei extensiver Auslegung des Strafgesetzes kennzeichnet die äußerste Grenze zulässiger Interpretation.

Das BVerfG führt hierzu aus: *Art. 103 GG verpflichtet den Gesetzgeber, die Voraussetzungen der Strafbarkeit so konkret zu umschreiben, dass Tragweite und Anwendungsbereich der Straftatbestände zu erkennen sind und sich durch Auslegung ermitteln lassen. Diese Verpflichtung dient einem doppelten Zweck. Es geht einerseits um den rechtsstaatlichen Schutz des Normadressaten. Jedermann soll vorhersehen können, welches Verhalten verboten und mit Strafe bedroht*

---
234 BGHZ 57 S. 63, 72.
235 BVerfGE 49 S. 304, 320.

VII. Die Rechtsfindung

ist. Andererseits soll sicher gestellt werden, dass nur der Gesetzgeber über die Strafbarkeit entscheidet. Insoweit enthält Art. 103 Abs. 2 GG einen strengen Gesetzesvorbehalt, der es der vollziehenden und der rechtsprechenden Gewalt verwehrt, über die Voraussetzungen einer Bestrafung selbst zu entscheiden.[236]

Zwar muss sich der Gesetzgeber auch im Strafrecht – wegen der Vielgestaltigkeit der zu erfassenden Lebenssachverhalte – allgemeiner und abstrakter Strafnormen bedienen. Die Verwendung auslegungsbedürftiger Rechtsbegriffe ist unvermeidbar und mit dem aus dem Rechtsstaatsprinzip abgeleiteten Grundsatz der Bestimmtheit einer Strafnorm vereinbar. Für die Bestimmtheit einer Strafvorschrift ist der für den Adressaten erkennbare und verstehbare Wortlaut entscheidend. Jedermann soll vorhersehen können, welches Handeln mit welcher Strafe bedroht ist, um sein Handeln dementsprechend einrichten zu können.[237] Die Rechtssicherheit, Vorhersehbarkeit für den Täter hat im Analogieverbot Vorrang vor Überlegungen der Gerechtigkeit und dem Schutz Dritter erlangt.[238] Eine strafbegründende Analogie ist folglich ausgeschlossen, wobei Analogie nicht im technischen Sinne zu verstehen ist. Sondern es ist jede Rechtsanwendung ausgeschlossen, die über den Inhalt der gesetzlichen Sanktionsnorm hinausgeht. Zulässig ist eine extensive Auslegung einer bestehenden Strafrechtsnorm bis an die Grenze ihres Wortlauts:[239]

- Ausnutzung von Organisationsstrukturen und Befehlshierarchien als besondere Form der mittelbaren Täterschaft.[240]

Selbst wenn die Straflosigkeit eines begangenen Unrechts als grob unbillig und ungerecht angesehen wird, kann nur der Gesetzgeber diesen Zustand für die Zukunft ändern. Einzig der Gesetzgeber hat zu entscheiden, ob diese Lücke für die Zukunft geschlossen werden soll. Die Entscheidung über strafwürdiges Verhalten muss im Voraus durch den Gesetzgeber erfolgen und nicht erst nachträglich durch die Rechtsprechung und Verwaltung. Gleichwohl ist diese äußerste Grenze des Wortsinns selbst eine Frage der Auslegung und wird häufig kontrovers diskutiert.

- Nach der Rechtsprechung sind Werkzeuge im Sinne des § 224 Abs. 1 Nr. 2 StGB (§ 223a StGB a. F.) nach dem natürlichen Sprachempfinden nur Gegenstände, die durch menschliche Einwirkung in Bewegung gesetzt werden können, nicht jedoch mit einem Gebäude fest verbundene Wände, Fußböden oder Felsen, gegen die das Opfer gestoßen wird. Hingegen spielt es nach anderer Ansicht für den Begriff des Werkzeugs keine Rolle, ob ein beweglicher Gegenstand gegen das Opfer oder das Opfer gegen einen unbeweglichen Gegenstand gestoßen wird.[241]

> Der Wortlaut stellt die äußerste Grenze zulässiger richterlicher Interpretation von Straftatbeständen dar.

---

236 BVerfG JA 93 S. 217 ff.; ebenso BVerfGE 92 S. 1, 12.
237 Zur Bestimmtheit BVerfGE 88 S. 203, 302; Horn Rdn. 186.
238 Einschränkend BVerfGE 95 S. 96, 133 ff. – Mauerschützenfall: kein Vertrauen in Rechtfertigungsgrund aus einer Staatspraxis, die gegen Menschenrechte in schwerwiegender Weise verstößt.
239 BVerfG NJW 2008 S. 3627; BVerfG NJW 2011 S. 3778 f.; kritisch Schlehofer JuS 1992 S. 572, 574.
240 BGHSt 40 S. 218, 236.
241 BGHSt 22 S. 235, 236; BGH NStZ 1988 S. 361, 362 m. w. N.

3. Rechtsfortbildung

Eine Erweiterung der Strafbarkeit über den Wortlaut hinaus im Wege der Rechtsfortbildung ist damit verfassungswidrig. Eine Rechtsfortbildung zugunsten des Täters bleibt davon unberührt und ist zulässig. Der Schaffung ungeschriebener Rechtfertigungsgründe, Schuldausschließungs- oder Strafausschließungsgründe steht das Analogieverbot nicht entgegen. Sie kommen dem Täter zugute. Sie schließen die Strafbarkeit aus oder schränken sie ein.[242] Dasselbe gilt für eine teleologische Reduktion von Straftatbeständen, die deren Anwendungsbereich einschränken.

- § 154 StGB stellt nach seinem Wortlaut, das falsche Schwören vor einem Gericht als Meineid unter Strafe. Entgegen dem Wortlaut entfällt die Strafbarkeit eines Meineids, wenn die Abnahme des Eides in einem Verfahren erfolgte, in dem ein Eid dieser Art vom Gesetz gar nicht vorgesehen ist. § 154 StGB will nicht die Reinheit eines Schwurs sichern, den die Rechtsordnung nicht kennt.[243]

Art. 103 Abs. 2 GG umfasst nicht nur den Straftatbestand, sondern auch die Strafandrohung. Hierunter fallen obendrein Vorschriften über die Strafzumessung, die zu einer Verschärfung der Strafdrohung gegenüber einem Grundtatbestand führen wie ein *besonders schwerer Fall*.

- Ein Personenkraftwagen ist vom möglichen Wortsinn des straferschwerenden Begriffs Waffe in § 113 Abs. 2 Satz 2 Nr. 2 StGB *Widerstand gegen Vollstreckungsbeamte* nicht mehr umfasst.[244]

Die Schranke des Art. 103 Abs. 2 GG gilt obendrein für Ordnungswidrigkeiten, wie § 3 OWiG klarstellt.[245] Auch hier kennzeichnet der Wortlaut der Norm die Grenze zwischen Auslegung und unzulässiger strafbegründender Analogie.

Die Schranke des Art. 103 Abs. 2 GG gilt nur für das materielle Strafrecht. Im Strafprozessrecht ist eine Rechtsfortbildung nicht von vorherein ausgeschlossen. Eine belastende Analogie des Strafverfahrensrechts darf im Verfahren jedoch die Grundrechte nicht außer Acht lassen. Erst recht gilt der Ausschluss der Rechtsfortbildung für Eingriffe in grundgesetzlich geschützte Rechte wie Art. 1 GG, 2 Abs. 1 GG, 10 GG, 13 GG, die unter dem Vorbehalt des Gesetzes stehen. Diese müssen im Strafverfahren gewahrt werden. Gesetzliche Einschränkungen sind nur zulässig, soweit sie den Wesensgehalt der Grundrechte nach Art. 19 Abs. 2 GG und das Rechtsstaatsprinzip nicht tangieren.[246]

3.3.2 Grenzen der Rechtsfortbildung für die Exekutive und Judikative

Die Rechtsfortbildung vermag keinesfalls Eingriffe in Grundrechte zu legitimieren, soweit das Grundgesetz wie in Art. 104 Abs. 1 GG für freiheitsbeschränkende Maßnahmen ein förmliches Gesetz erfordert. Nur der Gesetzgeber vermag ein förmliches Gesetz zu schaffen.

- § 1906 Abs. 1 BGB kann nicht durch Rechtsfortbildung erweitert werden auf Betreute in ambulanter Pflege.

---

242 BVerfGE 32 S. 98, 108 f.; BGHSt 2 S. 194, 204; BGHSt 7 S. 190, 193; BGHSt 30 S. 105, 121.
243 BGHSt 3 S. 248 f.
244 BVerfG NJW 2008 S. 3627 f.
245 BVerfGE 87 S. 363, 391.
246 BVerfGE 118 S. 112, 243; BGHSt 31 S. 296, 299.

VII. Die Rechtsfindung

- Selbst zu Gewohnheitsrecht erstarktes Richterrecht genügt nicht, da es kein förmliches Gesetz ist.[247]

Im Verwaltungsrecht wurde aus Art. 2 Abs. 2 Satz 2, 14 Abs. 1 Satz 2, 20 Abs. 3 GG der Grundsatz entwickelt, dass Eingriffe und belastende Maßnahmen – insbesondere belastende Verwaltungsakte – einer Ermächtigungsgrundlage bedürfen. Die Exekutive bedarf für alle Akte, die den Eigentums-, Freiheits- und Gleichheitsbereich des Bürgers wesentlich reglementieren, einer gesetzlichen Grundlage. Es verstößt gegen das Freiheitsrecht des Art. 2 Abs. 1 GG die gesetzliche Ermächtigungsgrundlage für einen belastenden Verwaltungsakt im Wege der Rechtsfortbildung zu gewinnen.[248]

> Eingriffe und belastende Maßnahmen stehen unter dem Vorbehalt des Gesetzes.

Das Rechtsstaatsprinzip und speziell der Grundsatz der Rechtssicherheit fordern, dass Ermächtigungen der Exekutive zur Vornahme belastender Verwaltungsakte und sonstiger Eingriffe durch ein Gesetz nach Inhalt, Gegenstand, Zweck und Ausmaß hinreichend bestimmt und begrenzt sind, so dass die Eingriffe messbar und für den einzelnen voraussehbar und berechenbar sind. Die Kalkulierbarkeit ist Element des Rechtsstaatsprinzips. Daraus folgt weiter ein Rückwirkungsverbot belastender Gesetze. Dieses Rückwirkungsverbot gewährt Vertrauensschutz.[249]

Bei genauerer Betrachtung stellt sich jedoch heraus, dass in der Rechtswissenschaft und in der Rechtsprechung der aus den Freiheitsgrundrechten und dem Rechtsstaatsprinzip entwickelte Vorbehalt des Gesetzes bei staatlichen Eingriffen nicht strikt eingehalten wird. Es werden hier verschiedene Einschränkungen gemacht, die weder eine einheitliche Struktur noch eine innere Rechtfertigung aufweisen. Eine belastende Analogie und Rechtsergänzung werden für zulässig erachtet, wenn

- dies notwendig ist zum Schutz anderer Rechtsträger, weil diese ansonsten auf ein geschütztes Recht verzichten müssten. Diese **Notkompetenz** wird zum Teil mit einer Analogie zu §§ 32, 34 StGB begründet[250] oder
- der Betroffene die Lücke im Gesetz und die Notwendigkeit und den Inhalt ihrer Schließung im Wesentlichen selbst erkennen kann[251] oder
- eine erkennbare Lücke besteht und festgestellt werden kann, wie der Gesetzgeber die umstrittene Rechtsfrage mutmaßlich geregelt haben würde.[252]

Die Rechtsprechung leitet Ermächtigungsgrundlagen aus den Aufgabenzuweisungen des Grundgesetzes ab.

- So erachtet sie die Bundesregierung als ermächtigt, vor Jugendsekten zu warnen, selbst wenn diese Warnung unmittelbar und weitreichend den von Art. 4 Abs. 1 GG geschützten Freiheitsraum der Sekte berührt.

---

247 BVerfGE 29 S. 183, 195 f.
248 BVerfGE 33 S. 1, 12 ff. mit Einschränkungen; BVerfG NJW 1996 S. 3146; BVerwGE 6 S. 282, 287.
249 Maciejewski/Theilen DÖV 2015 S. 271, 277 f.
250 Sendler NVwZ 1990 S. 235.
251 BFH BB 1984 S. 515.
252 BVerwGE 45 S. 85, 90.

3. Rechtsfortbildung

- Dasselbe soll bei Warnungen vor Gesundheitsgefahren gelten, die weitreichend in die wirtschaftliche Betätigung und den Betrieb eines Unternehmens eingreifen können und zum Schutz der persönlichen Integrität des Einzelnen nach Art. 2 GG ergriffen werden.

Zur Verantwortung der Regierung zähle es, krisenhaften Entwicklungen entgegenzutreten, die wichtige Gemeinschaftsgüter bedrohen. Dies könne den Staat zum Handeln, zur Warnung der Öffentlichkeit zwingen. Die Gewährleistung der Grundrechte schließe die Verpflichtung des Staates ein, seine Bürger vor Verletzung der grundgesetzlich geschützten Güter und Freiheiten durch Dritte zu schützen. Eine Ermächtigungsgrundlage wird für entbehrlich gehalten für solch **staatliches Informationshandeln,** weil es sich nicht um Eingriffe im traditionellen Sinne, sondern lediglich um mittelbar-faktische Beeinträchtigungen handle, die sich mangels Erfahrungswissen und Vorhersehbarkeit einer präzisen Normierung entziehen. Die Unvorhersehbarkeit bewirkt nach dieser Ansicht die Entbehrlichkeit des Gesetzesvorbehalts.[253] Dem kann nicht gefolgt werden: Selbst wenn die Wirkungen nicht absehbar sind, können die Voraussetzungen des staatlichen Handelns vom Gesetzgeber umschrieben werden.[254] Unvorhersehbare faktische Beeinträchtigungen sind im Polizeirecht allgegenwärtig und der Gesetzgeber hat mit § 26 ProdSG das Gegenteil bewiesen.

Die Notwendigkeit des Eingreifens des Staates soll nicht angezweifelt werden. Gleichwohl ist es bedenklich, aus Aufgabenzuweisungen bereits Eingriffsbefugnisse herleiten zu wollen. Es ist Aufgabe des Gesetzgebers solche Eingriffsbefugnisse zu schaffen, ihren Umfang und ihre Grenzen zu definieren. Aufgabenzuweisungen und Ermächtigungsgrundlagen sind streng zu trennen. Nicht jeder, dem eine Aufgabe zugewiesen ist, verfügt über die erforderlichen Mittel, diese effektiv zu bewältigen. Fehlt es an diesen Mitteln, müssen sie gegebenenfalls bereitgestellt werden. Der Gesetzgeber hat der Exekutiven die zur Aufgabenbewältigung erforderlichen Mittel durch Schaffung von speziellen Ermächtigungsgrundlagen zur Seite zu stellen.

> Der Vorbehalt des Gesetzes gilt nur für Eingriffe in Freiheitsrechte, nicht hingegen für das Verwaltungsverfahrens- und das Verwaltungsprozessrecht.

Der Vorbehalt des Gesetzes gilt im materiellen aber nicht im formellen Recht.
- § 42 Abs. 2 VwGO wird analog auf das Widerspruchsverfahren erstreckt.
- § 80 Abs. 2 Nr. 2 VwGO *Keine aufschiebende Wirkung eines Widerspruchs gegen Anordnungen von Polizeivollzugsbeamten* kommt analog auf Verkehrszeichen und Verkehrsampeln zur Anwendung wegen deren Funktionsgleichheit und Austauschbarkeit: *Verkehrszeichen unterscheiden sich damit prinzipiell nicht von den unaufschiebbaren Anordnungen und Maßnahmen von Polizeivollzugsbeamten, deren Stelle die Verkehrszeichen gleichsam vertreten. Diese „Funktionsgleichheit" und „wechselseitige Vertauschbarkeit" einer Verkehrsregelung durch Verkehrszeichen einerseits und durch Polizeivollzugsbeamte andererseits ... macht – sofern nicht bereits eine erweiternde*

---

253 BVerfGE. 105 S. 252, 268 ff. – Glykol; BVerfGE 105 S. 279, 303 ff. – Osho; BVerwG JZ 1989 S. 997, 998.
254 Klement DÖV 2005 S. 507, 511.

VII. Die Rechtsfindung

Auslegung des Begriffs des Polizeivollzugsbeamten zur unmittelbaren Anwendung des § 80 Abs. 2 Nr. 2 VwGO führt ... – zumindest die entsprechende Anwendbarkeit des § 80 Abs. 2 Nr. 2 VwGO erforderlich.[255]
Diese Begründung macht deutlich, dass extensive Auslegung und Rechtsfortbildung ineinander übergehen und nicht immer eindeutig voneinander abgegrenzt werden können. Hierbei handelt es sich nicht unmittelbar um die Erweiterung und Schaffung von Ermächtigungs- und Eingriffsgrundlagen selbst. § 36 StVO regelt die Anordnungsbefugnis von Polizeibeamten, während § 80 Abs. 2 Nr. 2 VwGO den Vollzug und damit das Verfahrensrecht betrifft. Deshalb ist die Rechtsfortbildung in diesem Bereich nicht von vornherein ausgeschlossen. Gleichwohl darf nicht außer Acht gelassen werden, dass Grundrechtsschutz nur durch ein effizientes Verfahren gewährleistet werden kann. Die Verzahnung von materiellem und formellem Recht darf nicht verkannt werden. *Grundrechtsschutz ist auch durch die Gestaltung von Verfahren zu bewirken; die Grundrechte beeinflussen demgemäß nicht nur das gesamte materielle Recht, sondern auch das Verfahrensrecht, soweit dieses für einen effektiven Grundrechtsschutz Bedeutung hat ... Ob und inwieweit Garantien für das Verwaltungsverfahren grundrechtlich gefordert sind, richtet sich zum einen nach Art und Intensität des Grundrechtseingriffs, zum anderen auch danach, inwieweit der Grundrechtsschutz durch die nachträgliche Kontrolle der Gerichte gewährleistet ist ... die Ausgestaltung des Rechtswegs und die Intensität der gerichtlichen Kontrolle müssen der Durchsetzung des materiellen Rechts wirkungsvoll dienen, für diesen Zweck also geeignet und angemessen sein.*[256]

Über den Bereich von Eingriffen und belastende Maßnahmen hinaus, ist der Gesetzgeber nach der vom BVerfG entwickelten **Wesentlichkeitstheorie** verpflichtet, in grundlegenden normativen Bereichen alle wesentlichen Entscheidungen selbst zu treffen. Sie bestimmt die Kompetenzabgrenzung zwischen Exekutive und Legislative und zieht der Rechtsfortbildung eine Grenze.[257] Dieser über reine Eingriffe der Exekutiven hinausgehende Gesetzesvorbehalt wird Art. 80 Abs. 1, 59 Abs. 2 GG und den speziell geregelten Gesetzesvorbehalten entnommen.

Nach der Wesentlichkeitstheorie hat das BVerfG eine gesetzliche Grundlage für die Maßnahme der Verwaltung gefordert:
- im Volkszählungsurteil 1983[258],
- bei wesentlichen Entscheidungen im Schulwesen wie Sexualkundeunterricht und Schulausschluss[259],
- bei der Aufteilung der Übertragungskapazitäten zwischen öffentlich-rechtlichem und privatem Rundfunk[260];
- wegen der weitreichenden Auswirkungen auf Freiheit und Gleichheit der Bürger, die allgemeinen Lebensverhältnisse wurde ein förmliches Gesetz zur Reg-

---

255 BVerwG NJW 1978 S. 656.
256 BVerfGE 84 S. 34, 45 f.
257 BVerfGE NJW 1993 S. 1379, 1380; Rüthers/Fischer/Birk Rdn. 254; Dreier/Schulze-Fielitz Art. 20 (Rechtsstaat) Rdn. 113 ff.
258 BVerfGE 65 S. 1, 42 ff.
259 BVerfGE 58 S. 257, 268 ff.; BVerfGE 98 S. 218, 250 ff. Rechtschreibreform ist keine wesentliche Änderung.
260 BVerfGE 83 S. 238, 322 ff.

4. Zusammenfassung Rechtsfindung

lung der friedlichen Nutzung der Kernenergie für erforderlich gehalten; die Genehmigung solcher Anlagen durch die Exekutive hat einschneidende Auswirkungen auf den Grundrechtsbereich der Bürger und bedarf umfassender Regelungen, die nur der Gesetzgeber treffen kann;[261]
- ein verfassungsrechtlicher Parlamentsvorbehalt wurde beim bewaffneten Einsatz der Bundeswehr im Ausland bei drohenden militärischen Auseinandersetzungen angenommen wegen des Risikos für die Soldaten und der Verantwortung des Parlaments für die auswärtige Sicherheitspolitik.[262]

Streng genommen handelt es sich bei der Wesentlichkeitstheorie um keine geschlossene Theorie im eigentlichen Sinne, sondern um Einzelfallentscheidungen.[263] Das wird auch in der Rechtsprechung des BVerfG deutlich. Hier wird darauf abgehoben, dass nur mit Blick auf den jeweiligen Sachbereich und die Intensität der geplanten oder getroffenen Regelungen ermittelt werden kann, in welchen Bereichen staatliches Handeln einer Rechtsgrundlage in förmlichen Gesetzen bedarf.

Zusammenfassend kann gesagt werden, dass der Gesetzesvorbehalt im Verwaltungsrecht bei
- unmittelbaren Eingriffen in den Freiheits- und Eigentumsbereich und
- normativen Grundsatzentscheidungen

einer Rechtsfortbildung im Wege der Analogie und Rechtsergänzung durch die Verwaltung und Gerichte entgegensteht. Gleichwohl fehlt es den von der Rechtsprechung punktuell entwickelten Ausnahmen an einer überzeugenden und geschlossenen verfassungsrechtlichen und methodischen Rechtfertigung.

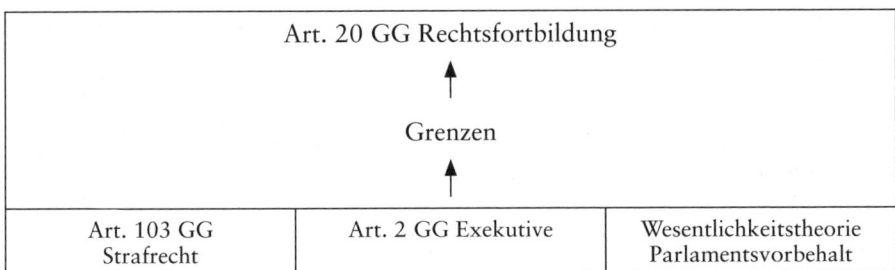

4. Zusammenfassung Rechtsfindung

Subsumtion, Auslegung und Rechtsergänzung bilden das Handwerkszeug mit dessen Hilfe für einen Lebenssachverhalt die passende Rechtsfolge entwickelt wird. Es ist mit der Auslegung zu beginnen. Führt diese zu keinem Ergebnis, kann sich die Rechtsfortbildung anschließen. Die Rechtsfortbildung ist ausgeschlossen, wenn das Gesetz diese wie im materiellen Strafrecht und bei Grundrechtseingriffen verbietet oder der Umkehrschluss aufzeigt, dass keine planwidrige Unvollständigkeit vorliegt.

---

261 BVerfGE 49 S. 89, 127.
262 BVerfGE 121 S. 135, 165 – AWACS-Einsatz.
263 Ebenso Jacobi S. 280.

VII. Die Rechtsfindung

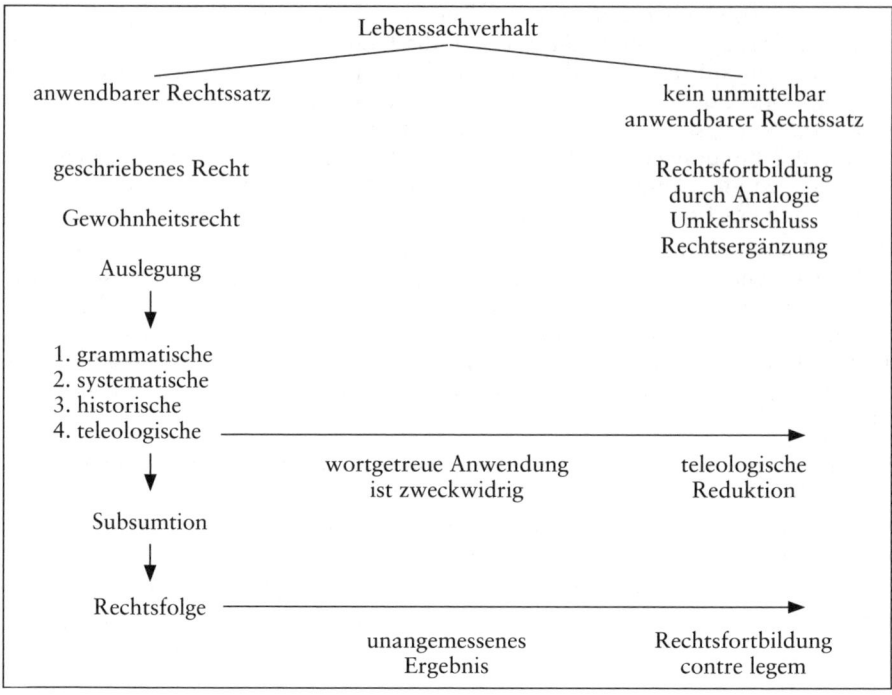

Der Vorgang der Rechtsfindung vollzieht sich mit vielen Wenn-und-Aber. Der Weg vom Lebenssachverhalt bis zum Auffinden der Rechtsfolge ist von vielen Zweifeln begleitet. Es kommt hinzu, dass die Feststellung des Sachverhaltes in der Rechtspraxis erhebliche Probleme bereitet. Nicht jeder einer Entscheidung zugrunde gelegte Sachverhalt entspricht der Wahrheit, sondern wurde mit den zur Verfügung stehenden Beweismitteln nach den Beweisgrundsätzen der jeweiligen Verfahrensordnung konstruiert.

Diese Zweifelsfragen werden den Rechtsanwender immer begleiten.

Rechtsfindung ist kein rein formal logischer Vorgang,

bei dem mit mathematischer Sicherheit ein allein richtiges Ergebnis gefunden werden kann. Dies mag allenfalls für ganz simple Rechtsfragen und in einfach strukturierten Fällen zutreffen. Ansonsten bleibt es bei der Feststellung, dass sich die Rechtsfindung neben dem logischen Schlussverfahren des Syllogismus durch Wertungen bei der Normauswahl, der Auslegung und der Rechtsfortbildung vollzieht. Deshalb gibt es oftmals kein absolut richtiges Ergebnis. Nicht umsonst heißt es *Zwei Juristen, drei Meinungen* ... Rechtsfindung bedeutet Rechtssuche.

Es darf nicht verwundern, dass Gerichte – zumindest ab der Rechtsmittelinstanz – mit mehreren Richtern besetzt sind. Sie sollen sich bei der Rechtsfindung ergänzen. Durch unterschiedliche Sichtweisen, Standpunkte, Erfahrungen sollen Probleme in ihrer Vielschichtigkeit erkannt, die Unterschiede in den Standpunk-

4. Zusammenfassung Rechtsfindung

ten herausgearbeitet und für die Abwägung und Wertung fruchtbar gemacht werden.
- Die Entwicklung der Rechtsprechung des Bundesverfassungsgerichts zum strafrechtlichen Gewaltbegriff des § 240 StGB legt ein beredtes Zeugnis dafür ab, wie vielfältig und konträr die Meinungen sind.[264]

Selbst wohldurchdachte und begründete Gerichtsentscheidungen vermögen eine Flut abweichender Stellungnahmen in der Literatur auszulösen. Gerichte geben eine jahrelang, ja jahrzehntelang geübte Spruchpraxis als Folge eines Wandels der Werte, Anschauungen und Überzeugung auf. Schon feine Abweichungen in der Fragestellung oder im Sachverhalt können zu unterschiedlichen Ergebnissen führen.[265]

Diese Rechtsunsicherheit, diese Zweifel an der Richtigkeit ist dem Recht seit allen Zeiten eigen. Sie dürfen nicht dazu verführen, die Techniken und Methoden der Rechtsfindung zu vernachlässigen, sie als wenig hilfreich außer Betracht zu lassen. Diese Techniken und Methoden machen die Rechtsfindung transparent und zwingen sie zur Ausleuchtung aller Möglichkeiten, zur Auseinandersetzung mit allen denkbaren Sichtweisen. Sie zeigen die Grenzen auf, wo die Auslegung endet und die Rechtsfortbildung – für die strengere Voraussetzungen gelten – beginnt. Mit Bedauern ist die vielerorts anzutreffende Übung der Gerichte festzustellen, bei ihren Entscheidungen nur geringe Sorgfalt auf eine methodisch fundierte Begründung zu verwenden.[266] Werden diese Techniken bei der Entscheidungsfindung nicht eingehalten, entsteht der Eindruck, dass diese Entscheidungen auf sachfremden, rechtlich nicht mehr vertretbaren Erwägungen beruhen und damit willkürlich getroffen wurden. Willkürliche Entscheidungen verstoßen gegen den Gleichheitssatz des Art. 3 Abs. 1 GG.

Der fast allen Verwaltungsakten und Urteilen eigene Begründungszwang – §§ 30 BVerfGG, 313 ZPO, 267 StPO, 136 SGG, 39 VwVfG – macht die Kenntnis und Anwendung der Techniken und Methoden unumgänglich. Sie müssen ständig bei der Begründung von Urteilen und Verwaltungsakten angewandt und geübt werden. Sie haben dazu geführt, dass sich in manchen Bereichen des Rechts eine Verwaltungs- und Spruchpraxis entwickelt hat, die zwar nicht immer frei von Zweifeln ist, gleichwohl von einer breiten Überzeugung getragen wird. Diese Überzeugungskraft verbürgt eine stetige Entscheidungspraxis und damit eine gewisse Vorhersehbarkeit und Rechtssicherheit.

Aus den Grundaussagen einer solch ständigen Entscheidungspraxis können Folgerungen für Rechtsfragen gezogen werden, die bislang noch nicht entschieden wurden, gleichwohl aber eine gewisse innere Verwandtschaft aufweisen. Es besteht eine gewisse Vermutung, Wahrscheinlichkeit dafür, dass die in ständiger Entscheidungspraxis entwickelten Grundaussagen auch für die Entscheidung verwandter Rechtsfragen herangezogen werden können. Naheliegend ist, dass die ständige Rechtsprechung zu einer Rechtsfrage konsequent auf verwandte Rechtsfragen fortentwickelt wird.

---
264 BVerfGE 92 S. 1, 16 ff. mit abweichenden Meinungen und m. w. N.
265 BVerfGE 39 S. 1 ff.; BVerfGE 82 S. 6, 13 ff.; BVerfGE 88 S. 203, 216; BVerfG MDR 1998 S. 216, 220 f.; BVerwGE 95 S. 21, 23; BFH NJW 2009 S. 3118, 3119.
266 Ebenso Foerste JZ 2007 S. 122, 123.

VII. Die Rechtsfindung

Selbst bei neu aufgeworfenen Rechtsfragen, in Rechtsgebieten ohne eine solche Verwaltungs- und Spruchpraxis, erlauben die aufgezeigten Techniken und Methoden, die Palette der möglichen Entscheidungen, den Entscheidungsspielraum einzugrenzen. Vor allem nach dem Erlass neuer Gesetze oder umfassender Gesetzesänderungen sind solche Prognosen erforderlich, um den Handlungs- und Entscheidungsspielraum abzugrenzen.

VIII. Europarecht

Im Europarecht wird zwischen zwei Gruppen von Rechtssätzen unterschieden
- dem Primärrecht und
- dem Sekundärrecht.

Zum **Primärrecht** zählten ursprünglich die von den Mitgliedsstaaten abgeschlossenen Gründungsverträge der Europäischen Union, der Europäischen Gemeinschaft, der Europäischen Atomgemeinschaft und der Europäischen Gemeinschaft für Kohle und Stahl mitsamt ihren Ergänzungsverträgen. Am 1.12.2009 trat der Vertrag von Lissabon in Kraft und löste diese Gründungsverträge durch den Vertrag über die Europäische Union (EUV) und den Vertrag über die Arbeitsweise der Europäischen Union (AEUV) ab. Nach Art. 6 Abs. 1 Satz 1 EUV wurde die Charta der Grundrechte der Europäischen Union GRC rechtsverbindlich und zählt nunmehr zum Primärrecht.

Die aufgrund des Art. 23 GG abgeschlossenen Verträge wurden durch Zustimmungsgesetz des Bundestages nach Art. 59 Abs. 2 GG ratifiziert und erlangten hiermit Verbindlichkeit für die BRD. Aus diesen Verträgen leiten die Organe der Europäischen Union ihre Kompetenzen ab.

Zum **Sekundärrecht** zählen in erster Linie die von den Organen der Europäischen Union erlassenen Rechtssätze wie Verordnungen und Richtlinien. Beschlüsse spielen eine nachrangige Rolle.[267]

Art. 288 AEUV sieht den Erlass von **Verordnungen** vor. Ihnen kommt allgemeine und unmittelbare Geltung in den Mitgliedsstaaten zu. Es bedarf keiner Umsetzung – Transformation – in nationales Recht. Ihnen kommt eine Drittwirkung zu, die Bürger und Staat berechtigen und verpflichten.

Neben Verordnungen sieht Art. 288 AEUV den Erlass von **Richtlinien** vor. Richtlinien wenden sich unmittelbar nur an die Mitgliedsstaaten. Ihnen kommt keine unmittelbare Drittwirkung gegenüber dem Bürger zu. Die Mitgliedsstaaten haben die Richtlinien innerhalb einer in der Richtlinie vorgesehenen Frist in nationales Recht umzusetzen. Die Richtlinie gewährt einen Spielraum, die es dem nationalen Gesetzgeber überlässt, wie das in der Richtlinie vorgegebene Ziel erreicht werden kann.

Verordnungen und Richtlinien als Sekundärrecht finden ihre Legitimation im AEUV, dem Primärrecht. Folglich besteht auch hier eine Normenpyramide zwischen höherrangigem Primärrecht und Sekundärrecht.

---

[267] Martens S. 170 ff.

VIII. Europarecht

> Primärrecht geht Sekundärrecht vor.
> Verordnungen und Richtlinien zählen zum Sekundärrecht.

Wie im nationalen Recht kann es im Europarecht auf allen Stufen des Rechts **Gewohnheitsrecht** geben. Es hat bei der Entwicklung des Europarechts eine erhebliche Rolle gespielt. Die nunmehr in Art. 4 Abs. 3 EUV niedergelegte Loyalitätspflicht wurde gewohnheitsrechtlich entwickelt. Zum Gewohnheitsrecht zählen mittlerweile die aus dem Recht der Mitgliedsstaaten entwickelten rechtsstaatlichen Rechtsgrundsätze der Verhältnismäßigkeit und des Vertrauensschutzes.[268]

Problematischer ist das Verhältnis zwischen nationalem Recht und Europarecht. Art. 23 GG ist die Grundlage für die Mitgliedschaft in der Europäischen Union. Die Vorschrift besagt nichts darüber, welchen Rang die EU-Verträge und die von den mit Gesetzgebungskompetenz ausgestatteten Organen erlassenen Rechtssätze einnehmen. Der Europäische Gerichtshof geht davon aus, dass das Europarecht eine eigene autonome Rechtsordnung bildet, die in den Mitgliedsstaaten neben das nationale Recht tritt und Vorrang selbst gegenüber dem Verfassungsrecht einnimmt. Mit dem Vorrang des Europarechts sollen Wirksamkeit und Einheit des Gemeinschaftsrechts in allen Mitgliedsstaaten gesichert werden. Auch das BVerfG hat sich weitestgehend dem Grundsatz vom **Anwendungsvorrang** des Europarechts vor dem nationalen Recht und dem nationalen Verfassungsrecht angeschlossen. Steht nationales Recht nicht im Einklang mit Europarecht wird es durch das Europarecht verdrängt. Anders als im nationalen Recht tritt keine rechtsvernichtende Wirkung ein.[269]

Dieser Anwendungsvorrang hat seine Grenzen an der verfassungsrechtlichen Ermächtigung und der integrationsfesten, unantastbaren Verfassungsidentität, die weder durch Verfassungsänderung noch durch EU-Vertragsänderungen berührt werden darf.[270] Nur soweit das Grundgesetz und das Zustimmungsgesetz zur EU eine Übertragung von Hoheitsrechten auf die EU erlauben, kann der Anwendungsvorrang reichen. Das nationale Verfassungsrecht kann dem Anwendungsvorrang Grenzen ziehen. Dabei entwickelt das BVerfG den Rahmen der integrationsfesten Verfassungsidentität anhand Art. 23 Abs. 1 Satz 3 GG iVm. der Ewigkeitsgarantie des Art. 79 Abs. 3 GG. Hiernach sind die Staatsstrukturprinzipien des Art. 20 GG, die Demokratie, die Rechts- und Sozialstaatlichkeit, die Republik, der Bundesstaat und die für die Achtung der Menschenwürde unentbehrliche Substanz elementarer Grundrechte jeder Änderung entzogen. Das Demokratieprinzip erfordert, dass in den Mitgliedsstaaten ein ausreichender Raum zur politischen Gestaltung der wirtschaftlichen, sozialen und kulturellen Lebensverhältnisse verbleibt.[271] Dies kann dazu führen, dass Maßnahmen eines Organs der EU in Deutschland wegen Kompetenzüberschreitungen nicht anwendbar sind.

---

268 EuGH NJW 2009 S. 3221, 3223; Geiger/Khan/Kotzur Art. 6 EUV Rdn. 59 ff.; Martens S. 266 f.
269 EuGH Slg. 1964 S. 1251, 1269 ff.; BVerfGE 75 S. 223, 244; BVerfGE NJW 2009 S. 2267, 2284 f. – Lissabon; Geiger/Khan/Kotzur Art. 4 EUV Rdn. 9, 24.
270 BVerfG NJW 2016 S. 2473, 2474 – OMT; Geiger/Khan/Kotzur Art. 4 EUV Rdn. 30 ff.; kritisch Nettesheim NJW 2009 S. 2867, 2868; Konsequenzen für den Rechtsschutz bei Polzin JuS 2012 S. 1, 3.
271 BVerfG NJW 2009 S. 2267, 2273 ff., 2284 – Lissabon; kritisch Nettesheim NJW 2009 S. 2867, 2868.

1. Auslegung des Europarechts

Wie im nationalen Recht setzt auch die Anwendung des Europarechts die Auslegung des Rechts voraus. Art. 19 Abs. 1 EUV und Art. 267 AEUV heben dies ausdrücklich als Aufgabe des Gerichtshofs der Europäischen Union hervor. Diesem kommt die Auslegungshoheit zu. Die Auslegung des Rechts spielt insbesondere in Vorabentscheidungsverfahren nach Art. 267 AEUV und Vertragsverletzungsverfahren nach § 258 AEUV eine Rolle. Der Gerichtshof bedient sich dabei der aus den nationalen Rechtsordnungen bekannten Auslegungsregeln. Für die Auslegung des Europarechts kommen grundsätzlich die bekannten klassischen Auslegungskriterien grammatische, systematische, historische und teleologische Auslegung zur Anwendung. Ihre Gewichtung weist gegenüber der Auslegung nationalen Rechts eine Reihe spezifischer Besonderheiten auf.[272]

Bei der Auslegung des Primärrechts spielt der historische Wille des Gesetzgebers eine geringe Rolle. Das Primärrecht bildet die Verfassung der Europäischen Union. Es ist auf lange Zeit festgelegt. Das Ziel ist eine dynamische, zukunftsorientierte Integration. Der Wille der Vertragschließenden tritt dahinter zurück, zumal in der Vergangenheit nicht alle Vorarbeiten zu den Gründungsverträgen zugänglich waren. Sie wurden nicht veröffentlicht und boten deshalb keine Orientierung für die Auslegung. Erst in jüngster Zeit werden Vorschläge der Kommission und Stellungnahmen des Parlaments im Amtsblatt veröffentlicht. Das Primärrecht versteht sich als objektive Rechtsordnung, die losgelöst vom historischen Parteiwillen besteht.[273]

Hingegen kommt der historischen Auslegung beim Sekundärrecht mehr Bedeutung zu. Im Zuge des Amsterdamer Vertrags wurden erstmals Bestimmungen zur Veröffentlichung von Protokollerklärungen des Rates getroffen. Hinzu kam die Begründungs- und Veröffentlichungspflicht von Rechtsakten. Dies wurde nun in Art. 15 Abs. 3 AEUV festgeschrieben. Bei der Auslegung des Sekundärrechts wird auf die Vorarbeiten explizit zurückgegriffen. Sie sind für die Auslegung jedoch nur bedeutsam, wenn sie in der Vorschrift zum Ausdruck kommen.[274]

Die grammatische Auslegung sieht sich dem Problem gegenüber, dass es nicht einen Vertrags- und Gesetzestext gibt, sondern eine Vielzahl authentischer Amts- und Vertragssprachen nach Art. 55 EUV nebeneinander bestehen und Verbindlichkeit beanspruchen. Abweichungen zwischen den in verschiedenen Sprachen parallel verwendeten Worten und Begriffen sind unvermeidbar. Die Anforderungen an die grammatische Auslegung und das Risiko einer mehrdeutigen sprachlichen Fassung wächst mit der Zahl der Mitgliedsstaaten und der Zahl der Vertrags- und Amtssprachen. Der Gerichtshof vergleicht die verschiedenen Sprachfassungen. Bei Abweichungen stellt er nicht auf den gemeinsamen natürlichen Wortsinn in den Sprachen der Mitgliedsstaaten ab. Entscheidend ist nicht das gemeinsame Minimum aller Vertragsbedeutungen. Der Gerichtshof geht von einem gemeinschaftsrechtlichen technischen, einem **gemeinschaftsautonomen Wortsinn** aus.[275] Darin findet sich eine Parallele zur grammatischen Auslegung

---
272 Pechstein/Drechsler S. 132 ff.; Ahmling S. 105 ff.
273 Bleckmann S. 202; Martens S. 394 ff.
274 EuGH NJW 2008 S. 1433, 1434; Martens S. 378 ff.
275 Martens S. 335 ff.; Ahmling S. 106.

VIII. Europarecht

im nationalen Recht. Bei dieser ist ebenso anerkannt, dass Begriffen eine spezielle rechtstechnische Bedeutung zukommen kann, die von der Alltagssprache abweicht. Dieses einheitlichen Wortsinns bedarf es, um die Einheit der Gemeinschaft zu wahren. Diese Besonderheit der grammatischen Auslegung des Gemeinschaftsrechts kann dazu führen, dass Rechtsbegriffen im Gemeinschaftsrecht und im nationalen Recht eine abweichende Bedeutung zukommt.

Die grammatische Auslegung ist die äußerste Grenze für Eingriffe in die Individualgrundrechte und in die Souveränität der Mitgliedsstaaten. Insofern nimmt sie im Europarecht dieselbe Rolle ein, wie bei der Auslegung nationalen Rechts.[276]

In Anbetracht der vielschichtigen Probleme für die grammatische Auslegung darf es nicht verwundern, dass in der Rechtsprechung des Gerichtshofs der systematischen und der teleologischen Auslegung daneben eine besondere Bedeutung zukommt.[277] Systematische und teleologische Auslegung werden obendrein zur Überprüfung und Bestätigung eines im Wege grammatischer Auslegung gefundenen Ergebnisses herangezogen.

Bei der systematischen Auslegung werden Ableitungen aus der Gesamtheit der Normen und der Vertragsstruktur unternommen. Der Gerichtshof untersucht die Überschriften, geht davon aus, dass eingangs eines Kapitels die grundlegenden Bestimmungen stehen, die später präzisiert werden und dass auf Regeln Ausnahmen folgen können. Der systematischen Auslegung kommt eine große Bedeutung zu, da dem EUV und dem AEUV eine strenge Systematik zugrunde liegt. Es ist danach zu fragen, wie sich eine Regelung sachgerecht und widerspruchsfrei in das EU-Rechtssystem einfügen lässt. Das Sekundärrecht ist im Lichte des Primärrechts auszulegen.[278]

Trotz dem Anwendungsvorrangs des Europarechts vor dem nationalen Recht können im Rahmen der systematischen Auslegung Vorstellungen und Leitbilder der nationalen Rechtsordnungen, allgemeine Rechtsgrundsätze der Mitgliedstaaten herangezogen werden. Die **Rechtsvergleichung** wird zum Instrument der systematischen Auslegung. Insbesondere soweit Europarecht in Anlehnung an nationales Recht geschaffen wurde, kann das nationale Recht Hilfe bei der Auslegung bieten.
- Die Richtlinie 86/653/EWG des Rates vom 18.12.1986 zur Koordinierung der Rechtsvorschriften der Mitgliedstaaten betreffend die selbständigen Handelsvertreter war nach dem Vorbild des § 89b HGB geschaffen worden. Die Erkenntnisse zu § 89b HGB können zur Auslegung der Richtlinie herangezogen werden.[279]
- Art. 340 Abs. 2 AEUV knüpft die außervertragliche Haftung der Union an die allgemeinen Rechtsgrundsätze der Mitgliedstaaten.

---

276 Ahmling S. 167.
277 EuGH Slg. 1985 S. 1169, 1184; Geiger/Khan/Kotzur Art. 19 EUV Rdn. 16; Martens S. 406 ff.; Pechstein/Drechsler S. 139.
278 Leible/Domröse S. 158; Roth/Jopen S. 275.
279 Ahmling S. 118.

2. Rechtsfortbildung im Europarecht

Die Rechtsvergleichung eröffnet Auslegungsvarianten und kann zur Kontrolle eines gefundenen Auslegungsergebnisses herangezogen werden.[280] Sie eröffnet den Weg zur Rechtsangleichung und vermag den Prozess der Harmonisierung des Rechts in den Mitgliedsstaaten zu beschleunigen. So hat der EuGH im Wege der Rechtsvergleichung der Grundrechtsstandards der Mitgliedstaaten sukzessive einen Kanon unverzichtbarer Gemeinschaftsgrundrechte noch vor dem Inkrafttreten der Charta der Grundrechte der EU entwickelt.[281]

Den nationalen Rechtsordnungen kommt bei der systematischen Auslegung noch eine weitere Funktion zu: Das Europarecht leitet seine Legitimation aus den nationalen Rechtsordnungen der Mitgliedsstaaten ab. Erst durch Zustimmungsgesetz der Mitgliedsstaaten zu den EU-Verträgen erlangten diese und das davon abgeleitete Sekundärrecht ihre Geltung. Es darf deshalb die Einbindung der Zustimmungsgesetze in die – verfassungsrechtlichen – Vorgaben der nationalen Rechtsordnungen nicht außer Betracht bleiben. So soll Art. 23 Abs. 1 GG die Wesensgehaltsgarantie der Grundrechte, das Rechtsstaats-, Sozialstaats- und Demokratieprinzip im Rahmen des Beitritts zur Europäischen Union sichern. Dies bedingt, dass bei der Auslegung des Europarechts auch diesen wesentlichen Grundgedanken des nationalen Rechts Rechnung getragen werden muss. Es tritt eine **Wechselwirkung** mit den unverbrüchlichen Bereichen des nationalen Rechts ein.[282]

Der teleologischen Auslegung kommt bei der Auslegung und Anwendung des Europarechts eine besondere Bedeutung zu. Sie hat die Verwirklichung der Vertragsziele der Europäischen Union zum Gegenstand, wie sie insbesondere dem Art. 3 EUV zu entnehmen sind. Sie entspricht dem dynamischen Charakter der Gründungsverträge als Motor des Integrationsprozesses. Eine besondere Ausprägung der teleologischen Auslegung ist der Grundsatz der praktischen Wirksamkeit, der **Effektivitätsgrundsatz** – effet utile – im Europarecht, der in Art. 4 Abs. 3 EUV anklingt.[283] Er soll eine möglichst effektive Geltung und Wirkung der Bestimmungen des Europarechts sicher stellen. Das Streben nach Funktionsfähigkeit und Effektivität der Gemeinschaftsbefugnisse bergen die Tendenz einer extensiven Auslegung und eines prinzipiellen Vorrangs der Gemeinschaftsinteressen.

2. Rechtsfortbildung im Europarecht

Neben der Auslegung kommt die Rechtsfortbildung im Europarecht zur Anwendung. Für die Methodenlehre im deutschen Recht gibt der Wortlaut die äußerste Grenze der Auslegung wieder. Wird der Wortlaut der Norm verlassen, beginnt die Rechtsfortbildung. Diese Unterscheidung ist der Methodenlehre mancher anderer Mitgliedstaaten der EU fremd und wird vom EuGH nicht nachvolzogen.

---

280 Grundmann/Riesenhuber JuS 2001 S. 529, 533; von Busse S. 217 ff.
281 Geiger/Khan/Kotzur Einführung GR-Charta Rdn. 2 ff.
282 BVerfGE 89 S. 155, 210 – Maastricht.
283 EuGH NJW 1983 S. 2021, 2022; EuGH NVwZ 2009 S. 771, 773; einschränkend BVerfGE 89 S. 155, 210; Dobler S. 519; Bleckmann S. 205; Martens S. 456 ff., 463 ff.; Ahmling S. 121.

VIII. Europarecht

> Der EuGH trennt nicht zwischen Auslegung und Rechtsfortbildung.

In Anbetracht der vielen Sprachfassungen lässt sich eine Wortlautgrenze kaum ziehen. Der EuGH verwendet den Begriff der *interprétation* einheitlich für Auslegung und Rechtsfortbildung.[284] Da der Gerichtshof mit dem Begriff der *interprétation* sowohl die Auslegung i. e. S. wie auch die Rechtsfortbildung erfasst, ist auf den ersten Blick nicht ohne weiteres erkennbar, ob er Auslegung i. e. S. oder Rechtsfortbildung betreibt.

Die Rechtsfortbildung zählt zur Rechtstradition und Rechtskultur der europäischen Mitgliedsstaaten. Es besteht gleichsam die Befugnis zur Rechtsfortbildung unter Wahrung der durch die EU-Verträge eingeräumten Kompetenzen. Art. 19 Abs. 1 Satz 2 EUV trifft die Unterscheidung zwischen Vertrag und Recht, so wie Art. 20 Abs. 3 GG zwischen Gesetz und Recht unterscheidet. Dem Gerichtshof ist die Wahrung des Rechts zugewiesen und damit die Befugnis zur Rechtsfortbildung. Diese Befugnis zur Rechtsfortbildung wird wie im deutschen Recht mit einem Justizverweigerungsverbot begründet. Hinzu kommt der dynamisch angelegte Integrationsansatz der Europäischen Union, wie er in der Präambel zum EUV zum Ausdruck kommt. Die Rechtsfortbildung durch den Gerichtshof wird in ständiger Übung angewandt und entwickelt, ohne dass diese Befugnis entscheidend in Zweifel gezogen wird. Der Gerichtshof gilt deshalb als legitimiert, Rechtsfortbildung auf **horizontaler Ebene** zwischen den Organen der Europäischen Union und auf **vertikaler Ebene** zwischen der Europäischen Union und den Mitgliedsstaaten zu betreiben. Das BVerfG führt zur Rechtsfortbildungskompetenz des Gerichtshofs aus: *Zwar ist dem Gerichtshof keine Befugnis übertragen worden, auf diesem Wege Gemeinschaftskompetenzen beliebig zu erweitern; ebensowenig aber können Zweifel daran bestehen, dass die Mitgliedstaaten die Gemeinschaft mit einem Gericht ausstatten wollten, dem Rechtsfindungswege offenstehen sollten, wie sie in jahrhundertelanger gemeineuropäischer Rechtsüberlieferung und Rechtskultur ausgeformt worden sind ... Die Gemeinschaftsverträge sind auch im Lichte gemeineuropäischer Rechtsüberlieferung und Rechtskultur zu verstehen. Zu meinen, dem Gerichtshof der Gemeinschaften wäre die Methode der Rechtsfortbildung verwehrt, ist angesichts dessen verfehlt.*[285]

Dem Primärrecht ist wie bei völkerrechtlichen Verträgen eine fehlende Dichte des Regelungswerkes eigen. Dies eröffnet der Rechtsfortbildung einen großen Anwendungsbereich.[286] Diese fehlende Regelungsdichte macht nicht nur Auslegung, sondern auch Rechtsfortbildung unumgänglich.

- So hat der Gerichtshof eine Vielzahl von Grundrechten aus der gemeinsamen Verfassungsentwicklung der Mitgliedsstaaten und anhand allgemeiner Rechtsgrundsätze entwickelt. Diese Rechtsfortbildung hat mittlerweile in die Charta der Grundrechte der Europäischen Union Eingang gefunden.
- Aus dem Effektivitätsgrundsatz wurde die unmittelbare Wirkung von inhaltlich ausreichend präzisierten Richtlinien entwickelt, wenn die Richtlinie von

---

284 Ahmling S. 139, 168.
285 BVerfGE 75 S. 223, 243 f.; zustimmend Grundmann/Riesenhuber JuS 2001 S. 529, 535 f.
286 BVerfGE 75 S. 223, 243 f.; BVerfGE 89 S. 155, 187; Grundmann/Riesenhuber JuS 2001 S. 529, 535; Martens S. 292 ff.

2. Rechtsfortbildung im Europarecht

einem Mitgliedsstaat nicht oder nicht ausreichend innerhalb des vorgegebenen Zeitraums ins nationale Recht umgesetzt worden war.[287]
- Aus dem Effektivitätsgrundsatz wurde ein *gemeinschaftsrechtlicher Staatshaftungsanspruch* entwickelt, der bei qualifizierten Verstößen von Mitgliedsstaaten gegen das Gemeinschaftsrecht den Bürgern Rechte verleiht.[288] Dieser Staatshaftungsanspruch kann insbesondere greifen, wenn ein Mitgliedsstaat eine Richtlinie nicht rechtzeitig oder nicht vollständig in nationales Recht zum Nachteil mancher Bürger umsetzt.
- Aus den Verfassungstraditionen der Mitgliedsstaaten wurden im Wege der Rechtsvergleichung allgemeine Rechtsgrundsätze des Gemeinschaftsrechts entwickelt, wie das Verhältnismäßigkeitsprinzip, zu dem die Erforderlichkeit, Geeignetheit und Angemessenheit zählen, der Vertrauensgrundsatz, der Grundsatz der Gesetzmäßigkeit der Verwaltung und der Bestimmtheitsgrundsatz.[289]

Der Rückgriff auf die allgemeinen Rechtsgrundsätze der Mitgliedsstaaten zur Lückenfüllung ist in Art. 340 AEUV vorgezeichnet: Die außervertragliche Haftung der Europäischen Union bestimmt sich ... *nach den allgemeinen Rechtsgrundsätzen, die den Rechtsordnungen der Mitgliedsstaaten gemeinsam sind.*

Die Rechtsfortbildung des Gerichtshofs wird von einer Reihe von Argumentationsfiguren begleitet wie
- die Loyalitätspflicht der Mitglieder,
- die Harmonisierung und Wahrung der Einheitlichkeit des Gemeinschaftsrechts,
- die Erhöhung der Effektivität,
- der Geist der Verträge,
- der Rechtsschutz der Unionsbürger,
- die Rechtsanwendungsgleichheit zwischen den Unionsbürgern und
- die Gemeinschaftstreue.[290]

Es handelt sich hierbei um Argumentationsfiguren, die nicht nur für die Rechtsfortbildung, sondern auch für die teleologische Auslegung herangezogen werden. Dies kann nicht verwundern, da der Gerichtshof die Auslegung nicht von der Rechtsfortbildung abgrenzt, sondern nahtlos von der teleologischen Auslegung zur Rechtsfortbildung übergeht. Wie im nationalen Recht spielt im Gemeinschaftsrecht die Analogie eine große Rolle.[291] Sie wird auf systematisch-teleologische Überlegungen und den Gleichheitssatz gestützt, ohne dass der Gerichtshof zwingend auf das Vorliegen einer Lücke abstellt.[292] Weit mehr als im nationalen Recht wird zur Rechtsfortbildung auf die Rechtsvergleichung abgehoben.

---

287 EuGH NJW 1992 S. 165; EuGH NJW 2006 S. 2465; BVerfGE 75 S. 223, 243 f.; Herrmann JuS 2009 S. 1065, 1066.
288 EuGH NJW 1992 S. 165, 166 f.; EuGH NVwZ 2009 S. 771, 772; Geiger/Khan/Kotzur Art. 4 EUV Rdn. 41 ff.; KG NVwZ 2009 S. 1445, 1446; Frenz/Götzkes JA 2009 S. 759, 761.
289 EuGH NJW 2004 S. 139, 140 f.; EuGH NJW 2007 S. 1515, 1518; EuGH NJW 2009 S. 3221, 3223; Callies NJW 2005 S. 929, 933; Martens S. 149 ff., 522 f.
290 Callies NJW 2005 S. 929, 931.
291 Ahmling S. 147 ff.
292 Dobler S. 513; Einzelheiten bei Martens S. 320 ff.

VIII. Europarecht

Rechtsfortbildung wird auf der Ebene des Primärrechts betrieben und obendrein auf der Ebene des Sekundärrechts. Auf der Ebene des Sekundärrechts ist den Wertungen aus dem Primärrecht Rechnung zu tragen.[293]

Die Rechtsfortbildung durch den Gerichtshof findet ihre Grenzen im gemeinschaftsrechtlichen Kompetenzsystem. Die Rechtsfortbildung darf nicht in den souveränen Einflussbereich der Mitgliedsstaaten eingreifen. Sie darf nicht zu Kompetenzerweiterungen führen, wo die Verträge der Europäischen Union keine Kompetenzen zuweisen.[294] Ein solches kann nur im Wege der Vertragsänderung erfolgen. Die Rechtsfortbildung hat das institutionelle Gleichgewicht zwischen den Organen der Europäischen Union, das in den Verträgen geschaffene System der Zuständigkeitsverteilung zu wahren. Dem Gerichtshof mangelt es an der demokratischen Legitimation für die Rechtssetzung und der erforderlichen Ausstattung für eine umfassende Wirkungs- und Folgenabschätzung. Die Befugnis zur Rechtsfortbildung contra legem wird dem Gerichtshof weithin abgesprochen, wenngleich der Eindruck besteht, dass der EuGH diese Grenze schon mehrfach überschritten hat.[295]

3. Gemeinschaftskonforme Auslegung und Rechtsfortbildung des nationalen Rechts

Eine nationale Regelung, die zum Primärrecht in Widerspruch tritt, ist im Kollisionsfall nicht anwendbar, soweit das nationale Recht in den Anwendungsbereich des Gemeinschaftsrechts fällt. Das ist eine Folge des Vorrangs des Gemeinschaftsrechts. Das nationale Recht ist zwar nicht nichtig wie im Kollisionsfall von niederrangigem nationalem Recht mit höherrangigem nationalem Recht. Das Gemeinschaftsrecht genießt **Anwendungsvorrang** und verdrängt das nationale Recht, dessen Wirkung praktisch gehemmt ist. Zur Vermeidung eines solchen Kollisionsfalles ist das nationale Recht gemeinschaftskonform auszulegen. Bei der gemeinschaftskonformen Auslegung handelt es sich um eine Sonderform der systematischen Auslegung. Wie die verfassungskonforme Auslegung leitet sie sich aus der Normenpyramide ab. Ihr wird von manchen Autoren ein Vorrang bei der Auslegung zugewiesen.[296] Die gemeinschaftskonforme Auslegung hat weiterreichende Gestaltungswirkung als der Anwendungsvorrang. Beim Anwendungsvorrang wird die nationale Vorschrift nicht angewandt, während bei der gemeinschaftskonformen Auslegung die Rechtsnorm zur Anwendung kommt, wenngleich mit gemeinschaftskonformen Sinn.[297]

- Widerspricht nationales Recht dem Primär- oder Sekundärrecht der EU, genießt das Gemeinschaftsrecht Anwendungsvorrang.
- Durch gemeinschaftskonforme Auslegung des nationalen Rechts kann der Widerspruch vermieden werden und das nationale Recht kommt zur Anwendung.

---

293 Neuner (2015) S. 22, 262.
294 Martens S. 320.
295 BVerfGE 75 S. 223, 243; BVerfGE 89 S. 155, 209 – Maastricht; Callies NJW 2005 S. 929, 932.
296 Kühling JuS 2014 S. 481, 485; Beispiel bei Stürner JA 2017 S 26 f.
297 Leible/Domröse S. 170.

3. Gemeinschaftskonforme Auslegung und Rechtsfortbildung

Besondere Beachtung verdienen die Auslegung von EU-Richtlinien und ihre nationalen Umsetzungsakte. Die EU-Richtlinie wendet sich gemäß Art. 288 AEUV nicht an jedermann, sondern unmittelbar nur an die Mitgliedsstaaten. Sie entfaltet vertikale Wirkung zwischen der EU und den Mitgliedsstaaten. Die Unionsbürger können aus der Richtlinie unmittelbar keine Ansprüche herleiten. Es bleibt den Mitgliedsstaaten im Grundsatz überlassen, wie sie die Richtlinien in nationales Recht umsetzen. Nach Art. 291 Abs. 1 AEUV trifft die Mitgliedsstaaten die Pflicht, alle geeigneten Maßnahmen zu treffen, um die in einer Richtlinie vorgesehenen Ziele zu erreichen. Das Ziel der Richtlinie ist von den Mitgliedsstaaten in eigener Verantwortung in das nationale Recht entsprechend der nationalen Rechtssystematik einzufügen. Es können gänzlich neue Rechtssätze geschaffen werden oder bestehendes Recht kann abgeändert oder ergänzt werden.

Bei den Umsetzungsakten handelt es sich um nationales Recht. Für seine Auslegung gelten die im jeweiligen Mitgliedstaat entwickelten Auslegungsgrundsätze. Die Verpflichtung zur Umsetzung erschöpft sich nicht mit dem Umsetzungsakt, sondern begründet eine fortdauernde Verpflichtung der Mitgliedstaaten, die Richtlinie und ihrer Auslegung durch den Gerichtshof in der Zukunft zu wahren. Um den mit der Richtlinie beabsichtigten Zweck der Rechtsangleichung zu erreichen, bedarf es einer **richtlinienkonformen Auslegung** der nationalen Umsetzungsakte gemäß Art. 288 AEUV iVm. Art. 4 Abs. 3 EUV.[298] Diese Pflicht obliegt allen Trägern öffentlicher Gewalt in den Mitgliedsstaaten und damit insbesondere den nationalen Gerichten und Behörden.

> Bei der richtlinienkonformen Auslegung handelt es sich um einen Sonderfall der gemeinschaftsrechtskonformen Auslegung.

Kommt ein Mitgliedstaat der Pflicht zur Umsetzung nicht nach, kann ein Vertragsverletzungsverfahren nach Art. 258 und Art. 259 AEUV eingeleitet werden. Daneben kann Unionsbürgern ein Schadensersatzanspruch gegen die untätigen Mitgliedsstaaten erwachsen. Gleichwohl wird damit der richtlinienwidrige Zustand nicht behoben.

Erlässt der nationale Gesetzgeber keine Umsetzungsakte, kann der Richtlinie durch **richtlinienkonforme Auslegung** des bestehenden nationalen Rechts ab dem in der Richtlinie vorgesehenen Umsetzungszeitpunkt Genüge getan werden, soweit das bestehende Recht hierzu Gelegenheit gibt. Die richtlinienkonforme Auslegung beschränkt sich keinesfalls nur auf die zur Durchführung einer Richtlinie erlassenen Rechtsvorschriften, sondern obendrein auf Vorschriften, die vor der Richtlinie erlassen worden sind. Sie gilt auch für früher erlassenes Recht. Insbesondere gilt sie, wenn ein Mitgliedsstaat in der Annahme, dass das bestehende nationale Recht der Richtlinie bereits entspreche, keine Umsetzungsakte in nationales Recht gemacht hat. Das früher erlassene Recht ist soweit wie möglich am Wortlaut und Zweck der Richtlinie auszulegen, um das damit verfolgte Ziel zu erreichen und dem § 288 AEUV Genüge zu tun. Insbesondere Generalklauseln und unbestimmte Rechtsbegriffe bieten die Möglichkeit zur richtlinienkonfor-

---

[298] EuGH Slg. 1984 S. 1881, 1909; EuGH NJW 2009 S. 3221, 3223; Müller/Christensen S. 451 ff.; Stürner JA 2017 S. 26, 32.

VIII. Europarecht

men Auslegung des bestehenden Rechts. Diese sind Einfallstore des Europarechts in nationales Recht.

Die nationalen Gerichte und Behörden haben bei der Anwendung des nationalen Rechts – das zur Umsetzung der Richtlinie dient – dieses im Lichte der Richtlinie *so weit wie möglich* nach den anerkannten Instrumentarien der nationalen Methodenlehre auszulegen, um die volle Wirksamkeit der Richtlinie zu gewährleisten und zu einem Ergebnis zu gelangen, das mit dem von der Richtlinie verfolgten Ziel übereinstimmt.[299] Nur so lässt sich das von Art. 288 AEUV für alle Mitgliedsstaaten allgemein verbindliche Ziel der Richtlinie erreichen, kommen die Mitgliedstaaten der ihnen von Art. 4 Abs. 3 EU zugewiesenen Aufgabe der Umsetzung des EU-Rechts nach.

Dieser Grundsatz der gemeinschafts- und richtlinienkonformen Auslegung verlangt über die Auslegung im eigentlichen Sinne hinaus nach der Rechtsprechung des BGH, das nationale Recht gemeinschaftskonform fortzubilden. Es ist zu berücksichtigen, dass der Gerichtshof mit der Verwendung des Begriffs *interprétation* nicht die im deutschen Rechtskreis geprägte Unterscheidung zwischen Auslegung und Rechtsfortbildung zieht, sondern wie im französischen Recht mit *interprétation* auch die Rechtsfortbildung über den Wortlaut hinaus erfasst.[300] Der BGH versteht dies dahingehend, dass das Gebot der gemeinschaftskonformen *Auslegung* obendrein die nach nationalem Recht anerkannten Möglichkeiten der *Rechtsfortbildung* umfasst.

> Die gemeinschaftskonforme Auslegung umfasst die Auslegung i. e. S. und die Rechtsfortbildung nach Maßgabe des nationalen Rechts.

Das Gebot der gemeinschaftskonformen Auslegung im Sinne einer Rechtsfortbildung gestattet eine Analogie und **teleologische Reduktion** nationaler Rechtsvorschriften nach allgemeinen Regeln. Analogie und teleologische Reduktion setzen eine planwidrige Unvollständigkeit im Gesetz voraus. Die planwidrige Lücke kann sich aus dem Umstand ergeben, dass der Gesetzgeber fälschlicherweise bei Schaffung des Gesetzes davon ausging, dieses entspreche dem Primärrecht oder der Richtlinie, was sich im Nachhinein als falsch herausgestellt hat. Ging der Gesetzgeber mit Umsetzungswillen an die Schaffung der nationalen Vorschrift, kann sich im Nachhinein ergeben, dass dieser Umsetzungswille fehlerhaft ausgeführt wurde. Diese Planwidrigkeit kann im Wege der Analogie einer zu eng geratenen Vorschrift oder durch teleologische Reduktion einer zu weit geratenen Vorschrift beseitigt werden.[301]

Der Gerichtshof hebt hervor, dass die *Auslegung* durch allgemeine Rechtsgrundsätze wie Rechtssicherheit und Rückwirkungsverbot begrenzt sei. Dies entspricht den verfassungsrechtlichen Vorgaben im nationalen Recht. Die gemeinschaftsrechtskonforme Auslegung kann im materiellen Strafrecht nicht zur Begründung neuer Strafrechtstatbestände, zur Erweiterung über den Wortlaut der Norm hin-

---

299 EuGH NJW 2006 S. 2465, 2467 f.; BAG NZA 2009 S. 945, 951.
300 BGH JZ 2009 S. 518, 521; Grundmann/Riesenhuber JuS 2001 S. 529, 535; a. A. OLG Stuttgart DB 2009 S. 1583, 1586.
301 EuGH NJW 2005 S. 2839, 2841 impliziert die Analogie; ebenso EuGH JZ 2005 S. 838, 841 mit ablehnender Anmerkung Hillgruber; BGHZ 179 S. 27, 37.

3. Gemeinschaftskonforme Auslegung und Rechtsfortbildung

aus oder zur Verschärfung des materiellen Strafrechts führen. Dies hebt Art. 49 Abs. 1 GRC hervor. Zulässig ist sie jedoch im Verfahrensrecht.[302]

Zu Irritation hat die Aussage des EuGH geführt, dass die gemeinschaftskonforme *Auslegung* nicht zu einer *Auslegung* des nationalen Rechts **contra legem** führen darf. Die Entscheidung lautet in der deutschen Übersetzung: *Die Verpflichtung des nationalen Richters, bei der Auslegung der einschlägigen Vorschriften des innerstaatlichen Rechts, den Inhalt der Richtlinie heranzuziehen … , darf nicht als Grundlage für eine Auslegung contra legem des nationalen Rechts dienen … Der Grundsatz der gesetzeskonformen Auslegung verlangt jedoch, dass die nationalen Gerichte unter Berücksichtigung des gesamten nationalen Rechts und unter Anwendung ihrer Auslegungsmethoden, alles tun, was in ihrer Zuständigkeit liegt, um die volle Wirksamkeit der fraglichen Richtlinie zu gewährleisten und zu einem Ergebnis zu gelangen, das mit dem von der Richtlinie verfolgten Ziel übereinstimmt …*[303] Hierbei stellt sich die Frage, was der Gerichtshof mit dem Begriff contra legem meint, ob dieser Begriff wie im nationalen Recht zu verstehen ist. Diese Rechtsprechung des Gerichtshofs kann dahin verstanden werden, dass zur *Auslegung* die nach nationalem Recht anerkannten Möglichkeiten der Auslegung und Rechtsfortbildung zählen. Zu diesen Möglichkeiten der Rechtsfortbildung zählt im deutschen Recht neben der teleologischen Reduktion, die Analogie, die Rechtsergänzung und unter engen Voraussetzungen eine Rechtsfortbildung contra legem. Es liegt nahe, dass der Gerichtshof nicht nur mit dem Begriff der *Auslegung* i.S. von Auslegung und Rechtsfortbildung, sondern auch mit dem Begriff *contra legem* etwas anderes meint, als im deutschen Recht darunter verstanden wird. Spinnt man die Rechtsprechung des Gerichtshofs zur gemeinschaftskonformen *Auslegung* im Sinne einer Auslegung und Rechtsfortbildung des nationalen Rechts konsequent weiter, würde hierunter auch die im deutschen Recht unter engen Voraussetzungen zulässige Rechtsfortbildung contra legem zählen. Nur eine darüber hinausgehende Rechtsfortbildung contra legem wäre ausgeschlossen. Soweit nach nationalem Recht eine Rechtsfortbildung contra legem zulässig ist – und diese ist unter engen Voraussetzungen als zulässig anerkannt – müssen diese Grundsätze auch für die Umsetzung des EU-Rechts gelten.[304] Das Gebot der gemeinschaftskonformen *Auslegung* endet hiernach dort, wo nach nationalem Recht eine Rechtsfortbildung ausgeschlossen ist. Ob die Rechtsprechung diese Konsequenz ziehen wird, ist offen.

---

302 EuGH EuZW 2005 S. 433, 436 mit Anmerkung Herrmann; Müller/Christensen S. 473 f.
303 EuGH NJW 2006 S. 2465, 2467; Dobler S. 512; in BGH NJW 2012, 1073 durch Ausblendung der historischen Auslegung im Ergebnis vollzogen.
304 Str.; ebenso BAGE 114 S. 60, 65; Ahmling S. 197; Grundmann/Riesenhuber JuS 2001 S. 529, 535; Roth/Jopen S. 277; einschränkend Leible/Domröse S. 161; a. A. OLG Stuttgart DB 2009 S. 1583, 1586; ArbG Lörrach Urteil vom 15.4.2005 – 5 Ca 146/01; Kühling JuS 2014 S. 481, 484 f. zum Meinungsstand.

IX. Konkurrenzen

Nicht immer steht für die Beantwortung einer Rechtsfrage nur eine Norm zur Verfügung, sondern es kommen zugleich mehrere Normen in Betracht. Das Nebeneinander mehrerer Anspruchsgrundlagen, Strafnormen und Ermächtigungsgrundlagen, die sich an eine Handlung, an einen Lebenssachverhalt oder eine Rechtsfrage anschließen, wird als Konkurrenz bezeichnet. Diese Normen können
- nebeneinander zur Anwendung kommen als kumulative Normenkonkurrenz oder
- in einem Ausschließlichkeitsverhältnis zueinander stehen, wonach eine Norm die anderen verdrängt als alternative Normenkonkurrenz.[305]

Diese Konkurrenzen sind in allen Rechtsgebieten anzutreffen.

Bei der **kumulativen Normenkonkurrenz** können die einschlägigen Vorschriften nebeneinander und unabhängig voneinander zur Anwendung kommen.
- Ein Herausgabeanspruch nach Beendigung eines Mietverhältnisses kann zugleich aus § 546 Abs. 1, 985, 812 Abs. 1 Satz 2 BGB begründet sein. Herauszugeben ist die Sache nur einmal. Der Anspruch besteht, wenn nur eine der Anspruchsgrundlagen erfüllt ist, auch wenn die Voraussetzungen einer anderen Anspruchsgrundlage nicht erfüllt sind.

Dem Zivilrecht ist weithin die kumulative Normenkonkurrenz eigen. Sie findet sich hier häufig dergestalt, dass mehrere Anspruchsgrundlagen gleichzeitig nebeneinander zur Anwendung kommen. Das gleichzeitige Nebeneinander mehrerer gleichrangiger Anspruchsgrundlagen wird im Zivilrecht als **Anspruchsgrundlagenkonkurrenz**[306] bezeichnet.

Im Straf- und Ordnungswidrigkeitenrecht kann eine Handlung zugleich mehrere Straf- und Ordnungswidrigkeitentatbestände erfüllen.
- Wer vorsätzlich auf einen anderen einprügelt und ihm vorsätzlich die Brille zerstört, begeht mit einer Handlung Körperverletzung gemäß § 223 StGB und Sachbeschädigung nach § 303 StGB. In diesem Fall der **Tateinheit**[307] sind zwei Straftatbestände nebeneinander erfüllt. Es wird nach § 52 StGB nur auf eine Strafe erkannt, die dem Gesetz mit der höheren Strafandrohung entnommen wird.

Das Gegenstück zur kumulativen Normenkonkurrenz ist die **alternative Normenkonkurrenz**. Von verschiedenen gesetzlich eingeräumten Möglichkeiten

---
[305] Zippelius S. 30 ff.; Butzer/Epping S. 19 ff.; Wank S. 99 ff. verdrängende Konkurrenz.
[306] Bringewat Rdn. 391 Anspruchshäufung, Anspruchskonkurrenz.
[307] Auch Idealkonkurrenz genannt.

IX. Konkurrenzen

kann nur eine geltend gemacht werden. Die alternative Normenkonkurrenz gibt es in verschiedenen Ausgestaltungen.

Die alternative Normenkonkurrenz ist einfach zu erkennen, wenn das Gesetz sie durch Formulierungen wie *oder* und *statt* kennzeichnet.
- Nach § 437 Abs. 2 BGB kann der Käufer einer mangelhaften Sache Rücktritt *oder* Minderung geltend machen.

Zur alternativen Normenkonkurrenz zählt die **Spezialität**. Bereits oben unter *Techniken der Rechtssetzung* wurde auf den Grundsatz hingewiesen, dass spezielle Regeln allgemeine Regeln verdrängen. Eine spezielle Norm, die einen schon von einer anderen Norm allgemein erfassten Sachverhalt besonders regelt oder besonders ausgestaltet, geht der allgemeinen Norm vor. Die speziellere Norm verdrängt die allgemeine Norm. Spezialität ist dem Verwaltungsrecht weithin eigen. Die Gefahrenabwehr nach Immissionsschutz geht der Gefahrenabwehr nach Polizeirecht vor. Die Gefahrenabwehr nach Polizeirecht kommt nur zum Zuge, wenn die abzuwehrende Gefahr nicht in einem auf speziellere Gefahren zugeschnittenen Gesetz geregelt ist.

> Speziellere Normen gehen den allgemeinen Normen vor.

Der Vorrang spezieller Normen kann sich auf verschiedene Weise auswirken.

Es gibt **Spezialität mit Ausschlussfunktion**. Im Anwendungsbereich der spezielleren Norm wird die allgemeine Norm verdrängt. Dies gilt selbst für den Fall, dass die Voraussetzungen der spezielleren Norm nicht gegeben sind.
- Die Eheaufhebung nach § 1314 BGB schließt die Anfechtung wegen arglistiger Täuschung nach § 123 BGB oder Eigenschaftsirrtum nach § 119 Abs. 2 BGB aus. Der Irrtum ist im Anwendungsbereich Ehe speziell geregelt.
- Beim Kauf einer mangelhaften Sache könnte der Käufer die Besonderheiten der Mangelansprüche aus §§ 434 ff. BGB wie Fristsetzung zur Nacherfüllung nach §§ 437 Nr. 2, 323 Abs. 1 BGB und die Verjährungsfristen des § 438 BGB umgehen, wenn er den Kaufvertrag wegen Irrtums über eine wesentliche Eigenschaft nach § 119 Abs. 2 BGB anfechten würde. Diese Anfechtungsmöglichkeit würde die detaillierten Regelungen zum Rücktritt und zur Verjährung gegenstandslos machen. Deshalb wird der Anwendungsbereich des § 119 Abs. 2 BGB dahin eingeschränkt, dass das Anfechtungsrecht nach Übergabe der Kaufsache entfällt. Ab Übergabe gelten ausschließlich die §§ 434 ff. BGB.
- §§ 11, 12 BeamtStG über die Nichtigkeit und Rücknahme der Ernennung von Beamten schließen die Anwendbarkeit der §§ 44, 48 VwVfG im Beamtenrecht aus.
- Die Regelungen im GastG gehen denen der GewO vor.
- § 15 GastG Rücknahme und Widerruf der Gaststättenerlaubnis verdrängt §§ 48 f. VwVfG über die Rücknahme und den Widerruf von Verwaltungsakten.

Bei Zweifeln über das Vorliegen einer Spezialität mit Ausschlussfunktion kann die teleologische Auslegung der Norm helfen. Es ist die Frage zu stellen, ob eine der Normen den fraglichen Sachverhalt einer besonderen Regelung zuführen will und eine andere Lösung ausschließen will.

IX. Konkurrenzen

Eine einfache Form der Spezialität, die **Subsidiarität,** ist im Straf- und Ordnungswidrigkeitenrecht weit verbreitet.
- § 249 StGB *Raub* ist zu § 242 StGB *Diebstahl* die speziellere Vorschrift, da der Raub alle Tatbestandsmerkmale des Diebstahls umfasst und zusätzlich die Wegnahme unter Anwendung von Gewalt. Liegt keine Gewalt bei der Wegnahme vor, bleibt es beim Diebstahl.

Der Tatbestand der spezielleren Norm hat mindestens ein Tatbestandsmerkmal mehr als der Tatbestand der allgemeinen Norm. Beim Raub ist es das Merkmal der Gewalt. Die spezielle Norm geht der allgemeinen Norm vor. Liegt das zusätzliche Tatbestandsmerkmal der speziellen Norm nicht vor, kann die allgemeine Norm eingreifen. Der speziellen Norm kommt in ihrem Anwendungsbereich keine Ausschließlichkeitsfunktion zu. Die subsidiäre Norm greift ein, wenn die spezielle Norm nicht gegeben ist.[308]

Neben der Subsidiarität von allgemeinen Regeln gegenüber speziellen Regeln gibt es noch **subsidiäre Vorschriften mit Auffangfunktion:**
- Im Strafrecht gilt der Grundsatz, dass Gefährdungsdelikte hinter Verletzungsdelikten, die dasselbe Rechtsgut schützen, als subsidiär zurücktreten.

Subsidiäre Vorschriften mit Auffangfunktion werden im Gesetz häufig durch entsprechende Hinweise deutlich gemacht.
- § 265a StGB Erschleichen von Leistungen ... *wenn die Tat nicht in anderen Vorschriften mit schwererer Strafe bedroht ist.*

Ähnlich gelagert ist die **Konsumtion** im Straf- und Ordnungswidrigkeitenrecht, wenn eine Haupttat regelmäßig von einer Nebentat begleitet wird und der Unrechtsgehalt von der Haupttat mitumfasst wird:
- Der Einbruchsdiebstahl nach § 244 Abs. 1 StGB wird regelmäßig von einem Hausfriedensbruch nach § 123 StGB begleitet. Die Begleittat ist bereits vom Unrechtsgehalt der Haupttat umfasst und es wird nur aus der Haupttat bestraft.

Im Straf- und Ordnungswidrigkeitenrecht können durch mehrere rechtlich selbständige Handlungen mehrere Gesetzesverstöße begangen worden sein. Diese stehen in **Tatmehrheit.**[309] Aus den verschiedenen verwirkten Straftaten wird dann eine Gesamtstrafe gebildet. Gleichwohl kann auch hier Konsumtion auftreten, wenn eine Vor- oder Nachtat im Rahmen der Haupttat bereits mitbestraft ist. Die Bestrafung erfolgt dann aus der Haupttat:
- Der Diebstahl des Autoschlüssels erfolgte, um bei passender späterer Gelegenheit das Fahrzeug zu stehlen. Der Schlüsseldiebstahl ist mitbestrafte Vortat zur Haupttat. Es sind zwei Handlungen, zwei Diebstähle nach § 242 StGB, wobei die Vortat durch die Haupttat abgegolten ist.

Im Strafrecht werden Spezialität, Subsidiarität und Konsumtion auch Gesetzeskonkurrenz genannt.

Aus dem Rangverhältnis von Normen kann eine Konkurrenzregel hergeleitet werden, wenn sich höherrangiges und niederrangiges Recht widersprechen. Aus der Normenpyramide leitet sich folgende Konkurrenzregel ab:

---

[308] Tettinger/Mann S. 167.
[309] Auch Realkonkurrenz genannt.

IX. Konkurrenzen

Höherrangiges Recht bricht widersprechendes niederrangiges Recht.

Das niederrangige Recht ist nichtig, sollte nicht eine gesetzeserhaltende Auslegung möglich sein, um den Gleichklang mit höherrangigem Recht herzustellen. Dieser Grundsatz wird durch Art. 31 GG dahin ergänzt

Bundesrecht bricht Landesrecht.

Europarecht stellt eine eigenständige Rechtsordnung dar, die neben das nationale Recht tritt. Bei Widersprüchen zwischen nationalem Recht und Europarecht verdrängt das Europarecht das nationale Recht.

Anwendungsvorrang des Europarechts vor nationalem Recht.

Widersprüche zwischen gleichrangigen Normen werden dahin gelöst, dass bei unüberbrückbaren Widersprüchen diese Normen nicht angewandt werden. Dies kommt kaum vor. Häufig ergibt die Auslegung, dass eine Norm spezieller ist oder die Anwendungsbereiche der Normen können aufeinander abgestimmt werden.
- § 133 BGB gilt bei Willenserklärungen ohne schützenswerten Empfängerkreis.
- § 157 BGB gilt bei empfangsbedürftigen Willenserklärungen mit schützenswertem Empfängerkreis.

Eine weitere Konkurrenzregel folgt aus der zeitlichen Reihenfolge, in der Normen erlassen wurden.

Jüngeres Recht hebt widersprechendes älteres Recht auf.

Diesem Grundsatz kommt mittlerweile gewohnheitsrechtlicher Rang zu.[310] Diese Rechtsregel gilt nur, soweit das jüngere Recht nicht mit höherrangigem Recht in Widerspruch steht und der Gesetzgeber dem jüngeren Recht diese Abänderungsbefugnis zugesteht: Nach Art. 31 GG kann jüngeres Landesrecht kein älteres Bundesrecht brechen. Entgegen Art. 79 Abs. 3 GG kann jüngeres Recht auf keinen Fall die mit der Ewigkeitsgarantie ausgestatteten Rechtsgrundsätze der Verfassung aufheben. Der Grundsatz kommt nur selten zur Anwendung, da im Zuge des Erlasses neuer Gesetze die früheren Vorschriften aufgehoben werden, soweit sie entgegenstehen. Konkurrenzfragen hinsichtlich der zeitlichen Reihenfolge von Gesetzen lassen sich in der Gesetzgebungspraxis vermeiden, indem das jüngere Gesetz ausdrücklich die Aufhebung der älteren Norm ausspricht und angibt, ab welchem Zeitpunkt die Änderung eintreten soll. Doch nicht immer hat der Gesetzgeber den Überblick und die Weitsicht, wie weitreichend Änderungen sind und welche Vorschriften gelten.

Jüngeres Recht bricht älteres Recht für die Zukunft grundsätzlich nur ab seinem Wirksamwerden. Ihm kommt eine Rückwirkung nur zu, wenn sie ausdrücklich

---
310 BVerwGE 85 S. 289, 92; Tettinger/Mann S. 48 f.; einschränkend Martens S. 426 f.

IX. Konkurrenzen

angeordnet wird. Verschärfungen des materiellen Strafrechts und öffentlich-rechtliche Eingriffsgrundlagen gelten immer nur für die Zukunft. Diesen kann keine Rückwirkung zukommen. Die rückwirkende Einführung von Straftatbeständen und Steuererhöhungen ist ausgeschlossen. Art. 103 GG und der aus dem Rechtsstaatsprinzip und den Freiheitsgrundrechten entwickelte Vorbehalt des Gesetzes stehen einer Rückwirkung entgegen. Liegt die Tatbestandsverwirklichung in der Vergangenheit, wird sie von einem jüngeren schärferen Gesetz nicht erfasst. Rückwirkende Erleichterungen sind unproblematisch. Jüngere Leistungsgesetze können mit Rückwirkung ausgestattet werden wie rückwirkende Rentenerhöhungen.

Höherrangiges jüngeres Recht kann dazu führen, dass eine Vielzahl von widersprechenden älteren niederrangigen Gesetzen unwirksam werden.[311] So geschah es mit dem Inkrafttreten des GG im Jahr 1949. So lange der Gesetzgeber die widersprechenden älteren Gesetze nicht aufhob, mussten die Gerichte über deren Verfassungswidrigkeit und damit Nichtigkeit entscheiden. Da die Einführung des Art. 3 Abs. 2 GG *Männer und Frauen sind gleichberechtigt* zwangsläufig zu einer Flut verfassungswidriger Gesetze führen würde, wurde in Art. 117 Abs. 1 GG bestimmt, dass diese Gesetze bis zum 31. März 1953 in Kraft bleiben konnten. Dem Gesetzgeber sollte Zeit gegeben werden, rechtzeitig durch Neuregelungen Abhilfe zu schaffen. Soweit der Gesetzgeber dem gleichwohl nicht rechtzeitig nachkam, lag es in der Hand der Gerichte, über Verfassungswidrigkeit und damit Nichtigkeit gleichheitswidriger Bestimmungen zu entscheiden und die entstehenden Lücken zu füllen.

Die dargestellten Konkurrenzregeln lassen sich zum Teil aus dem Gesetz herleiten, so wenn jüngeres Recht ausdrücklich bestimmt, dass älteres Recht außer Kraft tritt oder wie § 265a StGB die Subsidiarität hervorhebt. Ansonsten wurden die dargestellten Konkurrenzregeln mit Mitteln der Auslegung und insbesondere der systematischen Auslegung ermittelt.

---

311 Rüthers/Fischer/Birk Rdn. 773.

X. Logische Prioritäten

Normkonkurrenzen regeln das Vorgehen, wenn gleichzeitige mehrerer Rechtssätze zur Beantwortung einer Rechtsfrage in Betracht kommen. Es geht um die Frage, ob diese Normen nebeneinander gelten oder sich gegenseitig ausschließen. Bei logischen Prioritäten geht es dagegen um die Frage der Reihenfolge einer Abprüfung von Normen.

Bei komplexen Lebenssachverhalten, umfassenden Rechtsfragen und den zur Lösung derselben entwickelten Entscheidungsprogrammen sind verschiedene Normen heranzuziehen. Es stellt sich die Frage nach der Reihenfolge der Prüfung der Normen, aber auch der Tatbestandsmerkmale innerhalb einer Norm. Die Prüfungsreihenfolge kann eine Frage der Beliebigkeit oder der Zweckmäßigkeit sein. Die Prüfungsreihenfolge kann jedoch aus Gründen der Logik vorgegeben sein. Besteht ein logischer Vorrang von Tatbestandsmerkmalen und Rechtssätzen, muss dieser Vorrang bei der Prüfungsreihenfolge beachtet werden. Logische Prioritäten betreffen die logische Reihenfolge der Prüfung verschiedener Normen oder Tatbestandsmerkmale einer Norm. Ein logischer Vorrang besteht, wenn eine Frage nur behandelt werden kann, wenn zuvor eine andere vorrangige Frage geklärt wurde.

> Normkonkurrenzen betreffen die Frage, ob Normen nebeneinander gelten oder sich ausschließen.
> Logische Prioritäten betreffen die Reihenfolge der Abprüfung von Normen.

Die Rechtswirksamkeit einer Norm ist – soweit überhaupt zweifelhaft – zu klären, bevor ihre Tatbestandsmerkmale geprüft werden. Wurde eine Norm nicht rechtswirksam erlassen oder verstößt sie gegen höherrangiges Recht, ist sie nichtig. Sie äußert keine Rechtswirkungen. Es können aus ihr keine Rechtsfolgen hergeleitet werden. Es gilt die Prüfungsreihenfolge

> Wirksamkeit einer Norm vor Anwendbarkeit

Zwischen Tatbestand einer Norm und Rechtsfolge besteht ein Konditionalprogramm. Die Rechtsfolgenseite kann nur zum Zuge kommen, wenn alle Tatbestandsvoraussetzungen geprüft wurden und vorliegen. Fehlt ein Tatbestandsmerkmal wird die Rechtsfolge nicht ausgelöst.

> Tatbestand vor Rechtsfolge

X. Logische Prioritäten

Erst das vollständige Vorliegen aller Tatbestandsmerkmale vermag die Rechtsfolgen der Norm auszulösen.

Anspruchs- und Ermächtigungsgrundlagen sind vor Gegennormen zu prüfen. Nur wenn die Anspruchs- oder Ermächtigungsgrundlage vorliegt, kommt die Gegennorm zum Zuge und kann deren Rechtswirkung aufheben oder entgegenstehen.

> Anspruchs- und Ermächtigungsgrundlagen vor Gegennormen

Im Zivilrecht verwendet man für diese Prüfungsreihenfolge die vereinfachte Merkregel, dass das Entstehen des Anspruchs vor seinem Erlöschen zu prüfen ist und Hemmnisse gegen die Durchsetzung eines Anspruchs nur zu prüfen sind, wenn dieser überhaupt besteht.[312]

- Die Verjährung eines Anspruchs ist erst zu prüfen, wenn dieser wirksam entstanden ist.
- Rücknahme und Widerruf eines Verwaltungsaktes sind erst zu prüfen, wenn feststeht, dass ein solcher überhaupt erlassen wurde.

Im Straf- und Ordnungswidrigkeitenrecht und den Schadensersatznormen der §§ 823 ff. BGB gilt die Reihenfolge:

> Tatbestandsmäßigkeit der Handlung vor Rechtswidrigkeit und Rechtswidrigkeit vor Verschulden

Verstößt eine Handlung nicht gegen geschützte Rechte oder Interessen, stellt sich die Frage der Rechtswidrigkeit nicht. Dies gilt selbst in den Fällen, in denen jemand bitterbös nach dem Leben eines anderen trachtet, aber nicht in die Tat umsetzt getreu dem Rechtsspruch *Fürs Denken wird keiner gehängt*. Steht eine Handlung mit der Rechtsordnung in Einklang, weil ein Rechtfertigungsgrund eingreift und sie deshalb nicht rechtswidrig ist, stellt sich die Frage nach dem Verschulden nicht. Es kann kein Schuldvorwurf erhoben werden.

Spezialvorschriften sind vorrangig zu prüfen:
- Liegt eine abschließende Spezialität vor, werden die allgemeinen Normen im Anwendungsbereich gänzlich verdrängt und sind nicht mehr abzuprüfen, selbst wenn die spezielle Norm nicht eingreift.
- Liegt keine abschließende Spezialität vor, wird die allgemeine Vorschrift erst herangezogen, wenn die speziellere Vorschrift nicht greift.

> Prüfungsvorrang spezieller Normen

Die speziellere Vorschrift hat Vorrang. Die Normkonkurrenz entscheidet hier über den Prüfungsvorgang.

Im Verwaltungs- und Verfahrensrecht gilt die logische Priorität

---

312 Würdinger JuS 2011 S. 769 f.: Nach der Lehre von der Doppelwirkung des Rechts können nichtige Rechtsgeschäfte angefochten werden.

X. Logische Prioritäten

> Zulässigkeit vor Begründetheit

Wurde eine Klage oder ein Rechtsmittel nach Ablauf der Klage- und Rechtsmittelfrist eingelegt, ist sie als unzulässig abzuweisen. Eine Entscheidung in der Sache, über die Begründetheit der Klage oder des Rechtsmittels darf nicht ergehen. Selbst wenn Klage und Rechtsmittel offensichtlich begründet sind, ist wegen Unzulässigkeit abzuweisen.[313]

Der logische Vorrang der Zulässigkeit vor Begründetheit umfasst die Regel

> Zuständigkeit vor Begründetheit

Die Zuständigkeit ist Element der Zulässigkeit. Nur wegen der besonderen praktischen Bedeutung soll diese eine besondere Erwähnung finden. Das Rechtsstaatsprinzip und das Prinzip der Gesetzmäßigkeit der Verwaltung schreiben vor, dass Behörden nur im Rahmen ihrer Zuständigkeit tätig werden dürfen. Noch weitergehend bestimmt Art. 101 Abs. 1 Satz 2 GG für die Justiz *Niemand darf seinem gesetzlichen Richter entzogen werden*. Nur das zuständige Gericht kann der gesetzliche Richter sein. Dem tragen die §§ 17a Abs. 2 GVG, 270 Abs. 1 StPO, 281 Abs. 1 ZPO, 98 SGG Rechnung.

Die Reihenfolge Zulässigkeit vor Begründetheit umfasst die weitere Regel

> Zuständigkeit vor Ermächtigungsgrundlage und Anspruchsgrundlage im öffentlichen Recht

Nach dem Grundsatz der Gesetzmäßigkeit der Verwaltung ist nur die zuständige Behörde zu Eingriffen ermächtigt und es können nur gegenüber der zuständigen Behörde subjektiv-öffentliche Ansprüche geltend gemacht werden. Diese Aussage deckt sich mit dem bereits erwähnten Grundsatz Zuständigkeit vor Begründetheit im Verfahrensrecht.

Die Überlegungen zu den logischen Prioritäten weisen auf eine Besonderheit im Recht hin. Die Lösung eines Rechtsfalles, eines Rechtsproblems erschließt sich im schrittweisen Abprüfen des jeweiligen Entscheidungsprogramms in seiner Komplexität unter Einhaltung der logischen Reihenfolge. Es verbietet sich eine undifferenzierte, ganzheitliche Betrachtung. Solche ganzheitlichen Betrachtungen versperren den Blick auf bedeutsame wegweisende Details. Ebenso verbietet sich das Herausgreifen eines vordergründigen Einzelproblems. Einzelprobleme sind im Entscheidungsprogramm dort zu prüfen, wo es darauf ankommt. Ergibt die Prüfung, dass eine vorrangig zu prüfende Voraussetzung im Entscheidungsprogramm entfällt, kommt es auf das vordergründige Einzelproblem nicht mehr an, so interessant es auch scheinen mag.

Logische Prioritäten sind relevant für die Auswahl der heranzuziehenden Normen aus der Vielzahl der Normen im Recht. So ist mit den spezielleren Normen zu beginnen. Logische Prioritäten sind obendrein beim Aufbau einer Abprüfung

---

[313] Über einen verspätet eingelegten Widerspruch gegen einen Verwaltungsakt kann gleichwohl entschieden werden, wenn ein Rücknahmegrund vorliegt.

X. Logische Prioritäten

zu beachten. Zuständigkeit ist vor Begründetheit, der Tatbestand vor der Rechtsfolge, die Anspruchs- und Ermächtigungsgrundlage vor den dazu gehörenden Hilfsnormen zu prüfen, dann folgen die Gegennormen mit den dazu gehörenden Hilfsnormen. Es ist nicht zielführend, mit Hilfsnormen oder Gegennormen zu beginnen. Hilfsnormen erklären Anspruchsgrundlagen und Gegennormen. Nur wenn die einschlägige Anspruchsgrundlage feststeht, kann geklärt werden, welche Hilfsnorm zu dieser herangezogen werden kann. Dasselbe gilt bei Gegennormen.

- Ist § 823 Abs. 1 BGB als Anspruchsgrundlage einschlägig, kommen §§ 104 ff. BGB nicht in Betracht, sondern §§ 827 f. BGB.

Soweit keine logischen Prioritäten vorliegen, ist die Prüfungsreihenfolge zwar beliebig, sie kann jedoch durch **Zweckmäßigkeitsgesichtspunkte** geleitet werden.[314] Im eingangs geschilderten Gastwirtsfall wurde festgestellt, dass verschiedene deliktische Anspruchsgrundlagen im Verhältnis kumulativer Normenkonkurrenz nebeneinanderstehen und deshalb alle zu prüfen sind. Ihre Prüfungsreihenfolge ist festzulegen. Zweckmäßigerweise wird mit § 823 Abs. 1 BGB begonnen, weil die Tatbestandsmerkmale dem Gesetzeswortlaut zu entnehmen sind und es sich um weitgehend eindeutige Begriffe handelt. Hingegen erfordert § 823 Abs. 2 BGB die Suche nach einem separaten Schutzgesetz und die Abprüfung dessen Tatbestandsmerkmale. Zuletzt wird § 826 BGB geprüft, der neben den im Rahmen von § 823 Abs. 1 BGB und § 823 Abs. 2 BGB schon erörterten Tatbestandsmerkmalen nur noch zusätzlich die Sittenwidrigkeit zu prüfen erfordert. Dieses unbestimmte, wertungsbedürftige Tatbestandsmerkmal bedarf in jedem Fall besonderer Begründung und damit einen erhöhten Argumentationsaufwand. Solche Besonderheiten werden an den Schluss der Prüfung gestellt, um die Lösung nicht kopflastig zu machen.

Im Zivilrecht gilt der Grundsatz, dass

> Vertragliche Ansprüche vor dinglichen und vor sonstigen Ansprüchen

zu prüfen sind. Diese Reihenfolge ist sinnvoll, denn hat sich bei der Prüfung vertraglicher Ansprüche herausgestellt, dass ein Vertrag besteht, dann

- kann sich aus dem Vertrag ein Recht zum Besitz nach § 986 BGB ergeben,
- kann eine Beauftragung i. S. von § 677 BGB vorliegen, die eine Geschäftsführung ohne Auftrag ausschließt,
- kann der Vertrag einen Rechtsgrund nach § 812 BGB darstellen und schließt damit Ansprüche aus ungerechtfertigter Bereicherung aus,
- kann der Vertrag einer Handlung die Widerrechtlichkeit nach §§ 823 ff. BGB nehmen oder den Verschuldensmaßstab modifizieren.

Solche Zweckmäßigkeitsgesichtspunkte bezüglich der Prüfungsreihenfolge tragen zur Klärung von Vorfragen bei, die für die gesamte Prüfung relevant sind und sich durch die gesamte Prüfung ziehen. Werden sie zu Beginn erörtert, erleichtert es die Prüfung der weiteren Anspruchsgrundlagen und trägt dazu bei, dass nichts übersehen wird.

---

314 Tettinger/Mann S. 122 f.

XI. Argumentation im Recht

Rechtsfindung ist kein formal logischer Vorgang. Nur Subsumtion und Syllogismus in ihrer Reinform stellen eine formal-logische Operation dar. Damit ist es in der Regel nicht getan. Schon mit der Auslegung tritt neben die Logik eine Wertung. Es gilt, Argumente für und wider eine bestimmte Interpretation der Norm zu finden, gegeneinander abzuwägen, um zu einer Entscheidung zu kommen. Argumente sind die Grundelemente für Auslegung und Rechtsfortbildung und für die Abwägung, der für eine bestimmte Auslegung und Rechtsfortbildung gefundenen Gesichtspunkte.[315]

In der Rechtsanwendung zählt die Argumentation zur alltäglichen Überzeugungsarbeit und bietet Platz für juristische Rhetorik. Die Gerichte müssen ihre Urteile mit Argumenten begründen, Behörden müssen ihre ablehnenden Bescheide mit einer Begründung versehen. Argumente vermögen Gegensätze, gegensätzliche Ansichten zu versöhnen oder gar zu befrieden. Ihnen kann eine Streitschlichtungsfunktion zukommen. Eine schlechte Argumentation, an den Haaren herbeigezogene Argumente können Widersprüche erzeugen und vertiefen. Schlechte oder fehlende Argumente sind nicht geeignet, Überzeugungsarbeit zu leisten, Anspruch auf rechtliche Wahrheit zu erheben.

Der **Begründungszwang** soll den zur Entscheidung Berufenen veranlassen, sich mit allen relevanten Fragen auseinanderzusetzen, sich Zweifeln zu stellen, Ansichten zu hinterfragen. Mit der Begründung einer Entscheidung setzt sich eine zur Kontrolle berufene übergeordnete Instanz auseinander. Damit kommt Begründungen eine Kontrollfunktion zu. Die Begründungen übergeordneter Instanzen bieten wiederum den untergeordneten Instanzen Orientierung. Die Begründung von Entscheidungen zollt den am Verfahren Beteiligten und ihrem Anliegen Respekt. Sie ist Ausdruck des Rechts auf rechtlichen Gehör und dem in Art. 6 Abs. 1 EMRK verankerten Fair-Trial-Prinzip. Begründungen geben Orientierung für zukünftige Streitfälle und tragen damit zur Rechtssicherheit bei.[316]

Ist die Argumentation nicht stichhaltig und widersprüchlich, vermag sie nicht zu überzeugen und fordert zum Widerspruch heraus. Die Einlegung von Rechtsbehelfen liegt nahe. Die Einlegung von Rechtsbehelfen liegt ebenfalls nahe, wenn eine unzureichende Begründung die Vermutung nahelegt, das Gericht oder die Behörde habe der Angelegenheit, dem Anliegen einer Partei keine Aufmerksamkeit zuteil werden lassen, sich kaum damit befasst. Die Folge kann sein, dass

---

315 Alexy/Koch/Kuhlen/Rüßmann S. 113 ff., 235 ff.; Horn Rdn. 194 ff.; Gast Rdn. 30 ff.; kritisch Grasnick JZ 2004 S. 232, 234 f.
316 Martens S. 73 ff., 294.

XI. Argumentation im Recht

überflüssige Rechtsbehelfe eingelegt werden, die Zeit rauben, Kosten verursachen und den sozialen Beziehungen abträglich sind oder das Heil in der Abkehr von rechtlichen Konfliktlösungsstrategien, in rechtswidrigen Handlungen gesucht wird. Die Diskussion über Für und Wider wird eröffnet.

Dieser Begründungszwang ist von rechtsstaatlicher Bedeutung. Der Begründungszwang eröffnet die formale Kontrolle durch die Gerichte und die informelle Kontrolle durch die Öffentlichkeit. Eine nachvollziehbare Begründung vermag das Vertrauen in die Rechtsordnung zu stärken. Zwar kann dem alten Juristenscherz von den *drei Urteilsgründen – den mündlichen, den schriftlichen und den eigentlichen –* nicht der Wahrheitsgehalt abgesprochen werden. Gleichwohl beschneidet der Begründungszwang die Möglichkeiten gänzlich willkürlicher Entscheidungsfindung.

Es bedarf der Argumente im Rahmen von Auslegung und Rechtsfortbildung, um zu erarbeiten, welche Alternativen sich eröffnen. Zur Rechtsfortbildung sagt das BAG: *Dabei muss sich der Richter jedoch von Willkür freihalten. Seine Entscheidung muss auf rationaler Argumentation beruhen; es muss einsichtig gemacht werden können, dass das geschriebene Gesetz seine Funktion, ein Rechtsproblem gerecht zu lösen, nicht erfüllt.*[317] Umso mehr Auslegungsalternativen in Betracht kommen und sich eine Auslegung und Rechtsfortbildung vom Gesetz entfernt, umso mehr nimmt der Begründungszwang zu. Es bedarf wiederum der Argumente, um die verschiedenen Alternativen zu gewichten, gegeneinander abzuwägen und um schließlich zu einem nachvollziehbaren Ergebnis zu kommen. Beurteilungen und Ermessensentscheidungen sind zu begründen. Das Ergebnis einer Beweisaufnahme ist zu begründen.

Zu vielen Rechtsfragen und Rechtsproblemen gibt es verschiedene Ansichten. Es gibt verschiedene Rechtsauffassungen, die methodengerecht gewonnen wurden und deshalb als vertretbar gelten. Sachverhalte können unterschiedlich interpretiert werden. Mehrdeutigkeit erfordert Auseinandersetzung mit den verschiedenen Interpretationsmöglichkeiten und eine nachvollziehbare Begründung.[318] Darin spiegelt sich die **Relativität des Rechts** wieder. Es gibt oftmals nicht nur eine einzig richtige Entscheidung. Andere Ansichten sind vertretbar. Es ist auch eine Frage des subjektiven Vorverständnisses und der verobjektivierten Begründung und Argumentation, die zur Wahl einer Entscheidungsalternativen führen. Die richterliche Unabhängigkeit, die Einzigartigkeit eines jeden zu entscheidenden Falles sind jedoch kein Freibrief für Willkür und Beliebigkeit.[319] In Anbetracht des Art. 3 Abs. 1 GG muss für die Rechtsgewinnung der Grundsatz der Rechtsanwendungsgleichheit immer vor Augen gehalten werden. Diese erfordert einen gleichmäßigen Vollzug des Rechts durch Behörden und Gerichte ohne Ansehen der Person. Abweichungen von anderen Entscheidungen, Abweichungen von anderen fundierten Meinungen sind herauszuarbeiten und zu begründen. Der Begründungszwang nimmt zu, je weiter vom Wortlaut des Gesetzes in seiner allgemeinen Bedeutung abgewichen wird. Hier ist dem Empfängerhorizont des Publikums Rechnung zu tragen.

---

317 BAGE 48 S. 122, 137.
318 BVerfGE 96 S. 375, 395; BVerfGE 94 S. 1, 10 f.
319 Röhl/Röhl S. 604.

1. Argumente und Argumentationsfiguren

Im Recht spielt die **Deduktion**, die Ableitung konkreter Aussagen aus allgemeinen Aussagen und Regeln eine bedeutsame Rolle. Hierzu zählt die Subsumtion. Aus einer allgemeinen Rechtsregel wird für den konkreten Einzelfall eine Aussage abgeleitet. Die Deduktion schreitet vom Allgemeinen zum Besonderen. Sie wendet eine Rechtsregel, die für eine große Anzahl von Sachverhalten getroffen wurde auf einen einzelnen Sachverhalt an, der einen Ausschnitt aus der großen Anzahl bildet.

- Der Diebstahl nach § 242 StGB betrifft die Wegnahme fremder Sachen. Ein Auto ist eine Sache. Deshalb ist der Diebstahl an einem Auto möglich.

In der empirischen Forschung spielt die **Induktion** eine bedeutsame Rolle. Bei der Induktion wird im Rahmen eines Verallgemeinerungsprozesses von gesicherten Erkenntnissen auf weitergehende Gesetzlichkeiten, Regeln geschlossen, die bislang nicht untersucht wurden und zu denen keine gesicherten Erkenntnisse vorliegen. Häufig wird mit Wahrscheinlichkeitsurteilen gearbeitet. Der Induktion ist ein spekulatives Moment eigen. Die Analogie und insbesondere die Rechtsanalogie werden durch Induktion entwickelt, ebenso die Fallgruppenbildung bei unbestimmten Rechtsbegriffen und Generalklauseln.[320]

- §§ 1004 Abs. 1 Satz 2, 862 BGB erfassen die Beeinträchtigung des Eigentums und Besitzes an Sachen. Durch Rechtsanalogie hat dasselbe, für die nicht vom Gesetz geregelten, Persönlichkeitsverletzungen zu gelten. Die Normbereiche der §§ 1004 Abs. 1 Satz 2, 862 BGB werden über ihren Tatbestandbereich erweitert.

Die Induktion leitet die Fallgruppenbildung bei unbestimmten Rechtsbegriffen und Generalklauseln. Im Wege der Deduktion können diesen Fallgruppen wiederum Entscheidungshilfen für ähnlich gelagerte Fälle entnommen werden.

Eine Vielzahl von Argumenten zu Rechtsfragen lassen sich aus den zur Auslegung und zur Rechtsfortbildung entwickelten Kriterien herleiten. Diese Auslegungskriterien können zu einem weiten Spektrum an Argumenten führen. Jede der Auslegungskriterien führt zu einer Vielzahl von Fragestellungen, mit denen es sich auseinanderzusetzen gilt. So beginnt die grammatische Auslegung mit der Frage nach der speziellen rechtlichen, der fachspezifischen und schließlich der umgangssprachlichen Bedeutung. Diese Fragestellungen sind der Einstieg für die Argumentation. Sie begründen die Notwendigkeit zu einer eingehenden Auseinandersetzung mit der aufgeworfenen Frage. Sie machen die Notwendigkeit einer differenzierten Betrachtung deutlich, einer Betrachtung unter verschiedenen Blickwinkeln. Die historische Auslegung weist auf die Bedeutung der Gesetzesmaterialien hin. Der amtlichen Begründung des Gesetzgebers kann entnommen werden, von welchen Vorstellungen er sich bei Erlass des Gesetzes leiten ließ. Andere Gesetzesmaterialien zeigen auf, welche Pro-und Contra-Argumente von anderer Seite eingebracht wurden.

> Die Kriterien der Auslegung und Fortbildung des Rechts sind Fundstellen für Argumente.[321]

---

320 Horn S. 237.
321 Gast Rdn. 638 ff.

XI. Argumentation im Recht

Die Verfassung bietet Ansatzpunkte für Erwägungen anhand allgemeiner Rechtsprinzipien wie dem Rechtsstaatsprinzip, dem Prinzip der Rechtssicherheit und dem Gleichbehandlungsgrundsatz.

Weitere Argumente können anhand von Vergleichen gewonnen werden. Diese Vergleichstechnik wurde bereits bei Analogie und Umkehrschluss, beim Schluss-Vom-Mehr-Auf-Das-Weniger und beim Schluss Vom-Weniger-Auf-Das-Mehr angewandt. Hierbei handelt es sich letztlich um Begründungsfiguren. Vergleiche können mit anderen Gesetzen, anderen Rechtsordnungen und anderen entschiedenen Fällen, die ähnlich gelagert sind, angestellt werden.[322]

Nicht zu überzeugen vermögen Scheinargumente. Dazu zählen Leerformeln, bei denen eine Worthülse ein Nichts an Gehalt umschließt. Selbst das BVerfG greift auf solche Leerformeln zurück, wenn es mit dem *Wesen des Berufsbeamtentums*[323] zur Begründung antritt. Hier werden Begründungen durch Behauptungen ersetzt, ohne dass diese schlüssig hergeleitet oder gar bewiesen werden und ihre Berechtigung hinterfragt wird. Mit der Behauptung *aus der Natur der Sache* wird eine Selbstverständlichkeit suggeriert, die es nicht mehr zu hinterfragen gilt. Die *gesunde Volksanschauung*[324] vermag ebenso wenig zu besagen wie der *gesunde Menschenverstand* und die *praktische Vernunft*. Solche substanzlosen Schlagworte verschleiern die wahren Beweggründe und das Vorverständnis, die sich hinter der Entscheidung verbergen.

2. Auseinandersetzung mit Meinungen

Zu den Scheinargumenten zählt die Berufung auf eine herrschende Meinung (h. M.), eine herrschende Lehre (h. L.) oder die ständige oder gefestigte Rechtsprechung.[325] Es handelt sich um eine induktive Argumentationsform. Die herrschende Meinung lässt sich nicht mit dem Demokratieprinzip legitimieren. Es fehlt an jeder demokratischen Legitimation. Argumente werden durch Autoritäten ersetzt. *Wenn alle sagen, die Erde sei eine Scheibe, dann muss es wohl so sein.* Auch diese Autoritäten müssen auf die Folgerichtigkeit ihrer Herleitung und Argumentation untersucht werden.[326] Dies birgt ansonsten die Gefahr der Verfestigung fehlerhafter oder überholter Meinungen.

In der Praxis ist die Befassung mit der h. M. und höchstrichterlichen Entscheidungen unverzichtbar, um die Erfolgsaussichten von Verfahren und Entscheidungen abschätzen zu können. Diesen kommt eine gewisse autoritative Normwirkung zu. Gleichwohl darf bei dieser Sichtweise nicht verkannt werden, dass sich Meinungen in der Literatur und der Rechtsprechung ändern, wenn ein Stimmungsumschwung eingeleitet wird. Manche Interessenverbände haben es sich zur Aufgabe gemacht, solch einen Umschwung in die Wege zu leiten, indem sie die Fragwürdigkeit der herrschenden Meinung und ständigen Rechtsprechung

---

322 OLG Bamberg NJW 2009 S. 2146, 2148 Beweisverwertungsverbote.
323 BVerfGE 117 S. 330, 349.
324 BVerfGE 45 S. 187, 244; BGHSt 6 S. 46, 51; ablehnend Müller/Christensen S. 54 f.; Rüthers/Fischer/Birk Rdn. 913 ff.
325 Tettinger/Mann S. 174; Martens S. 270 ff.; Beispiel bei OLG Bamberg NJW 2009 S. 2146, 2148.
326 Schnapp S. 229; Schwintowski (2005) S. 82; Schlehofer JuS 1992. S. 572, 577.

aufzeigen. Die Gewerkschaften thematisieren im Arbeits- und Sozialversicherungsrecht durch Publikationen und Musterprozesse die Fragwürdigkeit mancher h. M. und ständigen Rechtsprechung. Ein Umdenken kann die Folge sein.

Meinungen sind auf ihre Plausibilität zu überprüfen. Besteht zu einer Rechtsfrage ein Meinungsstreit, muss dieser dargestellt und entschieden werden. Um diese darstellen zu können, sind aus den verschiedenen Meinungen Meinungsgruppen zu bilden. Für die Darstellung und die Befassung mit den einzelnen Meinungsgruppen gibt es verschiedene Möglichkeiten:[327]

- Die Meinungsgruppen werden hintereinander dargestellt. Im Anschluss sind zu jeder Meinungsgruppe die Pro- und Contra-Argumente darzustellen und abzuwägen. Zum Schluss erfolgt die zu begründende Entscheidung für eine Meinung.
- Es wird mit der Darstellung der Meinungsgruppe begonnen, die abgelehnt wird. Es erfolgt sogleich die Auseinandersetzung mit dieser Meinung und Entkräftung derselben. So wird mit den anderen Meinungsgruppen ebenfalls verfahren. Zuletzt folgt die Meinungsgruppe, die Zustimmung verdient. Die gegen diese Meinung vorgebrachten Argumente werden entkräftet und schließlich die entscheidenden Pro-Argumente aufgeführt.
- Zu Beginn steht die Meinung, der gefolgt werden soll. Es werden die dagegen vorgebrachten Bedenken entkräftet und die dafür sprechenden Argumente angeführt. Danach kommen die Meinungen, denen nicht gefolgt werden soll mit den entsprechenden Gegenargumenten.

Es gibt keine Faustregel, welchem Vorgehen der Vorrang einzuräumen ist. Es ist die Darstellung zu wählen, die im Einzelfall am übersichtlichsten ist, die es erlaubt, die Pro- und Contra-Argumente klar voneinander abzugrenzen und Wiederholungen vermeidet.

3. Verstoß gegen Denkgesetze

Die Rechtsfindung vollzieht sich durch die Ableitung konkreter Rechtsfragen und Rechtsfälle aus dem Gesetz. Mit der Folgerichtigkeit von Ableitungen befasst sich die Logik.

> Die Logik ist die Lehre von der Folgerichtigkeit der Erkenntnisgewinnung.

Sie liefert eine Reihe von Regeln für die Erkenntnisgewinnung. Wird ein Ergebnis unter Verstoß gegen diese Regeln der Logik gewonnen, ist es denkgesetzlich falsch zustande gekommen und damit unbegründet geblieben. Gleichwohl kann es zufälligerweise im Ergebnis sachlich richtig sein.[328]

Ein logisch richtiger Schluss kann hingegen zu falschen Ergebnissen führen, wenn die Prämissen des Schlusses falsch waren. Nur wenn der Ausgangspunkt einer Entscheidung korrekt erfasst ist, können die daran anknüpfenden Schluss-

---

327 Kosman S. 51 f.
328 Diese Erkenntnis liegt z. B. den §§ 561 ZPO, 144 Abs. 4 VwGO zugrunde.

XI. Argumentation im Recht

folgerungen zutreffend sein.[329] Die Logik ist nicht die Lehre von der Wahrheit und der Gerechtigkeit, die es im Recht kaum geben kann, sondern die Lehre von der Folgerichtigkeit der Suche nach Wahrheit und Gerechtigkeit.

Bei der Rechtsfindung als Ableitungsvorgang sind die Denkgesetze der Logik einzuhalten. Die Rechtsfindung muss in nachprüfbaren und nachvollziehbaren Schritten erfolgen. Der Gang der Rechtsfindung und die Begründung einer Entscheidung müssen in sich widerspruchsfrei sein.

Wird die Entscheidung eines Gerichts unter Verletzung von Denkgesetzen getroffen, ist diese Entscheidung nach allgemeiner Ansicht rechtsfehlerhaft. Diese Ansicht wird damit begründet,
- bei den Gesetzen der Logik handle es sich um Normen des ungeschriebenen Rechts oder
- Rechtsanwendung entgegen den Denkgesetzen sei unrichtige Anwendung des Rechts.[330]

Schon das RG[331] stellte fest, dass die Berücksichtigung allgemeiner Erfahrungssätze, Denkgesetze und Auslegungsregeln zur richtigen Anwendung der Rechtsnormen auf die festgestellten Tatsachen gehöre, die das Revisionsgericht nach § 337 StPO zu berücksichtigen habe. Auch nach § 546 ZPO, 118 FGO, 137 VwGO handelt es sich um einen im Revisionsverfahren zu berücksichtigenden Rechtsverstoß und nicht lediglich um eine irreversible Tatfrage.[332] Das BVerfG hat bei groben Denkfehlern die Verfassungsbeschwerde unter dem Gesichtspunkt der Verletzung des Gleichheitssatzes nach Art. 3 Abs. 1 GG in seiner Ausgestaltung als **Willkürverbot** durchgreifen lassen: *Gegen das Willkürverbot wird nicht bereits dann verstoßen, wenn die angegriffene Rechtsanwendung oder das dazu eingeschlagene Verfahren fehlerhaft sind. Hinzukommen muß vielmehr, daß Rechtsanwendung oder Verfahren unter keinem denkbaren Aspekt mehr rechtlich vertretbar sind und sich daher der Schluß aufdrängt, daß die Entscheidung auf sachfremden und damit willkürlichen Erwägungen beruht. Dabei enthält die Feststellung von Willkür keinen subjektiven Schuldvorwurf. Willkür ist im objektiven Sinne zu verstehen als eine Maßnahme, welche im Verhältnis zu der Situation, der sie Herr werden will, tatsächlich und eindeutig unangemessen ist.*[333] Ein Verstoß gegen Denkgesetze führt nach §§ 561 ZPO, 144 Abs. 4 VwGO nicht in jedem Fall zu einer Aufhebung der Entscheidung. Die Entscheidung ist nur aufzuheben, wenn sie gerade auf diesem Mangel beruht. Hat sich der Denkfehler nicht auf das Ergebnis ausgewirkt oder ist das Ergebnis aus anderen Gründen richtig, bleibt es bei der Entscheidung.

Rechtsfindung ist ein rationaler Akt. Sie erfordert, dass der konkrete Lebenssachverhalt mit den Tatbestandselementen der einschlägigen abstrakten Rechtsnormen abgeglichen wird. Die Rechtsfindung umfasst die Feststellung des konkreten Lebenssachverhalts, der Tatsachenermittlung und die Subsumtion, den Abgleich des zugrunde gelegten Lebenssachverhalts mit der Rechtsnorm.

---
329 Gast Rdn. 912; Schnapp S. 117.
330 BGHSt 6 S. 70, 72.
331 RGSt 61 S. 150, 154.
332 BGH NJW-RR 1993 S. 653; BFHE 94 S. 116, 117 f.; BVerwGE 25 S. 318, 323 f.; BVerwGE 47 S. 330, 361.
333 BVerfGE 86 S. 59, 63; ebenso BVerfGE 70 S. 93, 97.

3. Verstoß gegen Denkgesetze

Auf beiden Stufen der Rechtsfindung finden sich Ableitungen. Der zur Entscheidung stehende Lebenssachverhalt wird aus Anhaltspunkten, Vermutungen und anhand von Beweismitteln rekonstruiert. Dieser Lebenssachverhalt wird unter die Rechtsnorm subsumiert, um sodann eine Rechtsfolge abzuleiten. Die konkrete Einzelfallentscheidung ist aus dem allgemeinen Rechtssatz abzuleiten. Diese Ableitungen müssen in überprüfbaren Schritten erfolgen, die folgerichtig aufeinander aufbauen.

Besonders häufig wird in der Praxis die Verletzung von Denkgesetzen bei der **Tatsachenfeststellung** gerügt. Die Freiheit der Beweiswürdigung findet an den Denkgesetzen ihre Grenzen. Denkfehler verstoßen gegen die Rechtsnormen des Tatsachenfeststellungsrechts (§§ 261 StPO, 286 ZPO, 108 VwGO, 128 SGG, § 96 FGO).[334] Ein Denkfehler bei der Tatsachenermittlung liegt nach der Rechtsprechung erst vor, wenn

- ein Schluss gezogen wurde, der schlechterdings nicht gezogen werden kann oder
- nur eine einzige Folgerung möglich ist, die nicht gezogen wurde.

Solch ein Verstoß liegt nicht schon vor, wenn eine Schlussfolgerung nicht überzeugend oder nicht von hoher Wahrscheinlichkeit ist.[335] Soweit ein Denkfehler nicht von dieser Relevanz ist, ist er nicht als Verstoß gegen das materielle Recht zu werten.

Bei der **Subsumtion** des konkreten Lebenssachverhaltes unter die abstrakte Rechtsnorm wird die Bedeutung der Denkgesetze besonders deutlich. Die Subsumtion beruht auf dem Syllogismus, einem logischen Schlussverfahren. Der Syllogismus ist eine formal-logische Aussageverknüpfung, die es erlaubt, aus einem vorgegebenen Ober- und Untersatz einen Schlusssatz zu finden. Aus zwei Sätzen wird ein dritter Satz, eine Schlussfolgerung abgeleitet. Bei § 985 BGB erfolgt die Subsumtion im folgenden Schritt:

Obersatz:	Der *Eigentümer* kann vom Besitzer Herausgabe der Sache verlangen
Untersatz:	Herr Anton ist *Eigentümer* der Sache.
Schlusssatz:	Herr Anton kann vom Besitzer Herausgabe der Sache verlangen.

Die Folgerichtigkeit des Schlusssatzes setzt voraus, dass die Verknüpfung zwischen Ober- und Untersatz über identische Mittelbegriffe erfolgt, wie im Beispiel der Mittelbegriff *Eigentümer*. Die Subsumtion eines konkreten Lebenssachverhaltes unter die abstrakte Rechtsnorm ist nur dann zutreffend, wenn Ober- und Untersatz richtig festgestellt sind und die Mittelbegriffe wirklich identisch und nicht nur gleichlautend sind. Bei gleichlautenden aber nicht identischen Begriffen kann es zu Fehlschlüssen kommen wie[336]

---

334 BVerwG DVBl 1973 S. 373; BVerwG NVwZ 1997 S. 389, 390.
335 BVerwG DVBl 1973 S. 373.
336 Schnapp S. 104.

XI. Argumentation im Recht

Obersatz: Was *läuft* hat Beine.
Untersatz: Die Verjährungsfrist *läuft*.
Schlusssatz: Die Verjährungsfrist hat Beine.

Die unrichtige Subsumtion des Lebenssachverhaltes unter eine Rechtsnorm führt zur unrichtigen Anwendung des Rechtssatzes. Deshalb ist ein Verstoß gegen die Denkgesetze bei Anwendung des sachlichen Rechts ein materieller Rechtsfehler und nicht ein Verfahrensfehler. In komplizierte rechtliche Begründungszusammenhänge, die sich über viele Seiten eines Urteils erstrecken können, schleichen sich Denkfehler gerne ein und sind gleichwohl nur schwerlich zu erkennen. Denkfehler kommen in vielfältiger Gestalt vor. Eine abschließende Darstellung ist nicht möglich. Deshalb werden hier nur besonders häufige und signifikante Denkfehler vorgestellt.

Fehlerhaft ist eine Schlussfolgerung, wenn eine Voraussetzung hierfür fehlt. Hier spricht man vom **Prämissenmangel**. Eine Voraussetzung wird übersprungen. Sie wird als gegeben unterstellt, obwohl sie fehlt oder noch nicht begründet ist.[337]

- Ein Angeklagter darf im Strafverfahren nicht allein aufgrund eines Geständnisses ohne weitere Überzeugungsbildung verurteilt werden. Im Strafrecht gilt nach § 244 Abs. 2 StPO der Amtsermittlungsgrundsatz. Das Gericht darf den Täter nur verurteilen, wenn es von seiner Tatherrschaft überzeugt ist. Geständnisse können wahr aber auch falsch sein. Das Strafgericht muss sich unter Heranziehung aller zu ermittelnden Tatsachen ein Bild über die Richtigkeit des Geständnisses und die Täterschaft gemäß § 261 StPO machen. Das Gericht hat seine Entscheidung nicht allein aus dem Geständnis, sondern *nach seiner freien, aus dem Inbegriff der Verhandlung geschöpften Überzeugung* zu treffen. Nur im Zivilprozess gilt nach § 288 ZPO der Beweisgrundsatz von der Wahrunterstellung eines Geständnisses.

Beim **Grundirrtum** wird aus einer falschen Voraussetzung ein Ergebnis abgeleitet. Es wird der Versuch unternommen, aus einer falschen Prämisse einen Schluss zu ziehen.

- Aus dem Umstand, dass aus der Gebührenordnung für Ärzte die Verweilgebühr gestrichen wurde, wenn der Patient unentschuldigt einem vereinbarten Termin fernblieb, wurde der Schluss entnommen, dass der Arzt keinen Anspruch gegen den Patienten habe.[338] Hier ist zu prüfen, ob sich der Anspruch nicht aus anderen Normen ergibt.

Hierbei blieb unberücksichtigt, dass sich ein solcher Anspruch aus § 615 BGB ergeben kann. Fehlt es an einer speziellen Norm, kann ein Anspruch noch aus einer allgemeinen Norm hergeleitet werden.

Der **Gedankensprung** ist eine besonders weitreichende Form des Prämissenmangels. Es werden ein Glied oder gar mehrere Glieder in der Ableitung des Anspruchs oder im Entscheidungsprogramm übersprungen.

- Ein Gedankensprung liegt in der Anerkennung eines Anspruchs der getrenntlebenden Ehefrau auf Überlassung der Ehewohnung aus Art 6 Abs. 1 GG.[339]

---

[337] Schnapp S. 231.
[338] AG Kenzingen MDR 1994 S. 553 f.; kritisch Schnapp S. 236.
[339] LG Duisburg NJW 1962 S. 1301 f.; kritisch Schnapp S. 215.

3. Verstoß gegen Denkgesetze

Art 6 Abs. 1 GG schützt die Ehe. Art 6 GG kann aber kein Anspruch eines Ehepartners auf Erhalt der Ehewohnung nach Scheitern der Ehe entnommen werden.

Hier wurde aus einem Obersatz eine Schlussfolgerung entwickelt, die der Obersatz gar nicht deckt. Es fehlt der Begründungsschritt, dass der Schutz der Ehewohnung auch nach Scheitern der Ehe noch zugunsten eines Ehepartners gilt.

Kommen für ein Ereignis mehrere Ursachen in Betracht, dann darf nicht zweifelsfrei vom Ereignis zurück auf eine Ursache geschlossen werden. Denkgesetzlich können noch weitere Ursachen in Betracht kommen und diese müssen abgeklärt werden. Hier legt ein **fehlerhafter Umkehrschluss** vor, selbst wenn im Einzelfall das Ergebnis – zufällig – richtig sein mag.

- Deshalb darf im Strafverfahren nicht aus der Feststellung, wer am Arbeitsplatz war, kann nicht am entfernt gelegenen Tatort gewesen sein, gefolgert werden, wenn der Angeklagte nicht bei der Arbeit war, war er am Tatort. Dies stellt eine fehlerhafte Umkehrung dar. Dahinter verbirgt sich die Fehlannahme, dass der Angeklagte entweder am Arbeitsplatz oder am Tatort gewesen sein muss. Es wird indirekt ausgeschlossen, dass er noch woanders war. Es bleibt die Frage offen, ob er sich nicht an anderen Orten aufgehalten haben könnte.

Überlegungen zur Kausalität sind anfällig für Denkfehler. Das Grunderfordernis jeder Schadenszurechnung bildet die Verursachung des Schadens im logisch-naturwissenschaftlichen Sinne. Nach der Äquivalenztheorie ist jede Bedingung kausal, die nicht hinweg gedacht werden kann, ohne dass der Erfolg entfiele.[340] Zur **Verkennung der Kausalität** kann es auf unterschiedliche Weise kommen:

Es wird aus einem vorangegangenen Ereignis geschlossen, dass dies die Ursache für ein späteres Ereignis war.[341] Dahinter verbirgt sich die fehlerhafte Gleichsetzung, was früher war, war auch kausal.

- Gerade in Arzthaftungsprozessen ist die Ansicht anzutreffen, ein vorangegangener Behandlungsfehler lasse ohne Weiteres den Schluss zu, dieser sei die Ursache für einen späteren Gesundheitsschaden gewesen. Hierbei bleibt außer Betracht, dass es Behandlungsfehler geben kann, die sich auf einen späteren Gesundheitsschaden nicht ausgewirkt haben. Deshalb treten in Arzthaftungsprozessen oftmals erhebliche Beweisschwierigkeiten für den Nachweis der Kausalität auf.

Der Nachweis des Ursachenzusammenhanges ist umso schwieriger, je größer das Spektrum der in Betracht kommenden Umstände ist.[342]

- Weit verbreitet ist die Fehlvorstellung, dass die Kausalität eines schadenauslösenden Verhaltens entfällt, wenn ein Mitverschulden des Geschädigten mitgewirkt hat oder das Fehlverhalten eines Dritten dazwischengetreten ist. Beides durchbricht nicht den Ursachenzusammenhang. Das Mitverschulden des Geschädigten ist nicht für die Kausalität des Verhaltens des Schädigers, sondern

---

340 BGH NJW 1995 S. 126 f.; umfassende Darstellung bei Joerden S. 79.
341 Schnapp S. 240 ff.
342 BGH NJW 1988 S. 2949, 2950.

XI. Argumentation im Recht

für den Umfang des Schadensersatzanspruchs des Geschädigten nach § 254 Abs. 1 BGB von Bedeutung.[343]
- Das Fehlverhalten eines Dritten beseitigt ebenfalls nicht den Ursachenzusammenhang, sondern wirft die Frage der Zurechnung, der Adäquanz auf. Deshalb haftet bei Kettenauffahrunfällen der Erstverursacher auch für die Schäden, die dadurch entstehen, dass Dritte in die Unfallstelle hineinfahren.[344]

Fehlerhafte Gleichstellungen sind bei der Subsumtion anzutreffen. Die fehlerhafte Subsumtion kommt in der Gestalt vor, dass die im Ober- und Untersatz gleichlautend verwendeten Begriffe inhaltlich nicht identisch, weil mehrdeutig sind. Hierbei handelt es sich um eine fehlerhafte Gleichsetzung unterschiedlicher Begriffsbedeutungen. Es wird eine Verknüpfung des Ober- mit dem Untersatz vorgenommen, obwohl es keinen gemeinsamen vermittelnden Begriff gibt. Dies zeigt folgendes Scherzbeispiel sehr anschaulich:[345]

Obersatz: *Füchse* haben vier Beine.
Untersatz: Odysseus war ein alter *Fuchs*.
Schlusssatz: Odysseus hatte vier Beine.

Die Probleme der Gesetzesauslegung bilden den Kern der juristischen Methodenlehre. Selbst wenn die Auslegung bei manchen Begriffen unproblematisch erscheinen mag, ist sie immer notwendig. Wird dieser Vorfrage zur Auslegung der im Gesetz verwendeten Begriffe nicht nachgegangen, kann es zu einer fehlerhaften Gleichstellung kommen.

- Aus den zutreffenden Feststellungen, dass Verträge Rechtsgeschäfte sind und auch Testamente Rechtsgeschäfte sind, darf nicht gefolgert werden, dass Testamente Verträge sind. Verträge sind nämlich zweiseitige Rechtsgeschäfte, Testamente hingegen sind einseitige Rechtsgeschäfte. Einseitige Rechtsgeschäfte können zweiseitigen Rechtsgeschäften nicht gleichgesetzt werden. Außer Gemeinsamkeiten gibt es noch Unterschiede.

Eine Aussage ist fehlerhaft, wenn sie von sich widersprechenden Voraussetzungen, einem sogenannten **Prämissenwiderspruch**, ausgeht oder sonst an einem inneren Widerspruch leidet. Zwei sich widersprechende Aussagen oder Feststellungen können nicht gleichzeitig wahr sein. Ist die eine Aussage wahr, muss die andere zwangsläufig falsch sein.[346]

- War jemand zu einem bestimmten Zeitpunkt tot, kann er nicht gleichzeitig einen Diebstahl begangen haben. Enthält eine Argumentation einen Widerspruch, ist sie für die rationale Sachdarstellung wertlos.
- Hat ein Gericht Zweifel an der Prozessfähigkeit einer Partei, kann es nicht den Abschluss eines Prozessvergleichs anregen. Die Prozessfähigkeit ist unteilbar. Der Prozessunfähige kann keinen Prozessvergleich abschließen.[347]
- Ein innerer Widerspruch liegt vor, wenn das Gericht vom Beklagten einen Auslagenvorschuss für die Einholung des Gutachtens eines Sachverständigen

---

343 BGH NJW 1995 S. 126 ff.
344 BGH NJW 1972 S. 1804, 1805.
345 Joerden S. 365 f.; Schnapp S. 104 mit ähnlichem Beispiel.
346 BGHSt 14 S. 162, 164; BVerwGE 39 S. 36, 38; BGH NJW 1974 S. 36, 37; Gast Rdn. 963; Schnapp S. 187 ff.
347 OLG Hamburg OLGZ 89 S. 204, 206.

3. Verstoß gegen Denkgesetze

durch Beschluss anfordert und dann die Klage abweist, weil der Kläger seiner Vorschusspflicht nicht nachgekommen sei.[348]

Ein besonders häufiger Verstoß gegen die Denkgesetze stellt der **Zirkelschluss** dar: Eine Behauptung wird mit sich selbst bewiesen.[349] Zum Beweis einer Behauptung, wird die Behauptung als bewiesen betrachtet. Der Fehler liegt darin, dass einer Aussage in der Form X = X ein Beweiswert zugesprochen wird.

- So folgerte das BVerfG: *Der Lebensbereich Kunst ist durch die vom Wesen der Kunst geprägten ihr alleine eigenen Strukturmerkmale zu bestimmen.*[350]

In umfangreichen Begründungen und Ableitungen sind Zirkelschlüsse nur schwer aufzudecken.

- Ein Zeuge ist glaubwürdig, weil er der einzige Zeuge ist. Diese Schlussfolgerung dreht sich im Kreise und ist ohne praktischen Aussagewert. Es soll dargelegt werden, dass die Zeugenaussage der Wahrheit entspricht. Deshalb wird die Wahrheit unterstellt und hieraus die Glaubwürdigkeit des Zeugen abgeleitet.

Der Zirkelschluss kommt häufig in der Gestalt vor, dass Vorurteile zu Wahrheiten erhoben werden:

- Weil dem Angeklagten die Tat zuzutrauen ist, hat er sie auch begangen.

Beim Zirkelschluss kann das gefundene Ergebnis trotzdem richtig sein. Der Denkfehler schließt sie Richtigkeit des Ergebnisses nicht aus. Gleichwohl sind die angestellten Ausführungen nicht geeignet, das Ergebnis zu begründen oder unter Beweis zu stellen.

Soweit in Einzelfällen ein bestimmtes Kriterium angetroffen wurde, darf nicht schon geschlossen werden, dass diese Feststellung für alle Fälle gelte. Hier liegt eine **unzulässige Verallgemeinerung** vor. Letzteres ist erst noch unter Beweis zu stellen. Ein Glied in der Beweiskette wird übersprungen.[351]

- Zeigt die Erfahrung mit manchen Jugendlichen, dass sie unbedacht handeln, wird daraus der Schluss gezogen, dass diese Erfahrung für alle Jugendlichen gilt. Mittels dieser vorschnellen Verallgemeinerung wird die Behauptung aufgestellt, dass ein ganz bestimmter Jugendlicher fahrlässig gehandelt habe: Weil Jugendliche oftmals unbedacht handeln, hat dieser Jugendliche fahrlässig gehandelt.
- Ebenfalls hierunter fällt die Behauptung, Kinder verursachten Lärmbelastungen, die das in einem Mietshaus zulässige Maß an Geräuschimmissionen übersteige.[352]

Gleichwohl bleiben die hier aufgestellten Behauptungen unbewiesen.

- Auf derselben Ebene liegt die Annahme, wer Alkohol getrunken habe, habe einen anschließenden Unfall schuldhaft herbeigeführt, denn wer im Übermaß Alkohol trinke, sei im Verkehr fahruntüchtig. Das Verbot des Fahrens unter Alkoholeinfluss in §§ 315c Abs. 1 Nr. 1 StGB, 24a StVG entspringt der darin

---

348 BVerfGE 58 S. 163, 168.
349 Gast Rdn. 996 ff.; Hilgendorf NJW 1996 S. 758, 761 f.; Müller/Christensen S. 365 f.; Schnapp S. 231 ff.; Joerden S. 364 f.
350 BVerfGE 30, 173, 188 – Mephisto.
351 Schnapp S. 223 ff.
352 weiteres Beispiel in BGH NJW 2003 S. 1246, 1247.

XI. Argumentation im Recht

liegenden Gefährdung und der Erfahrung, dass Alkoholisierung die Unfallgefahr erhöht. Diese Erfahrung besagt noch nichts über die konkrete Unfallursache und das Verschulden eines Unfalls im Einzelfall.

Es wird ein Beweis für eine Sache behauptet, der gar nichts mit der zu beweisenden Sache zu tun hat.[353] Dies stellt eine unzulässige **Verrückung des Standpunktes** dar. Das Beweisthema wird verwechselt. Es werden Fragen und Probleme erörtert, auf die es in diesem Zusammenhang nicht ankommt: Darum geht es gar nicht.

- Als Beweis für eine bestrittene Darlehensforderung wird vorgebracht, dass der vermeintliche Schuldner dafür bekannt sei, dass er nur unter Nachdruck zahle. Diese Behauptung ist nicht geeignet, die bestrittene Darlehensforderung unter Beweis zu stellen. Hier wird von der Sachebene auf die persönliche Ebene gewechselt.

Unzulässig ist es, aus bloßen Möglichkeiten zwingende Schlüsse zu ziehen. Damit wird diesen eine Qualität beigemessen, die ihnen nicht zukommt. Aus bloßen Möglichkeiten lassen sich nur Wahrscheinlichkeitsschlüsse und keine zwingenden Schlüsse herleiten. Es handelt sich um **unzureichende Grundlagen**. Es darf nicht bei dieser Vermutung stehen geblieben werden. Es ist weiter zu fragen, ob diese Möglichkeit wirklich zutreffend ist oder ob nicht eine andere Einschätzung angebracht ist.

- Benennt der Kläger einen Verwandten als Zeugen, darf die Vernehmung nicht damit abgetan werden, Verwandte würden oftmals die Unwahrheit sagen. Diese Möglichkeit ist bei der Würdigung der Zeugenaussage zu berücksichtigen. Gleichwohl kann dieser Zeuge glaubwürdig sein.[354]

Verstöße gegen Denkgesetze können auf allen Ebenen der Rechtsfindung vorkommen. Sie führen nicht unbedingt zur Unrichtigkeit einer Entscheidung. Diese kann trotzdem richtig sein, wenn sich der Denkfehler nicht auf das Ergebnis ausgewirkt hat. Gleichwohl leidet die Überzeugungskraft der Rechtsfindung und der Entscheidung darunter.

Denkfehler lassen sich durch sorgfältige und schrittweise Arbeit im Umgang mit dem Gesetz vermeiden:
- Eine begriffsscharfe Subsumtion verhindert Gleichstellungsfehler.
- Die vollständige Subsumtion unter alle Tatbestandsmerkmale vermeidet unvollständige Prämissen.
- Der schrittweise Gang von der Fragestellung zur Rechtsfindung bietet eine Garantie gegen Denkfehler in der Form der Gedankensprünge und der Verrückung des Streitpunktes.
- Die Rückbesinnung auf den Ausgangspunkt der Fragestellung deckt innere Widersprüche und eine Verrückung des Streitpunktes auf.

---

353 Joerden S. 335 f.; Schnapp S. 199 ff.
354 BVerfG NJW-RR 1995 S. 441.

XII. Zusammenfassung

Beim Durchlesen des Buches fällt auf, dass manche Gesichtspunkte in verschiedenen Zusammenhängen immer wieder auftauchen. Das ist kein Zufall. Es belegt, dass Rechtsnormen nicht isoliert nebeneinanderstehen, sondern ein innerer Zusammenhang und ein Normengefüge in der Form der Gesamtrechtsordnung besteht. Aus der Gesamtrechtsordnung können Argumente für die Anwendung einer einzelnen Rechtsnorm gefunden werden. Rechtsfindung ist ein komplexer Vorgang, der seine Legitimation dadurch erfährt, dass alle in Betracht kommenden Gesichtspunkte aufgesucht und durchleuchtet werden, für zutreffend erachtet oder verworfen werden. Rechtsfindung vollzieht sich in einem schrittweisen Herantasten und Abwägen zwischen mehreren, oft widerstreitenden Gesichtspunkten.

Es sollen wiederkehrenden Gesichtspunkte hervorgehoben werden, die auf verschiedenen Ebenen der Rechtsfindung relevant sind:

Die Rechtswissenschaften bedienen sich wie andere Wissenschaften der induktiven und der deduktiven Methode.

Die deduktive Methode ist anzutreffen bei
- Subsumtion und Syllogismus, der Ableitung einer Schlussfolgerung aus einem allgemeinen Obersatz.

Die induktive Methode zur Herleitung einer allgemeinen Aussage aus verschiedenen Rechtssätzen, verschiedenen Rechtsprinzipien findet sich bei der
- Analogie
- Rechtsfortbildung
- Fallgruppenbildung zur Auslegung von Generalklauseln und unbestimmten Rechtsbegriffen.

Die im Kapitel *Rechtswissenschaften* erörterten Grundlagenfächer liefern Erkenntnisse für
- die historische Auslegung mittels der Rechtsgeschichte
- die teleologische Auslegung mittels Rechtssoziologie und Rechtspolitik
- Auslegung und Rechtsergänzung durch Rechtsvergleichung
- das Verständnis der Grundfiguren und Strukturen im Recht anhand der Rechtstheorie
- die ständig wiederkehrende und nie befriedigend zu beantwortende Frage nach Gerechtigkeit anhand der Rechtsphilosophie.

Die im Kapitel *Rechtsquellen* aufgezeigte innere Systematik des Rechts, der Stellung einer Norm in der Normenpyramide kommt mehrfach Bedeutung zu:

XII. Zusammenfassung

- bei der systematischen Auslegungsmethode, insbesondere in Gestalt der verfassungs- und gemeinschaftskonformen Auslegung zeigt sie auf, dass niederrangiges Recht im Lichte des höherrangigen Rechts auszulegen ist, diesem genügen muss
- verstößt eine niederrangige Norm gegen höherrangiges nationales Recht, ist sie nichtig
- für die Rechtsfortbildung und insbesondere die Rechtsergänzung werden die in der Gesamtrechtsordnung verankerten Ziele und Grundprinzipien des Rechts, insbesondere die in höherrangigem Recht verankerten Grundprinzipien herangezogen.

Die im Kapitel *Auslegung* dargestellten Auslegungskriterien sind bedeutsam für
- die Subsumtion
- die wörtliche Auslegung als Grenze zur Rechtsfortbildung
- die teleologische Auslegung zur Bestimmung des Normzwecks bei Ermessen
- die teleologische Auslegung zur Wertung von Normkonkurrenzen
- Argumentationsfiguren im Rahmen von Begründungen.

Die im Kapitel *Aufgaben und Ziele des Rechts* erörterten Gesichtspunkte tauchen auf
- bei der Auslegung und insbesondere der teleologischen Auslegung
- bei der Rechtsfortbildung und insbesondere der Rechtsergänzung.
- als Argumentationsfiguren für Begründungen.

Allgemeine Rechtsgrundsätze werden herangezogen
- zur Rechtsfortbildung durch Rechtsergänzung
- als Argumentationsfiguren
- bei der Interessen- und Güterabwägung.

Auf dem Wege von der Rechtsfrage zur Antwort ist abzustellen auf
- die Einteilung der Rechtsnormen in Rechtsgebiete zur Verortung der Rechtsfrage
- die Strukturen von Rechtssätzen zum Auffinden von Antwortnormen wie Anspruchs- und Ermächtigungsgrundlagen und Bildung des Entscheidungsprogramms
- die Konkurrenzen zwischen mehreren scheinbar einschlägigen Rechtsnormen.

Diese Aufzählung ist nicht abschließend. Sie soll nur die Vielschichtigkeit des Rechts und der Rechtsfindung, die Verzahnung der Rechtsordnung aufzeigen. Es soll deutlich werden, dass Rechtsfindung sich nur in wenigen Fällen durch Anknüpfung an eindeutige gesetzliche Vorgaben vollzieht, sondern daneben weithin auf Wertungen, Abwägung und Argumentation beruht.

Die Einführung in das Recht will diese Vielschichtigkeit deutlich machen, Sie will aufzeigen, welcher Instrumente sich der Rechtsanwender bedient, die allen Rechtsgebieten eigen sind und zum Teil auf verschiedenen Stufen der Rechtsfindung wiederkehrend anzutreffen sind.

Abkürzungsverzeichnis

A.	Auflage
a. A.; A.A.	andere Ansicht
ABGB	Allgemeines Bürgerliches Gesetzbuch von Österreich
a. F.	alte Fassung
AG	Amtsgericht
Abs.	Absatz
AEUV	Vertrag über die Arbeitsweise der Europäischen Union
AG	Amtsgericht
AO	Abgabenordnung
ArbG	Arbeitsgericht
Art.	Artikel
BAföG	Bundesausbildungsförderungsgesetz
BAG	Bundesarbeitsgericht
BAGE	Sammlung der Entscheidungen des Bundesarbeitsgerichts
BauGB	Baugesetzbuch
BB	Der Betriebsberater, Zeitschrift
BeamtStG	Gesetz zur Regelung des Statusrechts der Beamtinnen und Beamten
BFH	Bundesfinanzhof
BGB	Bürgerliches Gesetzbuch
BGH	Bundesgerichtshof
BGHZ	Sammlung der Entscheidungen des Bundesgerichtshofs
BImSchG	Bundesimmissionsschutzgesetz
BVerfGG	Bundesverfassungsgerichtsgesetz
BVerfGE	Sammlung der Entscheidungen des Bundesverfassungsgerichts
BVerwG	Bundesverwaltungsgericht
BVerwGE	Sammlung der Entscheidungen des Bundesverwaltungsgerichts
BW	Baden-Württemberg
DB	Der Betrieb, Zeitschrift
DÖV	Die öffentliche Verwaltung, Zeitschrift
DVBl	Deutsches Verwaltungsblatt, Zeitschrift
EGBGB	Einführungsgesetz zum Bürgerlichen Gesetzbuch
EMRK	Europäische Menschenrechtskonvention
EStG	Einkommensteuergesetz
EuGH Slg.	Sammlung der Entscheidungen des Europäischen Gerichtshofs
EUV	Vertrag über die Europäische Union
EuZW	Europäische Zeitschrift für Wirtschaftsrecht, Zeitschrift
f.	folgende
FamRZ	Zeitschrift für Familienrecht, Zeitschrift
ff.	fortfolgende
FGO	Finanzgerichtsordnung
FStrG	Fernstraßengesetz

Abkürzungsverzeichnis

GastG	Gaststättengesetz
GewO	Gewerbeordnung
GG	Grundgesetz
GRC	Charta der Grundrechte der Europäischen Union
GVG	Gerichtsverfassungsgesetz
HGB	Handelsgesetzbuch
Hrsg.	Herausgeber
i. e. S.	im engeren Sinne; im eigentlichen Sinne
iVm.	In Verbindung mit
JA	Juristische Ausbildung, Zeitschrift
JR	Juristische Rundschau, Zeitschrift
JuS	Juristische Schulung, Zeitschrift
JZ	Juristenzeitung, Zeitschrift
KG	Kammergericht
KUG	Kunst- und Urhebergesetz
Kfz	Kraftfahrzeug
m. w. N.	mit weiteren Nachweisen
NJW	Neue Juristische Wochenschrift, Zeitschrift
NVwZ	Neue Zeitschrift für Verwaltungsrecht, Zeitschrift
NVZ	Neue Zeitschrift für Verkehrsrecht, Zeitschrift
NZA	Neue Zeitschrift für Arbeitsrecht, Zeitschrift
OLG	Oberlandesgericht
OLGZ	Entscheidungssammlung der Oberlandesgerichte in Zivilsachen
OWiG	Ordnungswidrigkeitengesetz
PartG	Parteigesetz
PBefG	Personenbeförderungsgesetz
PolG	Polizeigesetz
ProdSG	Produktsicherheitsgesetz
Rdn.	Randnummer
RG	Reichsgericht
RGZ	Sammlung der Entscheidungen des Reichsgerichts in Zivilsachen
S.	Seite
SGB III	Sozialgesetzbuch 3. Buch Arbeitsförderung
SGB VII	Sozialgesetzbuch 7. Buch Gesetzliche Unfallversicherung
SGB VIII	Sozialgesetzbuch 8. Buch Kinder- und Jugendförderung
SGB IX	Sozialgesetzbuch 9. Buch Rehabilitation und Teilhabe behinderter Menschen
SGB XII	Sozialgesetzbuch 12. Buch Sozialhilfe
SGG	Sozialgerichtsgesetz
StGB	Strafgesetzbuch
StPO	Strafprozessordnung
StVO	Straßenverkehrsordnung
TzBfG	Teilzeit- und Befristungsgesetz
VOB	Verdingungsordnung für das Baugewerbe
VwGO	Verwaltungsgerichtsordnung

Abkürzungsverzeichnis

VwVfG	Verwaltungsverfahrensgesetz
VwVG	Verwaltungsvollstreckungsgesetz
ZGB	Schweizerisches Zivilgesetzbuch
ZPO	Zivilprozessordnung

Definitionen

Analogie	Entsprechende Anwendung von Normen auf im Gesetz nicht geregelte ähnliche Sachverhalte.
argumentum ad absurdum	Schluss vom offenbar unrichtigen Ergebnis auf den unrichtigen Ausgangspunkt.
argumentum a maiore ad minus	Schlussfolgerung vom Mehr auf das Weniger.
argumentum a minore ad maius	Schlussfolgerung vom Weniger auf das Mehr.
argumentum a simile	s. Analogie.
argumentum e contrario	Umkehrschluss.
culpa in contrahendo	Verschulden bei Vertragsschluss.
contra legem	Gegen den Wortlaut des Gesetzes.
Deduktion	Logisches Schlussverfahren vom Allgemeinen auf das Besondere.
Dogmatik	Rechtswissenschaft; befasst sich mit den Regeln zum Verständnis des Rechts und den Regeln der Rechtsfindung.
effet utile	Grundsatz der Funktionsfähigkeit und der Wirksamkeit.
Exekutive	Ausführende Gewalt; sie umfasst Regierung und Verwaltung
Fiktion	Vom Gesetzgeber vorgenommene Unterstellung von Tatsachen entgegen der Realität.
finale Rechtsnorm	Zielbestimmung, Präambel.
formelle Gesetze	Von verfassungsrechtlich vorgesehenen Gesetzgebungsorganen in einem verfassungsrechtlich vorgesehenen Gesetzgebungsverfahren erlassene Gesetze.
formelles Recht	Verfahrensrecht, das besagt, wie jemand sein Recht vor Gericht und Behörden durchsetzen kann.
gemeinschaftskonforme Auslegung	Auslegung im Lichte des EU-Rechts.
genetische Auslegung	Auslegung aus den Gesetzesmaterialien.
Gesetzespositivismus	Lehre von der Rechtsanwendung ausschließlich nach dem gesetzten Recht.
grammatische Auslegung	Auslegung nach dem Wortlaut des Gesetzes.
Hermeneutik	Lehre vom wissenschaftlichen Verstehen und der Auslegung von Sprachwerken, Texten.
historische Auslegung	Auslegung nach der Entstehungsgeschichte einer Norm und dem Willen des Gesetzgebers.

Definitionen

Induktion	Schlussfolgerung von Einzelerscheinungen auf ein allgemeines Prinzip.
Judikative	Richterliche Gewalt.
Jurisprudenz	Rechtswissenschaft.
Kodifikation	Gesetzeswerk.
Konsumtion	Mitbestrafte Begleittat.
Legaldefinition	Vom Gesetzgeber gegebene Definition von Rechtsbegriffen.
Legislative	Gesetzgebende Gewalt.
Lex	Gesetz.
materielle Gesetze	Alle abstrakt-generellen Regelungen mit Außenwirkung.
materielles Recht	Bestimmungen, die Rechte und Pflichten gewähren und besagen, wer Recht hat.
Methodenlehre, Methodik	Lehre vom planmäßigen Vorgehen zur Erreichung von Zielen.
Naturrecht	Jeder Rechtsordnung vorgegebene, unverrückbare Rechtssätze.
Normkonkurrenz	Mehrere Normen kommen zur Lösung einer Rechtsfrage in Betracht.
objektives Recht	Gesamtheit des geschriebenen und ungeschriebenen Rechts.
pacta sunt servanda	Grundsatz der Vertragstreue; Verträge müssen eingehalten werden.
positives Recht	Von Menschen entwickeltes, gesetztes Recht.
Präjudiz	Richterrecht; richtungsweisende Entscheidung.
Primärrecht	Verträge der Europäischen Union.
Priorität	Grundsatz vom Vorrang.
Rechtsphilosophie	Teil der Philosophie, die sich mit dem Recht befasst; nach seinem Geltungsgrund und Sinn fragt.
Rechtssoziologie	Teil der Soziologie, die sich mit dem Recht befasst; nach den Wechselwirkungen zwischen Recht und Gesellschaft fragt.
Rechtstheorie	Befasst sich mit den allgemeinen Fragen und logischen Strukturen des Rechts.
Richterrecht	Ständige gleichartige Entscheidungen bestimmter Rechtsfragen durch die Obergerichte.
Richtlinienkonforme Auslegung	Auslegung im Lichte der EU-Richtlinie.
Sekundärrecht	Verordnungen und Richtlinien im Europarecht.
Spezialität, lex specialis	Spezielle Rechtsnormen mit Vorrang vor allgemeinen Rechtsnormen; Sondervorschriften.
subjektives Recht	Dem Einzelnen von der Rechtsordnung verliehene Rechtsmacht.
Subsidiarität	Nachrangigkeit.
Subsumtion	Unterordnung des Lebenssachverhaltes unter eine Rechtsnorm.
sui generis	Gattung eigener Art.

Definitionen

Syllogismus	Logisches Schlussverfahren, bei dem in einen abstrakten Rechtssatz ein konkreter Sachverhalt eingestellt wird, um eine Rechtsfolge herzuleiten.
systematische Auslegung	Auslegung nach dem Zusammenhang, in dem eine Rechtsnorm in der Normenpyramide oder im Gesetz steht.
teleologische Auslegung	Auslegung nach Sinn und Zweck einer Norm.
teleologische Extension	Erweiterung des Anwendungsbereichs einer Norm nach ihrem Sinn und Zweck auf einen nicht erfassten Sachverhalt.
teleologische Reduktion	Beschränkung des Anwendungsbereichs einer Norm nach ihrem Sinn und Zweck.
überpositives Recht	Naturrecht
venire contra factum proprium	Verbot des widersprüchlichen Verhaltens.

Literaturverzeichnis

Ahmling, Rebecca, Analogiebildung durch den EuGH im Europäischen Privatrecht, 2012.
Alexy, Robert/Koch, Hans-Joachim/Kuhlen, Lothar/Rüßmann,Helmut, Elemente einer juristischen Begründungslehre, 2003.
Armbrüster, Christian/Kämmerer, Jörn Axel, Verjährung von Staatshaftungsansprüchen wegen fehlerhafter Richtlinienumsetzung, NJW 2009 S. 3601 ff.
Beaucamp, Guy, Allgemeine Rechtsgrundsätze als methodisches Problem, DÖV 2013 S. 41 ff.
Beaucamp, Guy/Treder, Lutz, Methoden und Technik der Rechtsanwendung, 3. A., 2015.
Bleckmann, Albert, Europarecht, 6. A., 1997.
Bleckmann, Albert, Zu den Methoden der Gesetzesauslegung in der Rechtsprechung des BVerfG, JuS 2002 S. 942 ff.
Bringewat, Peter, Methodik der juristischen Fallbearbeitung – Mit Aufbau und Prüfungsschemata aus dem Zivil-, Strafrecht und öffentlichen Recht, 2. A., 2013.
Butzer, Hermann/Epping, Volker, Arbeitstechnik im öffentlichen Recht, 3. A., 2006.
Bydlinski, Franz, Grundzüge der juristischen Methodenlehre, 2. A., 2012.
Calliess, Christian, Grundlagen, Grenzen und Perspektiven europäischen Richterrechts, NJW 2005 S. 929 ff.
Dobler, Philipp, Legitimation und Grenzen der Rechtsfortbildung durch den EuGH, in: Roth, Günther/Hilpold, Peter (Hrsg.): Der EuGH und die Souveränität der Mitgliedsstaaten, 2008 S. 509 ff.
Dreier, Horst (Hrsg.), Grundgesetz Kommentar Bd. II, 3. A., 2015.
Ellscheid, Günter, Recht und Moral, in: Hassemer, Winfried/Neumann, Ulfried/Saliger, Frank (Hrsg.): Einführung in die Rechtsphilosophie und Rechtstheorie der Gegenwart, 9. A., 2016, S. 143 ff.
Engel, Christoph, Rationale Rechtspolitik und ihre Grenzen, JZ 2005 S. 581 ff.
Engisch, Karl, Einführung in das juristische Denken, 11. A., 2010.
Foerste, Ulrich, Verdeckte Rechtsfortbildung in der Zivilgerichtsbarkeit, JZ 2007 S. 122 ff.
Frenz, Walter/Götzkes, Vera, Die gemeinschaftsrechtliche Staatshaftung, JA 2009 S. 759 ff.
Gast, Wolfgang, Juristische Rhetorik, 5. A., 2015.
Geiger, Rudolf/Khan, Daniel-Erasmus/Kotzur, Markus, EUV/AEUV – Kommentar, 6. A., 2016.
Götz, Isabell/Brudermüller, Gerd, Grenzen richterlicher Rechtsfortbildung im nachehelichen Unterhaltsrecht, NJW 2011 S. 801 ff.
Grasnick, Walter, Argumentation versus Interpretation, JZ 2004 S. 232 ff.
Grosche, Nils/Höft, Jan, Richtlinienkonforme Rechtsfortbildung ohne Grenzen?, NJW 2009 S. 2416 f.
Grundmann, Stefan/Riesenhuber, Karl, Die Auslegung des Europäischen Privat- und Schuldvertragsrechts, JuS 2001 S. 529 ff.

Literaturverzeichnis

Haase, Richard/Keller, Rolf, Grundlagen und Grundformen des Rechts, 11. A., 2003.
Hassemer, Winfried/Neumann, Ulfried/Saliger, Frank, Einführung in die Rechtsphilosophie und Rechtstheorie der Gegenwart, 9. A., 2016.
Hemke, Katja, Methodik und Analogiebildung im öffentlichen Recht, 2006.
Herrmann, Michl, Wirkungen von EU-Richtlinien, Jus 2009 S. 1065 ff.
Hilgendorf, Eric, Scheinargumente in der Abtreibungsdiskussion – am Beispiel des Erlanger Schwangerschaftsfalls, NJW 1996 S. 758 ff.
Hilgendorf, Eric, Recht durch Unrecht? Interkulturelle Perspektiven, JuS 2008 S. 761 ff.
Hillgruber, Christian, „Neue Methodik" – Ein Beitrag zur Geschichte der richterlichen Rechtsfortbildung in Deutschland, JZ 2008 S. 745 ff.
Hoffmann-Riem, Wolfgang/Schmidt-Aßmann, Eberhard/Voßkuhle, Andreas, Grundlagen des Verwaltungsrechts, Band I, 2. A., 2012.
Honsell, Heinrich/Mayer-Maly, Theo, Rechtswissenschaft, 6. A., 2015.
Horn, Norbert, Einführung in die Rechtswissenschaft und Rechtsphilosophie, 6. A., 2016.
Jacobi, Christoph Alexander, Methodenlehre der Normwirkung – Die Normwirkung als Maßstab der Rechtsgewinnung, 2008.
Joerden, Jan C., Logik im Recht, 2. A., 2010.
Kaufmann, Arthur/von der Pfordten, Dietmar, Problemgeschichte der Rechtsphilosophie, in: Hassemer, Winfried/Neumann, Ulfried/Saliger, Frank (Hrsg.): Einführung in die Rechtsphilosophie und Rechtstheorie der Gegenwart, 9. A., 2016 S. 23 ff.
Kerschner, Ferdinand, Wissenschaftliche Arbeitstechnik und Methodenlehre für Juristen, 6. A., 2014.
Klement, Jan Hendrik, Der Vorbehalt des Gesetzes für das Unvorhersehbare, DÖV 2005 S. 507 ff.
Kment, Martin/Vorwalter, Sebastian, Beurteilungsspielraum und Ermessen, JuS 2015 S. 193 ff.
Koranyi, Johannes, Der Schutz der Wohnung im Strafrecht, JA 2014 S. 241 ff.
Kosman, Lisa, Wie schreibe ich juristische Hausarbeiten, 1997.
Kramer, Ernst A., Juristische Methodenlehre, 5. A., 2016.
Krebs, Peter/Becker, Maximilian, Entstehung und Abänderbarkeit von Gewohnheitsrecht, JuS 2013 S. 97 ff.
Kudlich, Hans, Wortlaut, Wörterbuch, Wikipedia – wo findet man die Wortlautgrenze, JR 2011 S. 146 ff.
Kühl, Kristian, Der Umgang des Strafrechts mit Moral und Sitten, JA 2009 S. 833 ff.
Kühling, Jürgen, Die richtlinienkonforme und die verfassungskonforme Auslegung im öffentlichen Recht, JuS 2014 S. 481 ff.
Larenz, Karl/ Canaris, Claus-Wilhelm, Methodenlehre der Rechtswissenschaft, 3. A., 1995.
Leible, Stefan/Domröse, Ronny, Die primärrechtskonforme Auslegung, in: Riesenhuber, Karl (Hrsg.): Europäische Methodenlehre, 3. A., 2015 S. 146 ff.
Leisner, Walter, Unterscheidung zwischen privatem und öffentlichem Recht, JZ 2006 S. 869 ff.
Lodzig, Bennet, Grundriss einer verantwortlichen Interpretationstheorie des Rechts, 2015.
Logodny, Otto, Gesetzestexte suchen, verstehen und in der Klausur anwenden, 2. A., 2012.
Martens, Sebastian, Methodenlehre des Unionsrechts, 2013.
Maciejewski, Tim/Theilen, Jens, Die aktuelle bundesverfassungsgerichtliche Spruchpraxis zu rückwirkenden Gesetzen, DÖV 2015 S. 271 ff.
Muckel, Stefan, Effektiver Rechtsschutz gegen Castor-Transporte, JA 2009 S. 553 ff.
Müller, Friedrich/Christensen, Ralph, Juristische Methodik Band I, 11. A., 2013.

Literaturverzeichnis

Neumann, Ulfried, Theorie der juristischen Argumentation, in: Hassemer, Winfried/ Neumann,Ulfried/Saliger, Frank (Hrsg.): Einführung in die Rechtsphilosophie und Rechtstheorie der Gegenwart, 9. A., 2016 S. 303 ff.
Nettesheim, Martin, Ein Individualrecht auf Staatlichkeit? Die Lissabon-Entscheidung des BVerfG, NJW 2009 S. 2867 ff.
Neuner, Jörg, Die Rechtsfindung contra legem, 2. A., 2005.
Neuner, Jörg, Die Rechtsfortbildung, in: Riesenhuber, Karl (Hrsg.): Europäische Methodenlehre, 3. A., 2015 S. 255 ff.
Pawlowski, Hans-Martin, Einführung in die Juristische Methodenlehre, 2. A., 2000.
Pechstein, Matthias/Drechsler, Carola, Die Auslegung und Fortbildung des Primärrechts, in: Riesenhuber, Karl (Hrsg.): Europäische Methodenlehre, 3. A., 2015 S. 125 ff.
Polzin, Monika, Das Rangverhältnis von Verfassungs- und Unionsrecht nach der neuesten Rechtsprechung des BVerfG, JuS 2012 S. 1 ff.
Puppe, Ingeborg, Kleine Schule des juristischen Denkens, 3. A., 2014.
Radbruch, Gustav, Rechtsphilosophie, 4. A., 1950.
Ramsauer, Ulrich, Die Dogmatik der subjektiven öffentlichen Rechte, JuS 2012 S. 769 ff.
Rehbinder, Manfred, Einführung in die Rechtswissenschaft, 8. A., 1995.
Rieger, Reinhard, Grenzen verfassungskonformer Auslegung, NVwZ 2003 S. 17 ff.
Riesenhuber, Karl (Hrsg.), Europäische Methodenlehre, 3. A., 2015.
Röhl, Klaus/Röhl, Christian, Allgemeine Rechtslehre, 3. A., 2008.
Roth, Wulf-Henning/Jopen, Christian, Die richtlinienkonforme Auslegung, in: Riesenhuber, Karl (Hrsg.): Europäische Methodenlehre, 3. A., 2015 S. 263 ff.
Rüthers, Bernd, Wozu auch noch Methodenlehre?, JuS 2011 S. 865 ff.
Rüthers, Bernd/Fischer, Christian/Birk, Axel, Rechtstheorie mit Juristischer Methodenlehre, 9. A., 2016.
Schlehofer, Horst, Juristische Methodologie und Methodik der Fallbearbeitung, JuS 1992 S. 572 ff., 659 ff.
Schnapp, Friedrich, Logik für Juristen, 7. A., 2016.
Schneider, Jochen, Theorie juristischen Entscheidens, in: Hassemer, Winfried/Neumann, Ulfried/Saliger, Frank (Hrsg.): Einführung in die Rechtsphilosophie und Rechtstheorie der Gegenwart, 9. A., 2016 S. 316 ff.
Schwacke, Peter, Juristische Methodik – mit Technik der Fallbearbeitung, 5. A., 2011.
Schwerdtfeger, Gunther/Schwerdtfeger, Angela, Öffentliches Recht in der Fallbearbeitung, 14. A., 2012.
Schwintowski, Hans-Peter, Juristische Methodenlehre, 2005.
Schwintowski, Hans-Peter, ... denn sie wissen nicht, was sie tun! – Warum Politik und Gesetzgebung so oft irren, 2014.
Sendler, Horst, Richterrecht – rechtstheoretisch und rechtspraktisch, NJW 1987 S.3240 ff.
Starck, Christian, Praxis der Verfassungsauslegung II, 2006.
Starck, Christian, Woher kommt das Recht?, 2015.
Stürner, Michael, Die Einwirkungen des EU-Primärrechts auf das nationale Privatrecht, JA 2017, S. 16 ff.
Tettinger, Peter J./Mann, Thomas, Einführung in die juristische Arbeitstechnik, 4. A., 2009.
Tuthers, Bernd, Methodenrealismus in Jurisprudenz und Justiz, JZ 2006 S. 53 ff.
Tschentscher, Axel, Dialektische Rechtsvergleichung – zur Methode der Komparistik im öffentlichen Recht, JZ 2007 S. 807 ff.
von Busse, Carl-David, Die Methoden der Rechtsvergleichung im öffentlichen Recht als richterliches Instrument der Interpretation von nationalem Recht, 2015.
Wank, Rolf, Die Auslegung von Gesetzen, 6. A., 2016.

Literaturverzeichnis

Weimar, Robert, Rechtsfortbildung durch die Verwaltung, DÖV 2009 S. 932 ff.
Wienbracke, Mike, Juristische Methodenlehre, 2013.
Würdinger, Markus, Ausnahmevorschriften sind analogiefähig!, JuS 2008 S. 949 ff.
Würdinger, Markus, Doppelwirkungen im Zivilrecht, JuS 2011, S. 769 ff.
Würdinger, Markus, Das Ziel der Gesetzesauslegung – ein juristischer Klassiker und Kernstreit der Methodenlehre, JuS 2016 S. 1 ff.
Zippelius, Reinhold, Juristische Methodenlehre, 11. A., 2012.

Stichwortverzeichnis

Die Zahlen verweisen auf die Seiten des Werkes.

abstrakt-generelle Methode 39
Allgemeine Geschäftsbedingungen 22, 26
allgemeine Rechtsgrundsätze 22, 64, 101
allgemeine Vorschriften 50
Analogie 91, 96
– Gesetzesanalogie 93
– Rechtsanalogie 93
Analogieschluss 91
– argumentum a maiore ad minus 94
– argumentum a minore ad maius 93
– argumentum e simile 91
– Erst-Recht-Schluss 93
– Schluss vom Mehr-auf-das-Weniger 94
– Schluss vom Weniger-auf-das-Mehr 93
Andeutungstheorie 67
Anspruchsgrundlage 29, 41, 48, 52, 134
Argumentation 73, 137
argumentum e contrario 95
Auslegung 56, 119
– Andeutungstheorie 67
– argumentum ad absurdum 74
– aus der Natur der Sache 68
– extensive Auslegung 76, 105, 107 f.
– gemeinschaftsautonomer Wortsinn 119
– gemeinschaftskonforme Auslegung 124 f.
– genetische Auslegung 65
– gesetzeserhaltende Auslegung 77, 131
– grammatische Auslegung 58, 70, 77, 82, 85, 96, 119
– historische Auslegung 8, 65, 68, 70, 73, 77, 85, 119
– objektive Theorie 73
– Optmierungsgedanke 74
– Relativität der Begriffe 60
– restriktive Auslegung 76
– richtlinienkonforme Auslegung 125
– Schutzzweck der Norm 69
– subjektive Theorie 73
– systematische Auslegung 19, 61, 79, 82, 85, 98, 120
– teleologische Auslegung 5, 41, 67, 70, 73, 77, 79, 82, 120 f., 129
– verfassungskonforme Auslegung 63, 70, 77
Ausnahmeregelung 78, 100
– teleologische Restriktion 100

Begriffsjurisprudenz 5
Begründungszwang 137
Bestimmtheitsgrundsatz 82, 108, 123
Betriebsvereinbarung 25
Beurteilungsspielraum 83

Deduktion 54, 139
Demokratieprinzip 57, 70, 78, 106, 118
Denkgesetz 141
– fehlerhafte Gleichstellung 146
– fehlerhafter Umkehrschluss 145
– Gedankensprung 144
– Grundirrtum 144
– Prämissenmangel 144
– Prämissenwiderspruch 146
– unzulässige Verallgemeinerung 147
– unzureichende Grundlage 148
– Verkennung der Kausalität 145
– Verrückung des Standpunktes 148
– Zirkelschluss 147
Dogmatik *siehe Rechtswissenschaft*

Effektivitätsgrundsatz 121
Entscheidungsprogramm 48 f.
Entscheidungssteuerung 12
Erlass 27
Ermächtigungsgrundlage 41, 48, 53, 110 f., 134
– Eingriffsgrundlage 29
Ermessen 56, 83 f.
– Auswahlermessen 56, 84
– Entschließungsermessen 56, 84
– Ermessensfehlgebrauch 86
– Ermessensnichtgebrauch 85
– Ermessensreduzierung auf Null 86
– Ermessensüberschreitung 85
– gebundeneEntscheidung 84
– Selbstbindung der Verwaltung 87
– Sollvorschriften 87
Europarecht 9, 19, 117, 122
– Analogie 126
– Anwendungsvorrang 19, 118, 124, 131
– Auslegung 122, 124, 126
– contra legem 124
– Drittwirkung 117
– Effektivitätsgrundsatz 121
– gemeinschaftsautonomer Wortsinn 119

Stichwortverzeichnis

- gemeinschaftsrechtlicher Staatshaftungsanspruch 123, 125
- Gewohnheitsrecht 118
- interprétation 122
- Loyalitätspflicht 124
- Primärrecht 117
- Rechtsfortbildung 122
- Richtlinien im Europarecht 117
- Rückwirkungsverbot 126
- Sekundärrecht 117
- teleologische Reduktion 126
- Verordnungen im Europarecht 117

Ewigkeitsgarantie 23, 118, 131

Fallgruppentechnik 82 f., 139
formelle Gesetze 17 f., 61
formelles Recht 12, 34 f., 111
Friedensfunktion 13, 35

Gegennorm 42, 49, 134
- Einrede 42
- Einwendung 42
- rechtshemmende Gegennorm 42
- rechtshindernde Gegennorm 42
- rechtsvernichtende Gegennorm 42

Generalklausel 63, 81, 125
Gerechtigkeit 5 f., 13 ff., 24, 68, 81, 92, 102
- ausgleichende Gerechtigkeit 15
- Verfahrensgerechtigkeit 15, 35
- verpflichtende Gerechtigkeit 15
- verteilende Gerechtigkeit 15

geschriebenes Recht 17, 82, 90
Gesetzespositivismus 5, 20
Gesetzesvorbehalt 109 f., 132
Gewaltenteilungsgrundsatz 57, 70, 88, 90, 103, 106
Gewohnheitsrecht 20, 118, 131
Gleichbehandlungsgrundsatz 91, 99
Grundsatz der Gesetzmäßigkeit der Verwaltung 123
Grundsatz vom Vorrang des Gesetzes 103
Grundsatz von der Einheit des Rechts 64

Hermeneutik 56
Hilfsnorm 43, 49, 136
- ausfüllende Rechtssätze 45
- Beweislastregel 47
- einschränkende Rechtssätze 45
- Ergänzungsnorm 43
- Fiktion 46
- Legaldefinition 44, 57, 59
- Regelbeispiel 44, 83
- unvollständiger Rechtssatz 43
- Vermutung 47

- Verweisungen 45, 92
historische Auslegung 8, 65, 70, 119

Induktion 21, 139 f.
Interessen- und Güterabwägung 65, 79, 82, 86
Interessenjurisprudenz 5, 73
Interessentheorie 32

Jurisprudenz siehe Rechtswissenschaft
Justizverweigerungsverbot 89, 122

kasuistische Methode 39
Konditionalprogramm 11, 40, 133
- Wenn-Dann-Struktur 6, 40
Konkurrenzen 128, 133
- alternative Konkurrenzen 128
- Anspruchsgrundlagenkonkurrenz 128
- Konsumtion 130
- kumulative Konkurrenzen 128
- Spezialität 129
- Spezialität mit Ausschlussfunktion 129
- Subsidiarität 130
- Tateinheit 128
- Tatmehrheit 130

Lehre vom Zusammenhang und Zweck 32
Logik 54, 114, 141
Logische Prioritäten 133
Lücke im Gesetz 90, 95, 110, 126
- bewusste Lücken 90
- Europarecht 123
- Rechtsvergleichung 102
- unbewusste Lücken 91
- verdeckte Lücken 100

materielle Gesetze 18, 61
materielles Recht 12, 34, 111
Menschenrechte 5
Methodenlehre 2, 4
modifizierte Subjektstheorie 32
Moral 10

Natur der Sache 140
Naturrechtslehre 5, 22
Normenpyramide 18, 61, 63, 77, 124, 130
Normgarantie 12 f.
Notkompetenz 110

objektive Theorie 72
objektives Recht 29
öffentliches Recht 30
öffentlich-rechtlicher Erstattungsanspruch 101

Stichwortverzeichnis

öffentlich-rechtlicher Folgenbeseitigungsanspruch 101
Ordnungsfunktion 10, 35, 59
Orientierungsfunktion 69, 88

positives Recht 23
Privatautonomie 25, 31

Radbruch'sche Formel 24
Rechtsfolge 40, 55, 133
Rechtsfortbildung 5, 8, 57, 61, 76 f., 87, 106
- Analogie 91, 95, 102
- contra legem 90, 102, 124, 127
- Grenzen der Rechtsfortbildung 106
- Grenzen für Exekutive und Judikative 109
- Grenzen im Strafrecht 107
- Rechtsergänzung 101
- richtlinienkonforme Rechtsfortbildung 126
- teleologische Extension 101
- teleologische Reduktion 99, 104
- Umkehrschluss 92, 95
Rechtsfortbildung contra legem 90
Rechtsgeschichte 3, 8
Rechtskraft interpartes 21
Rechtsphilosophie 3, 5 f., 23
Rechtspolitik 3, 6, 69
Rechtsquelle 17
Rechtsreflex 30
Rechtssicherheit 12 f., 15, 44, 69, 74, 81, 88, 102
Rechtssoziologie 3, 7
Rechtsstaatsprinzip 57, 70, 76, 78, 80, 85, 88, 106 f.
Rechtstheorie 3, 6
Rechtsvergleichung 3, 9, 65, 74, 102, 120 f.
Rechtsverordnung 18
Rechtswissenschaft 3, 6
Relativität des Rechts 74, 138
Rhetorik 137
Richtergewohnheitsrecht 20
Richterrecht 20 f.
Rückwirkung 132
Rückwirkungsverbot 101, 110, 126

Satzung 18

Selbstbindung der Verwaltung 28
Selbsthilfe 13
Sitte 10
Sollvorschriften 87
Sonderregeln *siehe Spezialität*
Spezialität 50, 129, 134
Struktur des Rechtssatzes 40
subjektive Theorie 72
subjektives öffentliches Recht 41
- Anspruchsgrundlage 41
- Grundrechte 41
subjektives Recht 29
Subordinationstheorie 32
Subsidiarität 130
Subsumtion 53, 57, 137, 139, 143, 148
Syllogismus 53, 56 f., 137, 143
Systematik
- äußere Systematik 62
- innere Systematik 63

Tarifvertrag 25
Tatbestand 40, 53, 133

überpositives Recht *siehe Naturrecht*
unbestimmte Rechtsbegriffe 81, 125

Verfahrensgerechtigkeit 35
Verfahrensrecht 35
Verhaltenssteuerung 10
Verhältnismäßigkeitsprinzip 76, 80, 85, 123
Vermittlungstheorie 73
Vernunftrecht 5
Vertrag 25
Vertrauensgrundsatz 91, 101, 123
Vertrauensschutz 74, 107
Verwaltungsakt 26
Verwaltungsvorschriften 17, 27, 87

Wesensgehaltsgarantie 18, 23, 109, 121
Wesentlichkeitstheorie 112
Willkürverbot 23, 57, 87, 115, 138

Zirkelschluss 147
Zivilrecht 30
Zustimmungsgesetz 117 f., 121
Zweckbestimmung 12
- finale Rechtsnorm 41
- Zielbestimmung 67
Zweckmäßigkeit 15

2018. 316 Seiten. Kart. € 29,-
ISBN 978-3-17-032133-5
Recht und Verwaltung

Zwecker/Zwecker
Wirtschaftsrecht an Hochschulen
Ein vorlesungsbegleitendes Arbeitsbuch

Das Lehrbuch bietet eine optimale Einführung in alle Bereiche des Wirtschaftsrechts, die sowohl als Vorlesungsinhalte im Rahmen des Studiums nicht-juristischer Fächer an Hochschulen als auch in der späteren betrieblichen Praxis von Relevanz sind. Dabei wird ein einfacher, komprimierter, verständlicher und praxisnaher Einblick in die wesentlichen Inhalte des bürgerlichen Rechts, des Handels-, Gesellschafts- und Wettbewerbsrechts, des gewerblichen Rechtsschutzes, des Arbeitsrechts, des Rechts der neuen Medien sowie des öffentlichen Wirtschaftsrechts vermittelt. Mit zahlreichen Fallbeispielen, Übungsfällen, Kontrollfragen und Schaubildern wird an die juristische Arbeitsweise und Falllösungstechnik zur Klausurvorbereitung und in der beruflichen Tätigkeit herangeführt.

Die Autoren:
Prof. Dr. Kai-Thorsten Zwecker ist geschäftsführender Gesellschafter der SGP Schneider Geiwitz Rechtsanwälte GmbH und Professor für Wirtschaftsrecht an der betriebswirtschaftlichen Fakultät der Hochschule Neu-Ulm. **Dr. Kathrin Zwecker** ist Lehrbeauftragte an der Hochschule Neu-Ulm für das Fach Medienrecht im Studiengang IMUK und für das Fach Knowledge-Management im Studiengang MAM.

Leseproben und weitere Informationen unter www.kohlhammer.de

W. Kohlhammer GmbH · 70549 Stuttgart
vertrieb@kohlhammer.de

Kohlhammer